铁路供电培训教材

电气化铁路接触网基础知识

《电气化铁路接触网基础知识》编委会　编

中国铁道出版社有限公司

2025年·北　京

内 容 简 介

本书主要由牵引供电概述、接触网结构、接触网相关内容设备三个方面的内容组成，重点突出接触网基础知识、日常检修标准、常见缺陷及故障案例等内容，强化接触网设备技术特点及运用检修实际情况的熟悉和掌握。

本书内容深入浅出、通俗易懂，适用于新入职大学生及现场职工的培训和自学，也可作为铁路接触网专业资格性、适应性培训的参考用书。

图书在版编目(CIP)数据

电气化铁路接触网基础知识 /《电气化铁路接触网基础知识》编委会编．-- 北京 ：中国铁道出版社有限公司， 2025.1．--（铁路供电培训教材）．-- ISBN 978-7-113-31523-8

Ⅰ．U225

中国国家版本馆 CIP 数据核字第 20248S3G42 号

书　　名：**电气化铁路接触网基础知识**
作　　者：《电气化铁路接触网基础知识》编委会

责任编辑：魏　娟　　　**编辑部电话**：(010)51873315
封面设计：刘　莎
责任校对：刘　畅
责任印制：高春晓

出版发行：中国铁道出版社有限公司(100054，北京市西城区右安门西街 8 号)
网　　址：https://www.tdpress.com
印　　刷：河北宝昌佳彩印刷有限公司
版　　次：2025 年 1 月第 1 版　2025 年 1 月第 1 次印刷
开　　本：787 mm×1 092 mm 1/16　**印张**：12.5　**字数**：300 千
书　　号：ISBN 978-7-113-31523-8
定　　价：78.00 元

编 委 会

前　　言

近年来，我国铁路电气化事业取得了长足的发展，截至2024年底，我国铁路营业里程达到16.2万km，其中高速铁路4.8万km，电气化率超过75%，供电在铁路运输安全生产中的重要性进一步提高。因此，培养和造就适应铁路发展的高素质人才队伍，是强化安全风险管理基础、确保铁路运营安全的战略任务。

随着铁路电气化快速发展，接触网新技术、新设备大量应用，如何快速提升新职大学生技术业务水平，及时更新现场管理及技能人员知识结构，强化运用检修实践能力，提高现场作业效率与标准化水平，成为中国铁路广州局集团有限公司人才队伍建设亟须破解的重大课题，也是强化安全风险管理基础、确保实现安全发展的战略任务。为此，中国铁路广州局集团有限公司供电部、职培部广泛征求意见，组织相关人员编写了《电气化铁路接触网基础知识》。

《电气化铁路接触网基础知识》主要由牵引供电概述、接触网结构、接触网相关设备三个部分构成。本书坚持理论联系实际，本着深入浅出、言简意赅、易学易懂的原则，通过引用大量具体案例，突出介绍接触网基础知识、日常检修标准、常见故障处理等内容，强化集团公司管内接触网设备技术特点及运用检修实际情况的熟悉和掌握，适用于新入职大学生及现场职工的培训和自学，同时也可作为铁路接触网专业资格性、适应性培训的参考用书。

由于编者水平有限，疏漏与不当之处在所难免，敬请广大读者提出宝贵意见。同时，在本书的编写过程中参考了相关文献资料，在此对相关作者的辛勤劳动表示谢意！

编委会

2025年1月

目　　录

第一章　牵引供电概述

第一节　电气化铁路简介

一、电气化铁路发展历程

世界上第一条电气化铁路和第一台电力机车是 1879 年 5 月 31 日由德国西门子和哈尔斯克公司研制和建造的。

我国 1958 年研制成功了第一台电力机车(SS_1 型),1961 年 8 月第一条电气化铁路——宝鸡至凤州段电气化铁路建成开通。由于电力机车功率大、速度高,比蒸汽、内燃机车载重多、跑得快,能大大提高运输能力,满足国民经济高速度发展对铁路运输日益增长的要求。

随着高速铁路的快速发展,电气化铁路又一次迎来了新的发展机遇。截至 2024 年底,全国铁路营业里程达到 16.2 万 km,其中高速铁路 4.8 万 km,电气化率超过 75%。根据《铁路"十四五"发展规划》,预计到 2025 年,我国铁路营业里程将达到 16.5 万 km,其中高速铁路(含部分城际铁路)将达到 5 万 km,电气化铁路为 8 万 km。《新时代交通强国铁路先行规划纲要》提出,到 2035 年,全国铁路网达到 20 万 km 左右,其中高铁 7 万 km 左右。20 万人口以上城市实现铁路覆盖,其中 50 万人口以上城市高铁通达。截至 2024 年底,中国铁路广州局集团有限公司(以下简称广州局集团公司)电气化营业里程已达 11 879 km,其中高速铁路 5 811 km,占 48.9%;普速铁路 6 068 km,占 51.1%。

二、电气化铁路组成

电气化铁路由供电系统、牵引变电所、接触网、电力机车(动车组)、回流系统组成。牵引变电所、接触网、电力机车(动车组)统称为电气化铁路的三大元件。

电气化铁路以电力作为牵引动力,电力机车(动车组)是本身不带能源的动力设备,必须由外部供电。专门给电力机车(动车组)供电的供电装置称牵引供电装置。

(一)牵引供电系统的组成

牵引供电系统(图 1-1-1)主要包括牵引变电所、牵引网、专用的高压供电线路。

(二)牵引网的组成

牵引网是由馈电线、接触网、回流系统构成的输电网络,如图 1-1-2 所示。

1. 供电线:连接牵引变电所和接触网之间的导线,也称馈电线,一般由多股绞线或高压电缆构成。

2. 接触网:沿铁路线路架设,通过和受电弓的滑动接触把电能输送到电力机车(动车组)。接触网由支柱与基础、支撑及定位装置、接触悬挂等组成。

3. 回流系统:主要由钢轨、回流线、回流电缆等辅助设备组成。

4. 其他设备:正馈线(AF)、保护线(PW)、吸上线、加强线、地线等。

图 1-1-1　牵引供电系统组成

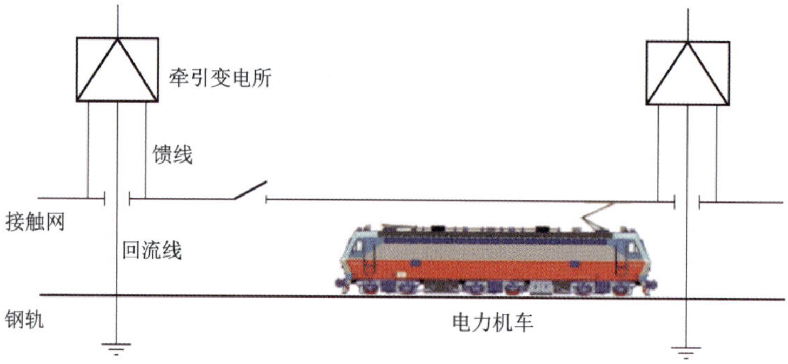

图 1-1-2　牵引网组成

5. 牵引变电所:电气化铁路牵引供电系统的心脏,可升降电压、控制及分配电源、继电整定动作、故标整定检测、远程遥控自投,将电力系统电能变成适合电力机车(动车组)工作的电能。

6. 分区亭(所):设于两变电所之间,把接触网分成不同供电分段,装有开关设备,根据运行需要可以实现同一供电臂的上、下行接触网并联供电,提高末端电压;或连接相邻变电所以实现越区供电,缩小故障停电范围。

7. 开闭所:实际上是开关站,多设于铁路枢纽,一般两路进线、多路馈出线,用以实现对站场各股道群的分束供电控制。

8. AT 所:在 AT 供电方式中设置自耦变压器,以提高电能质量和减少对通信干扰的场所。

9. 接触网主导电回路:由馈电线、隔离开关及引线、接触线及承力索、电连接等组成起导电功能的回路。主导电回路各部分之间由各种线夹连接,这些线夹及其被连接的部分称为主导电回路的电气连接。

第二节　供电方式

一、牵引供电系统供电方式

根据供电能力的大小、接触网架设环境以及电磁兼容要求等条件，电气化铁路交流牵引供电系统采用不同的供电方式，常用的有直接供电方式（包括不带回流线直接供电方式和带回流线直接供电方式）、BT（吸流变压器）供电方式、AT（自耦变压器）供电方式和CC（同轴电缆）供电方式。

广州局集团公司管内采用带回流线直接供电方式和AT（自耦变压器）供电方式。

（一）带回流线直接供电方式

带回流线直接供电方式如图1-2-1所示，机车电流一部分通过钢轨和大地流回牵引变电所（约70%），其余通过回流线流回牵引变电所（约30%）。由于流经接触网的电流和流经回流线的电流虽然大小不等，但方向相反，且安装高度比较接近，两者对铁路沿线通信设施的电磁干扰影响趋于抵消，因此牵引网本身具备防干扰功能。在接地方面，接触网支柱通过回流线实现集中接地，回流线每隔一个闭塞分区通过吸上线与信号扼流圈中性点连接（两组吸上线间距3～4 km）。

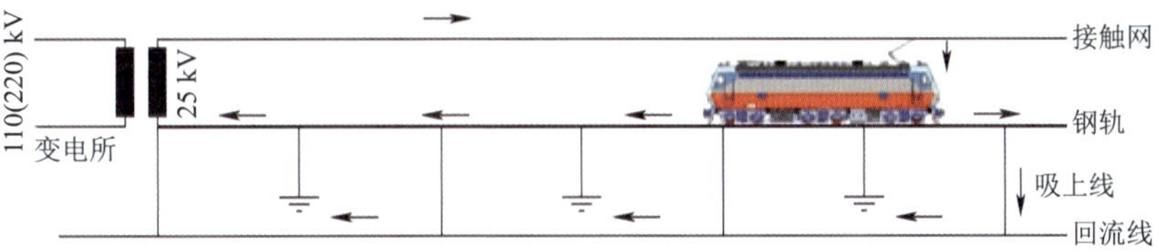

图1-2-1　带回流线的直接供电方式

（二）AT供电方式

AT（autotransformer）供电方式又称自耦变压器供电方式。AT供电方式是每隔10～15 km，在接触网与钢轨之间并联接入一台自耦变压器，其中性点与钢轨相连。AT供电方式变电所间距大，可大大减少电分相数量，并且牵引网阻抗小，能显著减小牵引网电压损失，改善供电质量，保证列车高速运行。相对于其他供电方式而言，AT供电方式具有更好的防干扰效果和更大的供电潜力，特别适用于高速和重载铁路。

AT供电方式如图1-2-2所示，牵引变电所主变压器二次侧±25 kV端子分别接于接触网和正馈线，二次侧线圈中点接于钢轨。每隔10～15 km，将自耦变压器（AT1、AT2…）并入接触网和正馈线之间，自耦变压器中性点与钢轨相连接。另外，上下行各架设有一根与钢轨并联（通过扼流圈）的保护线，用于接触网或正馈线的闪络保护接地。理论上讲，除了机车所在的AT段（该AT段存在“半段效应”）以外，其余AT段内流经接触网和正馈线的电流大小相等、方向相反，且电流大小仅为机车电流之半。在钢轨和保护线之间每隔3～4 km设有吸上线。

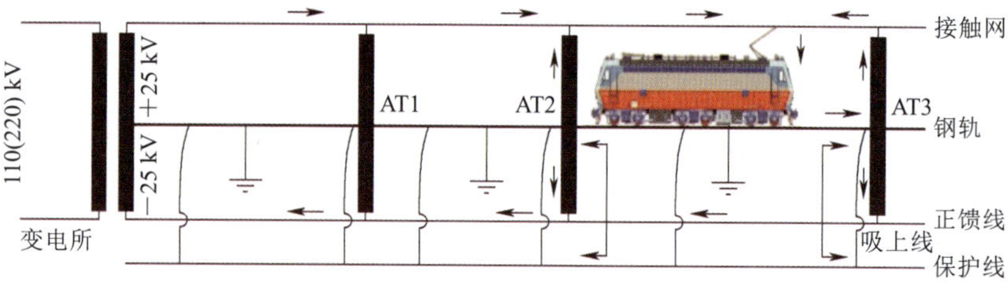

图 1-2-2　AT 供电方式

(三)线别供电方式介绍

广州局集团公司管内采用带回流线的直接供电方式和 AT(自耦变压器)供电方式,具体分布见表 1-2-1。

表 1-2-1　供电方式使用分布

序　号	线路类别	铁路名称	供电方式
1	普速铁路	京广铁路	带回流线直接供电方式
2		沪昆铁路	带回流线直接供电方式
3		焦柳铁路	带回流线直接供电方式
4		渝怀铁路	带回流线直接供电方式
5		京九铁路	带回流线直接供电方式
6		广深铁路	带回流线直接供电方式
7		广石铁路	带回流线直接供电方式
8		石长铁路	带回流线直接供电方式
9		赣韶铁路	带回流线直接供电方式
10		衡茶吉铁路	带回流线直接供电方式
11		广珠铁路	带回流线直接供电方式
12		南沙港铁路	带回流线直接供电方式
13	城际铁路	广肇城际铁路	带回流线直接供电方式
14		广珠城际铁路	带回流线直接供电方式
15		珠机城际铁路	带回流线直接供电方式
16		广惠城际铁路	带回流线直接供电方式
17		梅汕铁路	AT 供电方式
18		穗深城际铁路	带回流线直接供电方式
19		长株潭城际铁路	带回流线直接供电方式
20	高速铁路	京广高速铁路	AT 供电方式,带回流线直接供电方式
21		广深港高速铁路	AT 供电方式,带回流线直接供电方式
22		杭深铁路	AT 供电方式,带回流线直接供电方式
23		衡柳铁路	带回流线直接供电方式
24		海南东环铁路	带回流线直接供电方式
25		沪昆高速铁路	AT 供电方式,带回流线直接供电方式

续上表

序　　号	线路类别	铁路名称	供电方式
26	高速铁路	贵广高速铁路	AT供电方式,带回流线直接供电方式
27		南广铁路	AT供电方式,带回流线直接供电方式
28		海南西环铁路	带回流线直接供电方式
29		娄邵铁路	带回流线直接供电方式
30		张吉怀高速铁路	AT供电方式
31		怀衡铁路	带回流线直接供电方式
32		黔常铁路	AT供电方式,带回流线直接供电方式
33		深湛铁路	带回流线直接供电方式
34		赣深高速铁路	AT供电方式,带回流线直接供电方式
35		广汕高速铁路	AT供电方式,带回流线直接供电方式
36		渝厦高速铁路	AT供电方式,带回流线直接供电方式

二、接触网的供电方式

接触网是架设在铁路线上空向电力机车(动车组)提供电能的输电线路。电能由地方电力网输送到牵引变电所后,经主变压器降压达到电力机车(动车组)正常使用所需电压等级,再由供电线将电能送至接触网。电力机车(动车组)从接触网上获取电能以提供牵引动力,保证列车运行。

目前,我国电气化铁路接触网标称电压为25 kV,最高工作电压为27.5 kV,短时最高工作电压为29 kV,最低工作电压为19 kV(高速铁路为20 kV)。

牵引变电所向接触网正常供电的方式有两种:单边供电和双边供电,如图1-2-3所示。

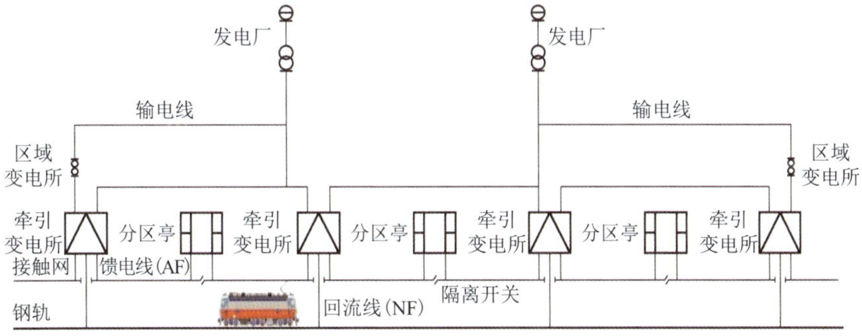

图1-2-3　电气化铁路供电系统

(一)单边供电

两个牵引变电所之间将接触网分成两个供电分区(又称供电臂),正常情况两相邻供电臂之间的接触网在电气上是绝缘的,每个供电分区只从一端牵引变电所获得电能的供电方式称为单边供电。单边供电时,相邻供电臂电气上独立,运行灵活;接触网发生故障时,只影响到本供电分区,故障范围小;牵引变电所馈线保护装置较简单。

(二)双边供电

两个供电分区通过开关设备,在电路上连通,可同时从两个牵引变电所获得电能,这种供电方式称为双边供电。双边供电可提高接触网电压水平,减少电能损耗。

(三)越区供电

越区供电是指当某一个牵引变电所不能正常供电时,通过分区亭(所)开关,由两侧相邻的变电所供电的临时措施(非正常状态),如图 1-2-4 所示。

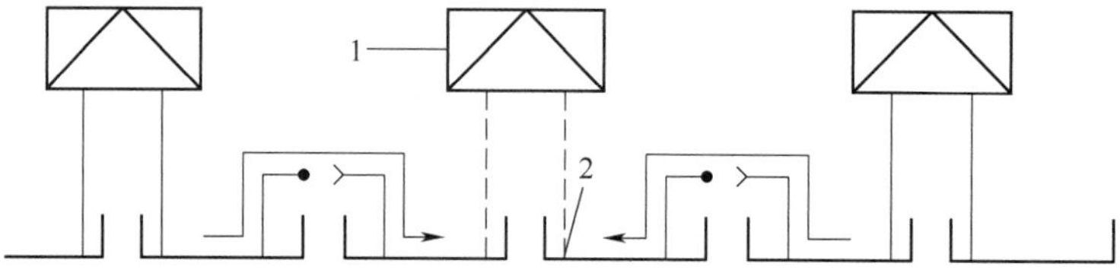

1—故障牵引变电所;2—越区供电分区。

图 1-2-4　越区供电示意

由于越区供电的供电距离大大伸长,如果列车运行数量相同的情况下,则延伸供电臂的末端电压就会大大降低,倘若低于电力机车(动车组)允许最低工作电压时,将造成机车(动车组)不能运行。因此,越区供电只能保证客车或重要货车通过,是作为避免中断运输的临时性措施。

在复线区段,其供电情况与单线区段类同,只是牵引变电所的馈出线分别向两侧上、下行接触网供电。在同一侧,上、下行接触网供电相别相同,以便于上、下行实现并联供电,可提高接触网末端电压。越区供电时,通过分区亭(所)内的开关设备来实现。复线区段供电示意如图 1-2-5 所示。

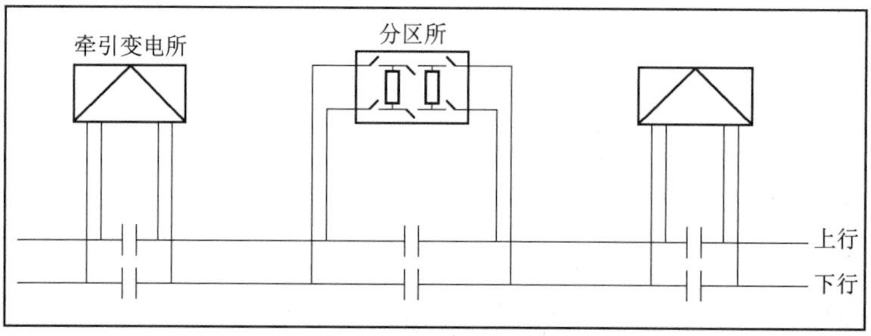

图 1-2-5　复线区段供电示意

第三节　相关接口

一、电力机车(动车组)及受电弓

(一)电力机车(动车组)

电力机车(动车组)由机械、电气和空气管路系统组成。

机械部分,主要包括车体和走行部分。

电气部分,主要包括受电弓、主断路器、牵引变压器、转换硅机组、调压开关、整流硅机组、平波电抗器、牵引电动机和制动电阻柜等。

空气管路系统，主要包括空气制动、控制及辅助气路系统。

(二)受电弓

电力机车(动车组)受电弓是电力牵引机车从接触网取得电能的电气设备，通过与接触网滑动接触取流，将接触网的高压电源引入机车内部，安装在机车或动车车顶上，如图 1-3-1、图 1-3-2 所示。

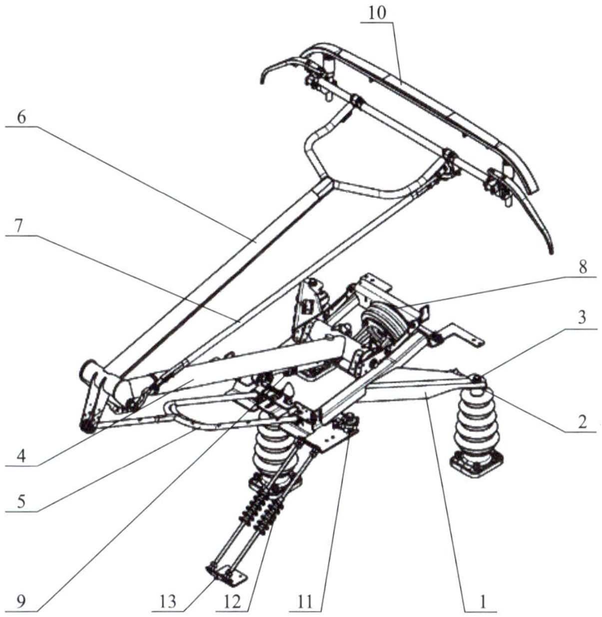

1—底架；2—垫块；3—绝缘子坚固件；4—下臂；5—下拉杆；6—上臂；7—上平衡杆；8—气囊；9—阻尼器；10—弓头(包括碳滑板)；11—ADD 阀；12—APIM；13—APIM 固定板。

图 1-3-1　受电弓结构

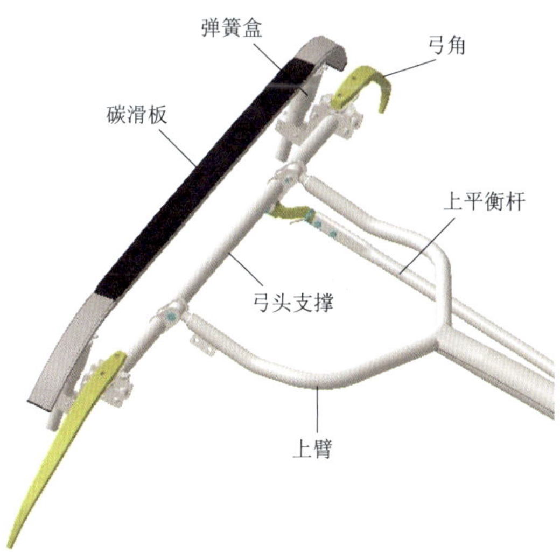

图 1-3-2　弓头组装

动作原理：

(1)升弓：压缩空气经电空阀均匀进入传动气缸，气缸活塞压缩气缸内的降弓弹簧，此时升弓弹簧使下臂杆转动，抬起上框架和滑板，受电弓匀速上升，在接近接触线时有一缓慢停滞，然后迅速接触接触线。

(2)降弓：传动气缸内压缩空气经受电弓缓冲阀迅速排向大气，在降弓弹簧作用下，克服升弓弹簧的作用力，使受电弓迅速下降，脱离接触网。

受流质量：负荷电流通过接触线和受电弓滑板接触面的流畅程度，它与滑板与接触线间的接触压力、过渡电阻、接触面积有关，取决于受电弓和接触网之间的相互作用。

为保证牵引电流的顺利流通，受电弓和接触线之间必须有一定的接触压力。弓网实际接触压力由四部分组成：受电弓升弓系统施加于滑板，使之向上的垂直力为静态接触压力(一般为 70 N 或 90 N)；由于接触悬挂本身存在弹性差异，接触线在受电弓抬升作用下会产生不同程度的上升，从而使受电弓在运行中产生上下振动，使受电弓产生一个与其本身归算质量相关的上下交变的动态接触压力；受电弓在运行中受空气流作用产生的一个随速度增加而迅速增加的气动力；受电弓各关节在升降弓过程中产生的阻尼力。

弓网接触压力能直观地反映受电弓滑板和接触线间的接触情况，它必须符合正态分布规律，在一定范围内波动。如果太小，会增加离线率；如果太大，会使滑板和接触线间产生较大的机械磨耗。为保证受电弓具有可靠的受流质量，应尽量减小受电弓的归算质量，增加接触悬挂的弹性均匀性。滑板的质量和机电性能对受流质量影响很大。

(三)受电弓动态包络线

动态包络线是指运行中的受电弓在最大抬升及摆动时可能达到的最大轮廓线。受电弓动态包络线范围内不得有任何障碍影响受电弓运行。受电弓动态包络线应符合下列规定：

1. 普速铁路

(1)120 km/h 及以下区段，受电弓动态抬升量为 100 mm，左右摆动量为 200 mm。

(2)120 km/h 以上区段，受电弓动态抬升量为 120 mm，左右摆动量为 250 mm。

2. 高速铁路

受电弓动态抬升量 150 mm(线岔始触区为 200 mm)，左右摆动量直线区段为 250 mm，曲线区段为 350 mm，如图 1-3-3、图 1-3-4 所示。

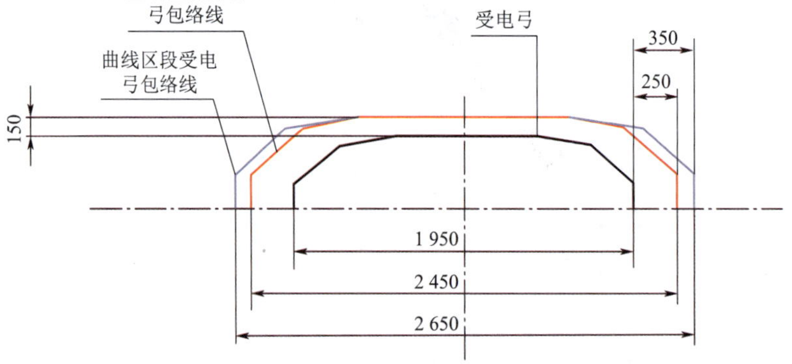

图 1-3-3　高速铁路受电弓包络线示意(单位：mm)

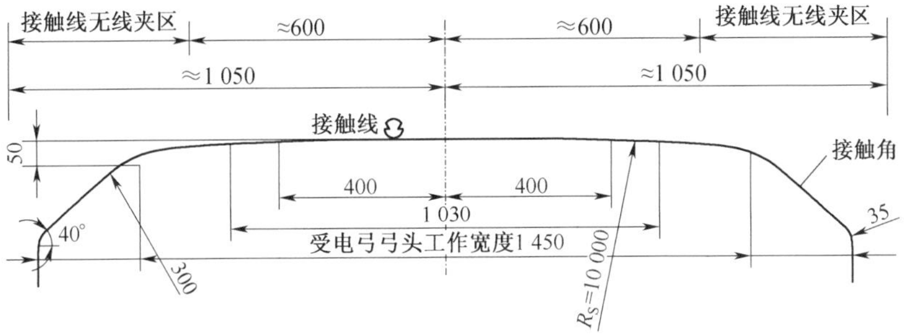

图 1-3-4　受电弓滑板几何参数(单位:mm)

二、牵引变电所

牵引变电所是把电力系统的三相高压电变成电力机车(动车组)所需要的电能。

(一)牵引变电所的主要设备

1. 牵引变压器

牵引变压器的作用是将高压 110 kV(或 220 kV)变成 27.5 kV(或 55 kV)的电能。牵引变压器主接线常用三相 Y/△接线、单相 V/V 接线、斯科特接线、伍德布里奇接线及三相 Y/△组成 X 接线等。

2. 高压开关设备

高压开关设备包括高压断路器、高压熔断器和隔离开关等。在正常情况下操作高压开关切断或接通电路;在短路情况下,继电保护装置作用于高压开关自动切除故障。

3. 互感器

利用互感器可以对高电压、大电流进行间接测量,从而保证测量仪表及人身的安全;互感器还供给牵引变电所、保护装置的工作电压或电流。

4. 控制、监视与信号系统(二次回路)

控制、监视与信号系统(二次回路)包括测量仪表、监视装置、信号装置、控制装置、继电保护、自动装置和远动装置等,作用是正确反映一次系统的工作状态,控制一次系统的运行操作。

5. 自用电系统

向牵引变电所内照明供电的系统称为自用电系统,由专门的自用变压器承担。

6. 回流接地和防雷装置

牵引变电所的保护接地和工作接地采用同一个环状接地网。主变压器牵引侧接地端与接地网相连,也与钢轨、回流线相连,从而形成牵引电流的回流通路。

为预防雷害,安装避雷针、避雷器等。

7. 电容补偿装置

电力牵引供电系统的功率因数较低,需进行功率补偿。目前常用的补偿方式有串联电容器补偿、并联电容器补偿和串并联电容器补偿。

(二)开闭所、分区亭和 AT 所

1. 开闭所

当枢纽内不设牵引变电所时,为缩小事故范围设开闭所,开闭所起电分段和扩大馈线数目的作用。

2. 分区亭

在复线电气化线路中为改善供电臂末端电压水平和减少能耗，采用上、下行并联供电，在两相邻牵引变电所间设置分区亭。

3. AT 所

仅在自耦变压器供电方式中设置，作用是改善电压水平和防干扰性能。

（三）牵引变电所一次接线

牵引变电所一次接线主要有桥式接线和双 T 形接线两种。

1. 桥式接线

在通过式变电所中，有电力系统的穿过功率通过，桥断路器应经常处于闭合状态，这种接线称为桥式接线。

桥式接线有外桥式和内桥式两种：(1)外桥式接线：连接桥设在线路侧时，为外桥式接线。外桥式接线适用于线路较短或变压器需要经常切换的情况。(2)内桥式接线：连接桥设在变压器侧时，为内桥式接线。内桥式接线适用于线路较长或变压器不需要经常切换的情况。

2. 双 T 形接线

也叫分支接线，它与外桥式接线相似，区别是用桥隔离开关代替了原来的桥断路器。双 T 形接线设置了桥隔离开关，目的是当某一因故障或检修退出运行时，另一输电线路可借助桥隔离开关向两台变压器同时供电。母联隔离开关经常是闭合的，两组进线只有一组向变电所供电的是工作电源（主电源），另一组输电线则是备用电源（副电源），与桥式接线相比，省去一台断路器，隔离开关也减少了。因此屋外配电装置的结构简化，占地面积减小，相应的以桥断路器为作用的保护装置也随之取消，控制室内的二次接线大为简化。

牵引变电所一次接线大多采用双 T 形接线。

三、接触网运行与外部关系

接触网设备运行过程中接触网故障时常发生且影响大，是因为牵引供电设备的运行具有以下特点：

（一）接触网设备运行条件苛刻

接触网是沿线路布置的特殊输电线路，露天布置无备用，工作条件苛刻，通过与受电弓滑动接触向电力机车（动车组）提供能源，一旦状态不良将直接影响供电和行车。接触网也是一个大张力的力学结构，零部件长期处于大张力、频繁振动的工作状态，加之目前零部件的工艺水平不高和内部品质的检测手段不足，材质不良原因的接触网故障时常发生。

（二）与相关部门关系密切

1. 与工务的关系

接触网是按照线路中心和轨面标高的相对位置而布置的，反映到接触网参数上为接触线距轨面的高度、接触线投影距线路中心的距离和支柱侧面限界。所以，线路状态的变化将直接引起接触网技术状态的变化。此外，隧道、跨线桥漏（排）水、物件脱落侵入接触网限界等，也可能造成接触网烧伤损坏。

2. 与电力机车（动车组）的关系

电力机车（动车组）直接从接触网上取得电能，其受电弓、车顶绝缘以及放电间隙（避雷器）

不良等，均可导致跳闸停电和弓网故障。机车操纵不当(如不断电过分相、双弓运行等)也可造成跳闸停电，严重时会烧断接触线或承力索。

3. 与车务的关系

进路不当时，可使电力机车(动车组)进入接触网无电区或无网区而造成跳闸停电。更严重的是将电带入作业区危及检修人员生命安全，此种情况曾多次发生。另外，因隔离开关操作不当造成的故障也时有发生。

4. 与货运的关系

因货物捆绑不良运行中翘起、脱落短接和砸坏接触网，捆绑、覆盖货物的绳索、篷布运行中缠绕接触网等，均可造成跳闸停电和接触网设备故障。

5. 与电力系统的关系

牵引变电所是国家电网的负荷之一，其运行状态直接受电力系统的影响。如系统故障停电、电压质量差等也将表现为接触网无电、网压偏高或偏低等。再者，与接触网交叉跨越的地方电力线路，因故障断线搭接于接触网上的故障也时有发生。

6. 与沿线治安状况的关系

由于沿线社会治安状况不良，列车运行中盗窃装载货物和接触网设备的现象时常发生。

(三)易受外界环境因素的影响

1. 牵引供电系统额定电压为 27.5 kV，对绝缘强度及安全距离都有严格的要求。倒树、鸟兽及人员触电，大风刮起的草木、杂物短接，以及道口撞车等都会造成跳闸停电和设备损坏。

2. 接触网受冰、雪、雷、雨、风、气温变化影响较大，当上述情况发生反常变化时，也易造成绝缘失效和状态异常。

(四)检修方式

接触网检修方式有停电作业、间接带电作业、远离作业三种。停电作业是指在接触网停电设备上进行的作业，间接带电作业是指借助绝缘工具间接在接触网带电设备上进行的作业，远离作业是指在距接触网带电部分 1 m 以外的附近设备上进行的作业。接触网作业实行工作票(命令票)制度，根据作业性质的不同，工作票分为三种：第一种工作票，第二种工作票，第三种工作票，分别用于接触网停电、间接带电、远离作业。

第四节　供电安全检测监测系统(6C 系统)

供电安全检测监测系统(简称 6C 系统)包括弓网综合检测装置(1C)、接触网安全巡检装置(2C)、车载接触网运行状态检测装置(3C)、接触网悬挂状态检测监测装置(4C)、受电弓滑板监测装置(5C)、接触网及供电设备地面监测装置(6C)，如图 1-4-1 所示。

一、配置标准与要求

1. 弓网综合检测装置(1C)是安装在高速综合检测列车或接触网综合检测车上的接触网检测设备，可实现弓网状态的实速检测。

安装在检测动车组上的 1C 装置按国铁集团要求配置；铁路局集团公司在接触网综合检测车(图 1-4-2)上安装 1C 装置，配属大机段。

图 1-4-1　供电安全检测监测系统

图 1-4-2　综合检测车

2. 接触网安全巡检装置(2C)是指通过在运营的动车组(或机车)司机室内临时架设便携式设备(图 1-4-3),对接触网的状态及外部环境进行数据采集。

图 1-4-3　2C 装置安装

2C 装置原则上按运营里程每 150 km 配置 1 台，有电务车载线路视频系统设备覆盖的线路适当减少配置。

3. 车载接触网运行状态检测装置(3C)是指在运营的动车组(电力机车)上加装的接触网检测设备，可分为动车组 3C 装置和机车 3C 装置。

3C 装置地面接收设在国铁集团基础设施检测中心；在铁路局集团公司应急指挥中心、工电检测所(供电检测分析室)、各供电段调度值班室和检测车间配置 3C 数据分析终端 3C 装置安装如图 1-4-4 所示。

图 1-4-4　3C 装置安装

4. 接触网悬挂状态检测监测装置(4C)是指安装在接触网作业车或专用车辆上的接触网检测监测装置，能够周期性地对接触网主要零部件、结构及相关位置参数进行高分辨率成像，对接触网的技术状态进行检测。

4C 装置每个供电段至少应配置 1 套；对于新增电气化铁路，原则上按每 400 km 营业里程对应 1 套增配，但每个供电段不宜超过 2 套。4C 装置安装如图 1-4-5 所示。

图 1-4-5　4C 装置安装

5. 受电弓滑板监测装置(5C)是安装在接触网支柱、硬横梁或专用支柱等处所，对通过的受电弓状态进行检测的设备。

5C 装置宜按线路行别在电气化铁路的局界口、段界口、动车组(电力机车)出入库区域、联络线、车站咽喉区等处所配置，如图 1-4-6 所示。

在铁路局集团公司应急指挥中心、工电检测所(供电检测分析室)、各供电段调度值班室和检测车间配置 5C 数据分析终端。

图 1-4-6　5C 装置安装

6. 接触网及供电设备地面监测装置(6C)是指为了监测接触网及供电设备运行状态,设置的其他检测监测装置(包含但不限于绝缘状态在线监测、设备温度红外在线监测及接触网步行巡检装置等)。6C 装置安装如图 1-4-7 所示。

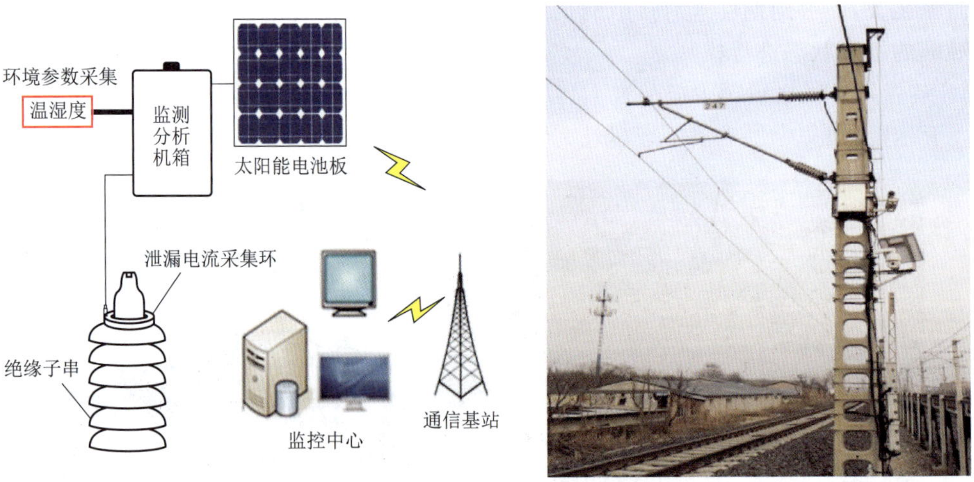

图 1-4-7　6C 装置安装

7. 6C 数据中心(图 1-4-8)是指为 6C 系统提供数据处理、信息展示、数据交换的平台,完成对 6C 数据的集中存储和统计、数据融合与分析,是 6C 数据分析人员主要的工作平台。

供电段应结合实际生产需求配置专职、兼职分析人员,保证人员能满足 6C 分析的时限要求。分析人员的基本条件:一是具备大专及以上学历;二是必须具备三年以上接触网现场工作经验,取得接触网高级工及以上技能等级;三是具备基本的计算机知识,熟练使用各类办公软件等;四是具有较扎实的接触网专业理论基础,熟悉接触网设备检修及技术标准,熟知接触网作业指导书的内容及检修标准。

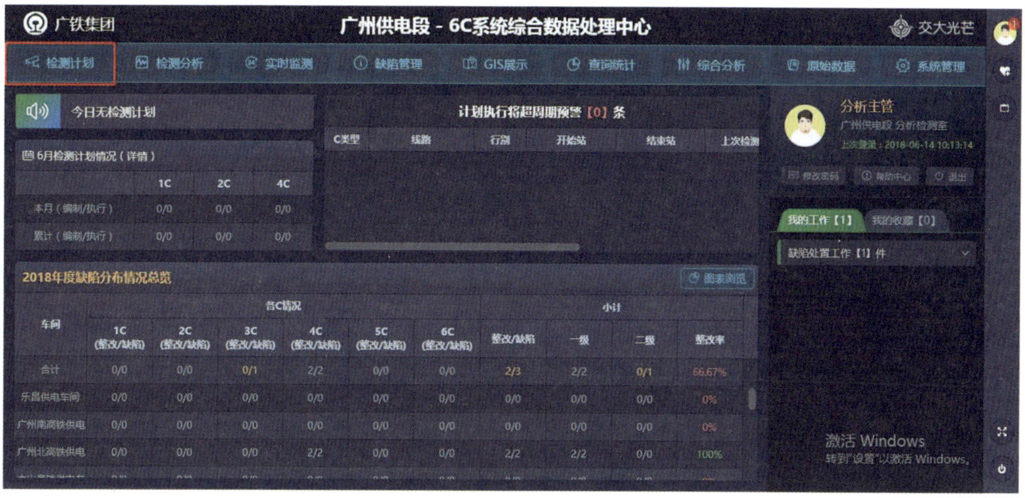

图 1-4-8　6C 数据中心

二、供电智能运维管理系统

供电智能运维管理系统（简称 6C＋系统）是适应新形势要求，按照"优化顶层设计、推动资源整合、提升运维能力，促进运维改革"原则，立足供电修程修制改革和供电工作安全实际，对既有信息系统进行优化整合、拓展和强化，支撑供电运维实现"周期检测、精准维修、寿命管理、科学决策"的目标。

供电智能运维管理系统包括数据中心、检测监测、设备维修、健康管理、辅助决策和考评管理六个功能模块，覆盖集团、站段、车间、工区四级供电部门，如图 1-4-9 所示。

图 1-4-9　供电智能运维管理系统

第二章　接触网结构

第一节　支柱与基础

一、简　　介

(一)定义及其作用

支柱是接触网中最基本、应用最广泛的支撑设备，为接触网提供支持、下锚和定位的主要垂直结构统称为接触网支柱。

基础是为了固定支柱或隧道内、天桥下固定接触网悬挂的设施。

支柱和基础的作用是承受接触悬挂与支撑、定位装置等的负荷，并将接触悬挂固定在规定的高度。

(二)结构及分类

1. 支柱

(1)接触网支柱按其使用材质分为预应力钢筋混凝土支柱和钢支柱两大类。

①预应力钢筋混凝土支柱

我国铁路采用了工字形及斜腹杆断面的钢筋混凝土支柱，近年来在部分区段又采用了环形等径预应力钢筋混凝土支柱，如图 2-1-1、图 2-1-2 所示。

（a）横腹杆式结构　　（b）横腹杆式实物

图 2-1-1　横腹杆式预应力钢筋混凝土支柱

（a）环形等径圆柱结构　　（b）环形等径圆柱实物

图 2-1-2　环形等径预应力钢筋混凝土支柱

②钢支柱

钢柱主要用于跨越股道比较多、需要支柱高度较高、容量较大的软横跨柱，其次用作桥梁墩台上安装的支柱。常见软横跨钢柱的高度有 13 m 和 15 m 两种。钢支柱按外形又可分为格构式钢支柱、圆形钢支柱、H 形钢支柱、圆管形钢支柱及其他异形钢支柱，如图 2-1-3、图 2-1-4、图 2-1-5 所示。

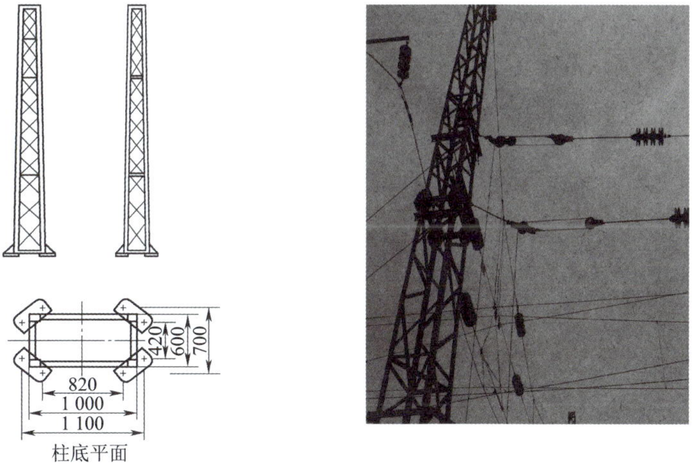

（a）格构式结构（单位：mm）　　（b）格构式实物

图 2-1-3　格构式钢支柱

（2）支柱按其在接触网中的作用可分为中间柱、转换柱、中心柱、下锚柱、定位柱、道岔柱、软横跨柱、硬横跨（梁）柱及桥梁柱等几种。各类支柱布置如图 2-1-6 所示。

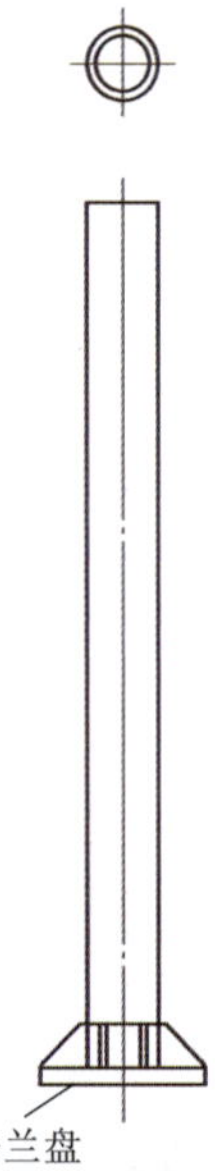

（a）圆管型结构

（b）圆管型实物

图 2-1-4　圆管形钢支柱

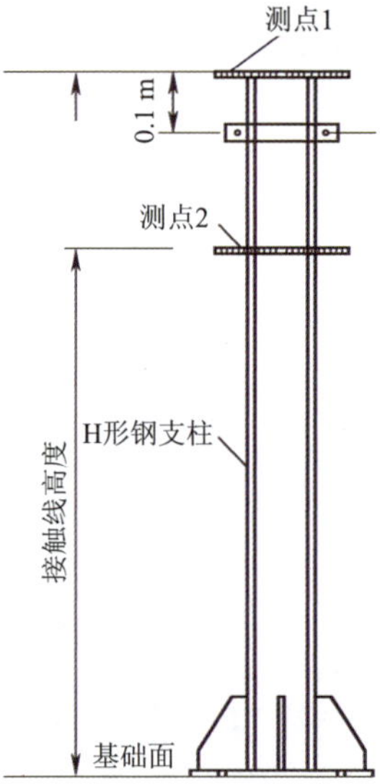

（a）H形钢支柱结构

（b）H形钢支柱实物

图 2-1-5　H 形钢支柱

①中间柱

中间柱广泛应用于区间接触网，承受单组工作支的垂直负荷和水平负荷，实现单组工作支的悬挂和定位。

②锚柱

锚柱位于锚段关节两端或接触网需要下锚的其他地点，在垂直线路方向起中间柱的作用，在顺线路方向承受接触悬挂下锚的全部拉力。

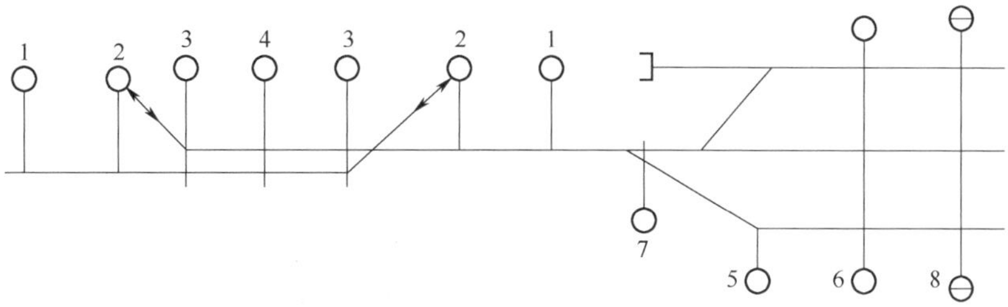

1—中间柱；2—锚柱；3—转换柱；4—中心柱；5—定位柱；6—软横跨柱；7—道岔柱；8—硬横跨(梁)柱。

图 2-1-6　各类支柱布置

③转换柱

转换柱位于锚段关节处的两根锚柱之间，它承受接触悬挂下锚支和工作支的垂直负荷和水平负荷。

④中心柱

中心柱位于两转换柱之间，完成两组工作支的悬挂和定位。

⑤道岔柱

道岔柱主要用于道岔处的两支接触悬挂定位。

⑥定位柱

定位柱是用于对接触线拉出值、线岔交叉点进行定位以满足参数要求，保证受电弓能正常接触取流而专门设置的支柱，多用于站场两端。

⑦软横跨柱

软横跨柱一般用于跨越多股道的站场上，由于受力较大，多选用容量较大的支柱。

⑧硬横跨(梁)柱

硬横跨也称硬横梁，是将接触悬挂通过金属桁架架设在线路两侧支柱上的装配方式，多用于全补偿链型悬挂的站场上。

2. 基础

基础类型取决于支柱类型、支柱受力和土壤特性，高速线路的接触网基础还应考虑施工对线路路堤土壤或土壤层的破坏程度。常用支柱基础类型如图 2-1-7～图 2-1-10 所示。

整体基础有杯形、桩形、工字形、锥形、单阶梯形、多阶梯形等不同外形，其选用依据是基础的强度和稳定性校验。整体螺栓安装式基础是在钢筋混凝土基础内预埋地脚螺栓，用以固定和连接钢支柱。

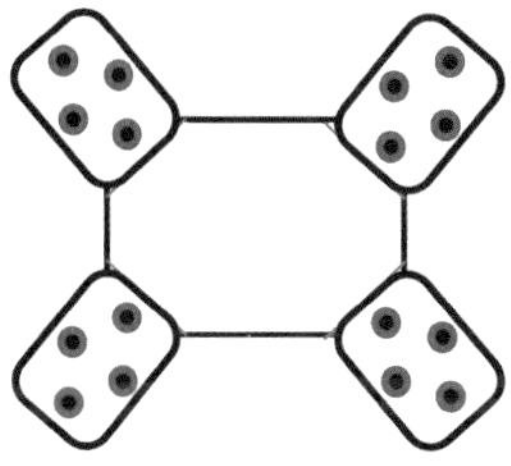

(a) 钢柱基础结构

(b) 钢柱基础实物

图 2-1-7　钢柱基础

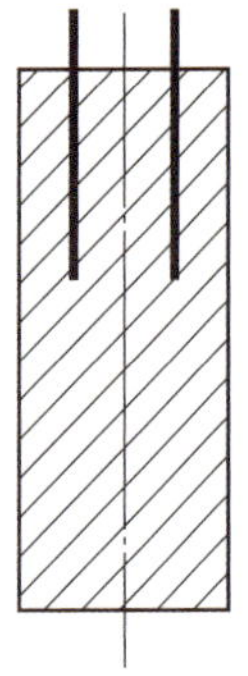

（a）杯形基础结构

（b）杯形基础实物

图 2-1-8　杯形基础

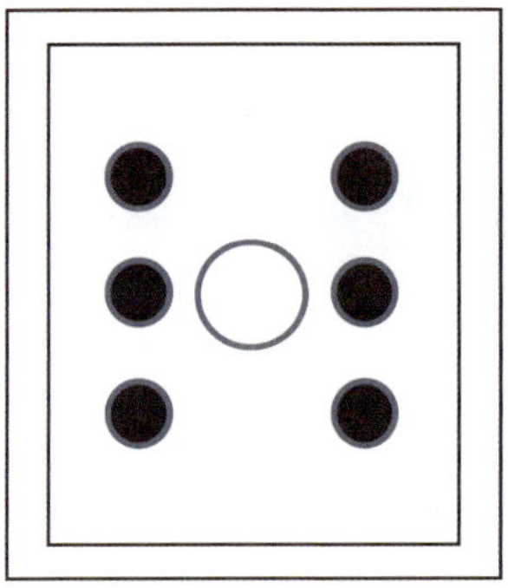

（a）H形基础结构

（b）H形基础实物

图 2-1-9　H 形钢柱基础

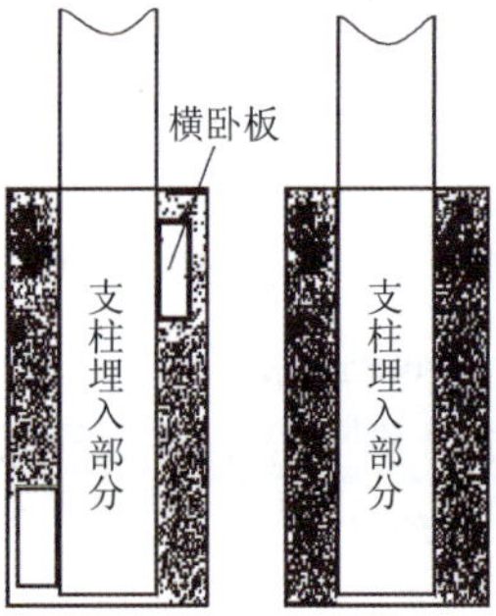

（a）钢筋混凝土支柱基础结构

（b）钢筋混凝土支柱基础实物

图 2-1-10　钢筋混凝土支柱基础

等径圆形钢筋混凝土支柱杯形基础一般采用嵌入式基础，H 形钢支柱和桁架式钢支柱一般采用整体螺栓安装式基础，圆管形支柱一般采用法兰连接基础。横腹杆式钢筋混凝土支柱的基础和支柱是一个整体，其埋入地下部分即为基础，这种基础称为直埋式基础，其埋置深度一般为 2.6～3.0 m。

（三）线别设备介绍

以上几种设备均在广州局集团公司管内使用，具体分布见表 2-1-1。

表 2-1-1　支柱使用情况分布

序　号	线路类别	铁路名称	设备名称
1	普速铁路	京广铁路	横腹杆钢筋混凝土支柱，格构式钢支柱、H 形钢支柱、圆管形钢支柱
2		沪昆铁路	横腹杆钢筋混凝土支柱，格构式钢支柱
3		焦柳铁路	横腹杆钢筋混凝土支柱，格构式钢支柱
4		渝怀铁路	横腹杆钢筋混凝土支柱，格构式钢支柱
5		京九铁路	横腹杆钢筋混凝土支柱，格构式钢支柱
6		广深铁路	等径圆形钢筋混凝土支柱，格构式钢支柱、圆管形钢支柱
7		广石铁路	横腹杆钢筋混凝土支柱，格构式钢支柱、H 形钢支柱
8		石长铁路	横腹杆钢筋混凝土支柱，格构式钢支柱、H 形钢支柱
9		赣韶铁路	横腹杆钢筋混凝土支柱，圆管形钢支柱
10		衡茶吉铁路	横腹杆钢筋混凝土支柱，钢支柱
11		广珠铁路	横腹杆钢筋混凝土支柱，圆管形钢支柱
12		南沙港铁路	横腹杆钢筋混凝土支柱，格构式钢支柱、H 形钢支柱
13	城际铁路	广肇城际铁路	横腹杆钢筋混凝土支柱，格构式钢支柱、H 形钢支柱、圆管形钢支柱
14		广珠城际铁路	H 形钢支柱、圆管形钢支柱
15		珠机城际铁路	H 形钢支柱、圆管形钢支柱
16		广惠城际铁路	H 形钢支柱、格构式钢支柱
17		梅汕铁路	H 形钢支柱、圆管形钢支柱
18		穗深城际铁路	H 形钢支柱、格构式钢支柱、圆管形钢支柱
19		长株潭城际铁路	H 形钢支柱、圆管形钢支柱
20	高速铁路	京广高速铁路	H 形钢支柱、圆管形钢支柱
21		广深港高速铁路	H 形钢支柱、圆管形钢支柱
22		杭深铁路	H 形钢支柱、圆管形钢支柱
23		衡柳铁路	H 形钢支柱、圆管形钢支柱
24		海南东环铁路	H 形钢支柱、圆管形钢支柱
25		沪昆高速铁路	H 形钢支柱、圆管形钢支柱
26		贵广高速铁路	H 形钢支柱、圆管形钢支柱、格构式钢支柱、等径圆形钢筋混凝土支柱
27		南广铁路	H 形钢支柱、圆管形钢支柱、格构式钢支柱、等径圆形钢筋混凝土支柱
28		海南西环铁路	H 形钢支柱混凝土等径圆杆，硬横跨支柱采用等径钢管支柱、格构式钢支柱、H 形钢支柱、圆管形钢支柱
29		娄邵铁路	H 形钢支柱、混凝土等径圆杆、格构式钢支柱
30		张吉怀高速铁路	H 形钢支柱
31		怀衡铁路	H 形钢支柱、混凝土等径圆杆
32		黔常铁路	H 形钢支柱、混凝土等径圆杆
33		深湛铁路	H 形钢支柱、混凝土等径圆杆、格构式钢支柱、圆管形钢支柱
34		赣深高速铁路	热浸镀锌 H 形钢支柱、等径圆钢管柱、格构式钢支柱
35		广汕高速铁路	H 形钢支柱、圆管形钢支柱、格构式钢支柱
36		渝厦高速铁路	H 形钢支柱、圆管形钢支柱

二、日常维护

（一）巡视

行走至支柱与基础或其附近，观察支柱与基础外表状况有无裂纹及破损，支柱是否倾斜（分顺线路和横线路方向观察），有无露筋及变形等不正常现象。观察埋设情况有无变化。基础有无下沉、被水冲刷，附近有无杂草，有无施工建筑物，其他设备有无侵入线路限界，支柱杆顶有无鸟巢等。检查支柱基础有无塌方、滑坡现象，测量基础沉降情况及支柱埋深。

（二）检修

1. 全面检查周期：36 个月。含与支柱连接的接地线与拉线。

2. 检修内容：

(1)测量支柱侧面限界是否符合规定，并做好记录。

(2)用倾斜仪观察支柱垂直、顺线路倾斜率。

(3)检查支柱有无破损、漏浆、露筋、裂纹等。

(4)检查钢柱有无裂纹、开焊、弯曲、变形、锈蚀。

(5)检查支柱基础及钢柱基础帽是否符合要求。

(6)检查号码牌编号正确，字迹清晰，便于瞭望。

(7)检查拉线是否受力，有无断股、锈蚀；UT 线夹状态是否良好。

(8)检查接地极、地线是否连接牢固。

（三）技术标准

1. 普速铁路

(1)支柱护坡

①填方地段的支柱外缘距路基边坡的距离不小于 500 mm，否则应培土或砌石，其坡度应与原路基相同，高填方地段培土困难、流失严重或土质强度不够者，应采用砂浆砌石护坡加固，片石应挤压紧密、堆砌整齐，砂浆应饱满、标号符合规定。支柱护坡应延伸至地面，并做深度不小于 0.6 m 的护坡基础。上部宽度为支柱中心两侧各不小于 1 m，下部宽度为支柱中心两侧各不小于 2m，厚度不小于 300 mm。距边坡坡底 1 m 处应设置 100 mm×100 mm 的池水孔。

②路堑地段的基础外侧与水沟外侧的间距不小于 300 mm。

(2)支柱位置

①支柱的侧面限界应符合规定，允许误差$^{+100}_{-60}$ mm，跨距允许误差$^{+1}_{-2}$ m，但最小不得小于《铁路技术管理规程(普速铁路部分)》规定的限值。

②每组软横跨两支柱中心的连线应垂直于正线，偏角不大于 3°；每组硬横跨两支柱中心的连线应垂直于正线，偏角不大于 2°。

③支柱应尽量设在侧沟限界以外，若客观条件限制必须设在侧沟中，则应留有排水通道，排水通道与排水沟应统一设计，避免对路基防排水系统的影响。支柱根部应用砂浆砌石加固。

④支柱埋设深度应符合设计要求，允许误差±100 mm。接触网整体更新改造时，接触网支柱侧面限界根据需要预留大机养护和调车作业条件。

(3)支柱本体

①横腹杆式钢筋混凝土支柱表面应光洁、平整。横腹板破损应及时修补，翼缘破损和露筋不超过 2 根且长度不大于 400 mm 应及时修补；露筋达 2 根以上但不超过 4 根且长度不超过

400 mm 者可以修补后降级使用;露筋超过 4 根或者露筋长度超过 400 mm 者,均应及时更换。支柱翼缘不得有横向、斜向和纵向裂纹。支柱翼缘与横腹板结合处裂纹及横腹板裂纹宽度不超过 0.3 mm 时,要及时修补,大于 0.3 mm 时应更换。混凝土支柱破损不露筋者,可以用水泥砂浆修补后使用。

②环形等径预应力混凝土支柱表面应光洁、平整,合缝处不得漏浆,不应有混凝土剥落、露筋等缺陷。横向裂纹宽度不超过 0.2 mm,长度不超过 1/3 圆周长,纵向裂纹宽度大于 0.2 mm,不超过 1 mm 的支柱要及时修补;纵向裂纹宽度大于 1 mm 的支柱应更换。支柱弯曲度不大于 2‰,杆顶封堵良好。修补支柱破损部位的混凝土等级比支柱本身混凝土高一级。

③金属支柱及硬横梁各焊接部分不得有裂纹、开焊;主角钢弯曲不得超过 5‰,副角钢弯曲不得超过 2 根;表面防腐层剥落面积不得超过 10%。整正支柱使用的垫片不得超过 3 块。每块垫片的面积不小于 50 mm×100 mm,厚度不大于 10 mm。

(4)支柱倾斜率

接触网各种支柱,均不得向线路侧和受力方向倾斜。安装在曲线外侧及直线上的支柱,在垂直线路方向允许向受力的反向倾斜。腕臂柱的外倾斜率为 0～0.5%。软横跨支柱的倾斜率:高度 13 m 的支柱为 0.5%～1%;高度 15 m 及以上的支柱为 1%～2%。硬横跨支柱应保证垂直于地面。曲线内侧的支柱、装设开关的支柱、双边悬挂的支柱、硬横跨支柱均应直立,允许向受力的反向倾斜,其倾斜率不超过 0.5%。支柱在顺线路方向应保持铅垂状态,其倾斜率不超过 0.5%。锚柱应向拉线方向倾斜,其倾斜率不超过 1%。

(5)支柱基础

金属支柱基础面应高出地面(或站台面)100～200 mm。基础外露 400 mm 以上者应培土,每边培土宽度为 500 mm,培土边坡与水平面成 45°。基础帽完整无破损,支柱根部周围 5 m 范围不得取土,1 m 范围内应保持清洁,不得有积水和杂物。桥支柱的托架与接腿、支柱的连接应牢固可靠,螺栓应用双螺帽并涂油防护。

(6)杯形基础

①杯形基础内杯底距基础面的距离为 1 500 mm;基础垂直于线路方向的中心线,偏差不大于 3°。

②杯形基础面应与路基面平齐,不得高于路基面,杯形基础面平整,外形尺寸及限界符合设计要求。

③杯形基础田野侧的土层不得小于 600 mm,否则需进行边坡培土或砌石;路堑地段的基础外侧与水沟外侧的间距不得小于 300 mm。

④杯形基础采用 C15 级混凝土。

(7)支柱防护

①道口两侧、经常有机动车辆运行的场所以及装卸货物站台上等易被碰撞的支柱,均应设置强度较高的防护桩。防护高度原则上不小于 1.5 m,道口两侧支柱防护桩的高度为 2 m。

②支柱防护宜采用混凝土防护墩或钢结构防护,不宜采用外围砖砌、内填石碴或砂土的封闭式防护方式。采用混凝土防护墩防护时,厚度不小于 0.4 m,并采用混凝土灌注基础,基础满足稳固要求、混凝土标号不小于 C20 并植入钢筋网;采用钢结构防护时,埋设深度应满足稳固要求并采用混凝土灌注基础。

③防护桩内壁与支柱保持 0.5 m 的距离,且不得侵入铁路建筑限界。

④防护桩外表面应有黄黑相间的警示标识。

⑤需防护支柱装有开关操作机构时，需同时将开关操作支架纳入防护保护范围。

(8)支柱拉线

①拉线应位于接触悬挂下锚支的延长线上（附加导线单独下锚时，应位于下锚支导线的延长线上），在任何情况下不得侵入限界。拉线与地面夹角一般情况下为 45°，最大不得超过 60°。

②拉线应绷紧，在同一支柱上的各拉线应受力均衡；锚板拉杆与拉线应成一条直线；拉线应采取防腐措施，埋入地下部分的地锚拉杆应涂防腐剂。拉线不得有断股、松股、接头及严重的锈蚀。UT 线夹螺帽外露螺纹长度不小于 20 mm 且不大于螺纹全长 1/2，UT 线夹不得埋入地中。各部螺栓紧固良好并涂油。基础周围 5 m 范围内不得取土，1 m 范围内应保持清洁，不得有积水和杂物。

③设在挡土墙、隧道口、桥墩、坚石地带及砂浆砌石护坡上等处打孔灌注的地锚杆，其埋入深度应符合规定。受力后其周围水泥灌注部分不得有裂纹、破损及脱落现象。禁止将地锚杆设在孤石、风化石、次坚石上。

④接触悬挂下锚、中心锚结下锚、附加导线下锚的拉线基础外形尺寸应符合设计要求。拉线拉环应采用二级热浸镀锌防腐，拉线基础不得有积水。

2. 高速铁路

(1)支柱位置

支柱的侧面限界应符合设计规定，允许误差$^{+100}_{-60}$ mm，但最小不得小于《铁路技术管理规程(高速铁路部分)》规定限值。跨距允许偏差±500 mm。

(2)支柱本体

金属支柱及硬横梁支柱本体不得弯曲、扭转、变形，各焊接部分不得有裂纹、开焊；主角钢不应有扭转现象，弯曲不得超过 5‰，副角钢弯曲不得超过 2 根。表面防腐层剥落面积不得超过 5%；环形等径预应力混凝土支柱表面应光洁、平整，无混凝土脱落和露筋现象，合缝处不得漏浆，纵向裂纹宽度大于 0.2 mm 但不超过 1 mm 的支柱要及时修补，纵向裂纹宽度大于 1 mm 的支柱应及时更换。修补支柱破损部位的混凝土等级比支柱本身混凝土高一级。

(3)支柱倾斜率

①接触网各种支柱顺线路面允许偏差不应大于±0.5%，锚柱顶部向拉线侧倾斜不应大于 1%，横向方向曲线外侧和直线上的腕臂柱柱顶应向受力反向倾斜，允许偏差 0～0.5%；锚段关节中心柱、曲线内侧支柱及转换柱均应直立，柱顶应向受力反向倾斜，允许偏差 0～0.5%。

②硬横跨支柱横、顺线路方向均应直立，允许偏差 0～0.5%，支柱顶端安装高度应符合设计要求，允许偏差 0～+100 mm。

③隔离开关支柱应直立，允许偏差 0～0.5%。

④H 形钢柱端面应垂直于线路中心线，允许偏差±2°。

(4)支柱基础

①金属支柱基础面应高出地面(或站台面)100～200 mm，基础外露 400 mm 以上应培土，每边培土宽度为 500 mm，培土边坡与水平面呈 45°。金属支柱有基础帽时，基础帽应完整无破损、无裂纹。

②支柱根部周围 5 m 范围内不得取土，1 m 范围内应保持清洁，不得有积水和杂物。

(5)支柱拉线及拉线基础

拉线与地面夹角一般情况下为 45°，最大不得超过 60°。拉线应绷紧，在同一支柱上的各拉线应受力均衡；拉线应有防腐措施，不得有断股、散股、接头及锈蚀。各部连接件、螺栓紧固良好。基础周围 5 m 范围内不得取土，1 m 范围内应保持清洁，不得有积水和杂物。

(6)支柱护坡

①填方地段的支柱外缘距路基边坡的距离不小于 500 mm，否则应培土或砌石，其坡度应与原路基相同，高填方地段培土困难、流失严重或土质强度不够者，应采用砂浆砌石护坡加固，砌石应挤压紧密、堆砌整齐，砂浆应饱满、标号符合规定。支柱护坡应延伸至地面，并做深度不小于 0.6 m 的护坡基础。上部宽度为支柱中心两侧各不小于 1 m，下部宽度为支柱中心两侧各不小于 2 m，厚度不小于 300 mm。距边坡坡底 1 m 处设置 100 mm×100 mm 的池水孔。

②路堑地段的基础外侧与水沟外侧的间距不小于 300 mm。

三、常见缺陷与故障案例

(一)常见缺陷

1. 预应力钢筋混凝土支柱及基础

(1)裂缝：支柱表面有深入混凝土内部的缝隙。

(2)漏浆：基础与支柱表面因水泥浆流失而露出集料。

(3)露筋：支柱内部的钢筋未被混凝土包裹而外露，不包括支柱端部的纵向预应力钢筋头。

(4)塌落：支柱内壁混凝土成块状脱落。

(5)蜂窝：基础与支柱表面因漏浆或缺水泥砂浆而引起的蜂窝状空洞。

(6)麻面：支柱外表面呈现的密集微孔。

(7)粘皮：基础与支柱外表面的水泥浆层被模具粘去后留下的粗糙表面。

(8)龟纹：基础与支柱外表面呈现出龟背状纹路，无整齐的边缘和明显的深度。

(9)水纹：基础与支柱外表面湿润时呈现的可见微细纹路，水分蒸发后纹路随之消失。

2. 钢柱

(1)角钢出现弯曲、扭转现象。

(2)焊接处有裂纹。

(3)基础螺栓孔距偏差大于±2 mm。

(4)整体焊接的钢柱弯曲度大于 1/750。

(5)分节组装的钢柱连接不紧固密贴。

(6)油漆防蚀的钢柱漆层有脱落、锈蚀。

(7)热浸镀锌的钢柱锌层有脱落、锈蚀现象。

3. 其他

连接受力部件不牢或安装错误等致使受力不良。

(二)故障案例

案例一

1. 事故概况

2008 年 1 月 28 日，一货物列车运行至××线某区间，列车刮上烧断的承力索线头，在列车强大拉力下造成该区间×××～×××号杆间接触网塌网、断杆；共 5 根支柱断裂、1 根支柱破损，接触网损坏约 1 000 m，如图 2-1-11 所示。

图 2-1-11　支柱断裂

2. 事故原因

某电力局 110 kV 跨越电网避雷线断落，搭落在××线某区间接触网上，烧断上、下行承力索，造成某变电所×××断路器跳闸。列车运行至该地段刮上烧断的承力索线头，在列车强大拉力下造成×××～×××号杆间接触网塌网、断杆。

案例二

1. 事故概况

2009 年 3 月 29 日 0:35，某施工单位挖掘机拖运钢轨时，钢轨尾端碰撞到××线某区间下行××号接触网支柱，导致该支柱距离地面 30 cm 处断裂，如图 2-1-12 所示。

图 2-1-12　支柱被撞情况

2. 事故原因

该施工单位擅自施工，在设备管理单位配合人员未到场监督情况下，挖掘机机械操作人员盲目操作，导致挖掘机在拖运钢轨转弯时钢轨尾部碰撞到××号接触网支柱，造成该支柱被撞击断裂。

本节重点：

1. 支柱的日常检查与巡视。

2. 能对支柱破损、开裂、倾斜等不同程度进行正确判断。

第二节　软硬横跨(梁)

一、简　　介

(一)定义及其作用

在站场上，多股道的接触悬挂借助于单根或数根横向线索悬挂到布置在这些线路两侧的两根支柱上，这种装置称为软横跨。

接触悬挂通过金属桁架架设在线路两侧支柱上的装配方式称为硬横跨(梁)。

在站场中，接触网不宜采用单线路腕臂的架设方式，这样站场中因支柱过多以致影响行车有关人员对信号的瞭望，股道间距较小难以满足设立支柱要求，所以多采用软横跨或硬横跨(梁)形式。

吊柱型硬横跨(梁)因股道间接触悬挂基本无接触、互不影响、稳定性较好等优点，所以常被站场、高速铁路采用。

(二)结构及分类

1. 软横跨

软横跨主要依据定位索的结构类型和定位器在定位索上的固定方式而有多种形式。

从软横跨的绝缘方式上看，我国电气化铁路上目前采用的是绝缘式软横跨。绝缘式软横跨即横向承力索与上、下部定位索(固定绳)均绝缘，也就是对地绝缘，如图 2-2-1 所示。绝缘安装方式有以下几种：

(1)下部定位索(固定绳)绝缘的软横跨，如图 2-2-2 (a)所示。

(2)上、下部定位索(固定绳)绝缘的软横跨，如图 2-2-2(b)所示。

(3)横向承力索与定位索(固定绳)非绝缘的软横跨或者称为带定位支架的软横跨，如图 2-2-2 (c)所示。

(4)横向承力索与定位索(固定绳)均绝缘的软横跨，如图 2-2-2 (d)所示。除了这些广泛采用的软横跨以外，还有一些其他专门的软横跨。

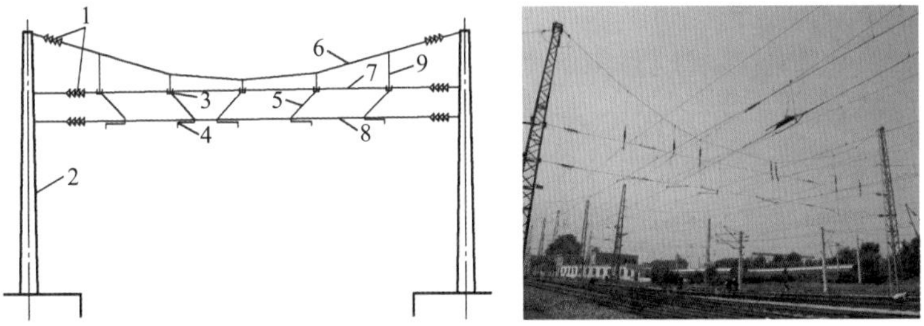

(a) 软横跨结构　　　(b) 软横跨实物

1—绝缘子；2—支柱；3—定位环线夹；4—定位器；5—斜拉线；

6—横承力索；7—上部定位索；8—下部定位索；9—直吊弦。

图 2-2-1　软横跨

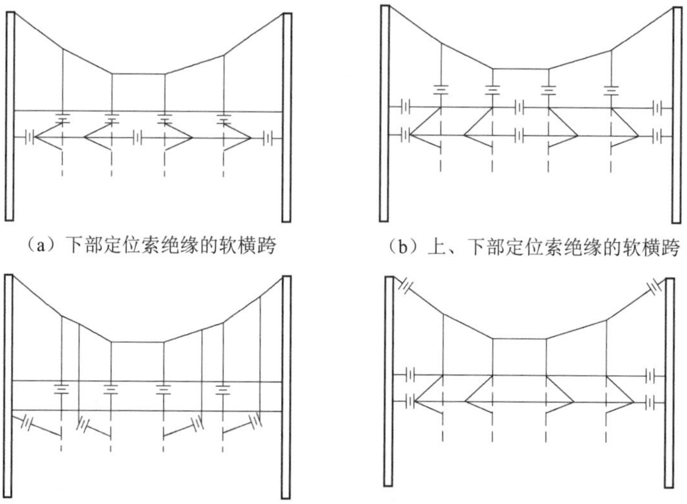

（a）下部定位索绝缘的软横跨　（b）上、下部定位索绝缘的软横跨

（c）横向承力索与定位索非绝缘的软横跨　（d）横向承力索与定位索均绝缘的软横跨

图 2-2-2　软横跨类型

图 2-2-2(a)是下部定位索(固定绳)绝缘的软横跨,其定位器直接固定在下部定位索(固定绳)上。因为定位索(固定绳)带电,它要通过绝缘子才能固定到支柱上。为了避免定位索在定位器的安装位置上产生较大的弛度,要通过斜吊弦将定位索(固定绳)悬挂到横向承力索的绝缘子上。在这种软横跨上,可用能拆装的绝缘梯车对接触网进行带电巡视、检修,因为凡是可能与接触网检修人员接触的下部定位索和所有部件都处在同一电位。

上部与下部定位索(固定绳)均带电的软横跨如图 2-2-2(b)所示。它的优点是,在曲线和线岔的地方,上部定位索(固定绳)能使绝缘子保持在垂直位置。

我国电气化线路主要采用如图 2-2-2(d)所示的绝缘软横跨,它与上述软横跨相比,其横向承力索和定位索(固定绳)都绝缘,这就给带电作业创造了最为安全的条件。其优点是它的各条线索对地都是绝缘的,这样便于带电检修。对地绝缘的绝缘子串都装在线路两侧,故在电力和内燃、蒸汽混合牵引区段上运营,可减轻绝缘子的污损程度,从而减少了清洗绝缘子的工作量。绝缘式软横跨的主要缺点是主要承力部件——横向承力索需要通过绝缘子固定在支柱上,这样横向承力索故障所带来的危险性当然要比定位索(固定绳)大得多。

软横跨绝缘子,不管是接地侧绝缘子还是上、下行股道间横向电分段绝缘子,它们一方面起绝缘作用,另一方面起连接作用。因此,软横跨绝缘子在机械性能和绝缘性能上要求都比较高,在安装、检修时,要严格检查软横跨两侧及中间绝缘子串,特别是各绝缘子串中各绝缘子的连接情况,防止弹簧销脱落,确保安全供电。

我国采用的软横跨,其具体安装结构如图 2-2-3 所示。

各种悬挂用结点类型来表示,所谓结点类型就是把所有的悬挂形式进行归纳综合,所有同类项的内容归为一类,共有 15 种结点类型,其意义如下:

节点 1、2 表示软横跨在钢支柱上的装配形式,其中 2 为站台侧。

节点 3、4 表示软横跨在钢筋混凝土支柱上的装配形式,其中 4 为站台侧。

节点 5 相当于一般中间支柱的定位装配形式,是最主要的悬挂方式之一。在全补偿链型悬挂时,悬吊承力索的鞍子改为滑轮。

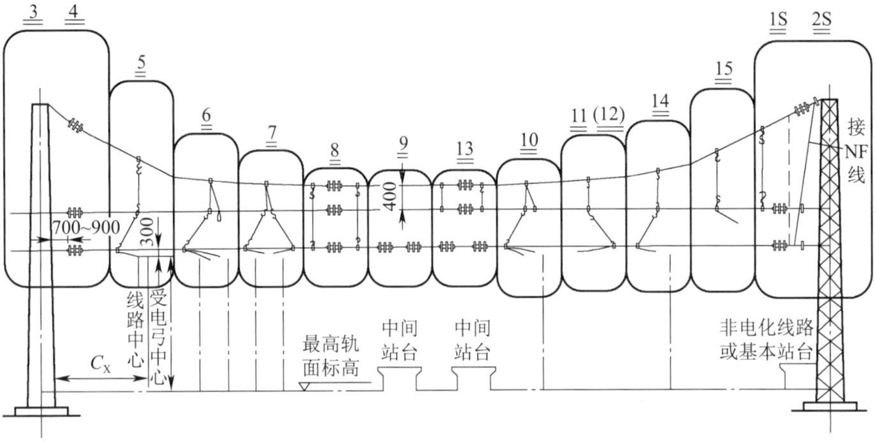

图 2-2-3　软横跨结构示意(单位:mm)

节点 6、7 相当于道岔定位柱的定位装配形式,两组悬挂均为工作支,两根接触线的高度一致,它可以是两根接触线同时向一个方向拉,也可以分别向两个方向拉。

节点 8、9 分别表示软横跨的绝缘分段和有、无中间站台的下部定位索(固定绳)的绝缘分段。

节点 10 表示两组悬挂,一组悬挂为工作支,另一组悬挂为非工作支。

节点 11、12 表示两种形式的非工作支定位。

节点 13 表示具有中间站台的承力索和下部定位索(固定绳)的绝缘分段。

节点 14 表示非工作支偏离线路中心。

节点 15 表示非工作支抬高,并拉向下锚。

为了保证软横跨良好工作,从结构安装上需满足四条基本要求:

①上、下部定位索(固定绳)要水平,在必要时,在架设初期,允许有少许负弛度。

②最短吊弦应在规定范围内,即对于 3～4 股道 $C_{min}\approx400$ mm,对于 5～6 股道 $C_{min}\approx600$ mm,对于 7～8 股道 $C_{min}\approx800$ mm。

③所有吊弦应铅垂。

④在基本站台及中间站台,下部定位索(固定绳)的悬式绝缘子串接地侧的裙边应与站台边沿对齐。

2. 硬横跨(梁)

随着铁路提速和高速铁路建设,越来越多的硬横跨(梁)在干线铁路中使用,硬横跨(梁)结构一般由硬横跨(梁)柱、硬横梁、倒立柱、腕臂式支持定位装置组成。

硬横跨(梁)从接触悬挂的悬吊形式上分为吊柱硬横跨(梁)和定位索(绳)硬横跨(梁)。

吊柱硬横跨(梁)主要由硬横梁和吊柱组成,接触悬挂通过腕臂装置固定在吊柱上。吊柱硬横跨(梁)如图 2-2-4 所示。

定位索(绳)硬横跨(梁)如图 2-2-5 所示,主要由硬横梁和上下部定位索(绳)组成。

按照支柱类型可分为等径圆形混凝土支柱硬横跨(梁)、钢管支柱硬横跨(梁)、矩形格构钢柱硬横跨(梁)等。

按照支柱和横梁连接方式分为刚接硬横跨(梁)和铰接(简支)硬横跨(梁)。

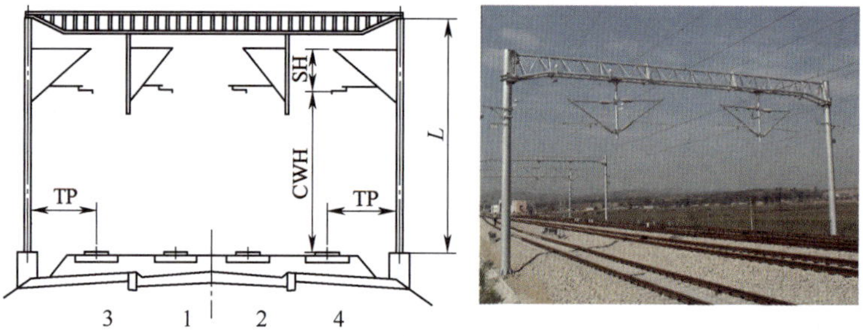

（a）吊柱硬横跨（梁）结构　　（b）吊柱硬横跨（梁）实物

图 2-2-4　吊柱硬横跨(梁)

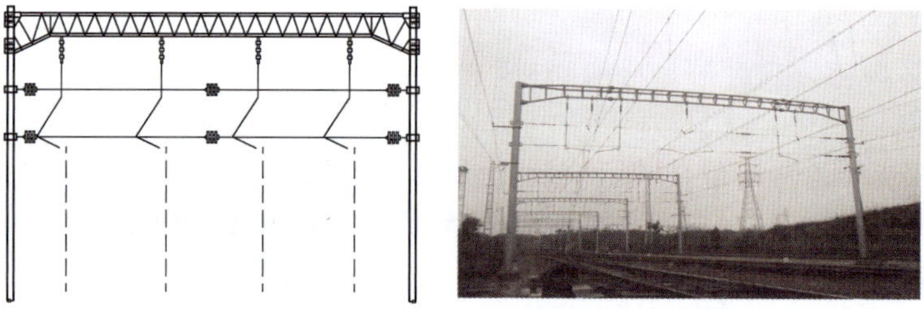

（a）定位索（绳）硬横跨（梁）结构　　（b）定位索（绳）硬横跨（梁）实物

图 2-2-5　定位索(绳)硬横跨(梁)

在站场中使用硬横跨(梁)的主要优点:采用硬横跨(梁)可以提高接触网的稳定性,减少列车高速通过时接触网振动对相邻线路的接触悬挂的干扰,明显改善了弓网的受流质量;硬横跨(梁)便于工厂化预制,提高了施工效率、减少了调整工作量;硬横跨(梁)结构可以降低对支柱高度、弯矩和基础承载能力的要求;在大型客站采用硬横跨(梁)结构比软横跨整齐、美观。其主要缺点为投资较大、结构较笨重、钢结构防锈成本高,横向跨距不宜过大。

横梁一般使用格构式结构(跨距较小时,也可以使用实腹结构),主要有角钢制成的矩形(截面为矩形)格构式横梁和钢管制成的三角形(截面为三角形)格构式横梁。

任何线材都不能在硬横梁上下锚。

硬横跨(梁)吊柱上腕臂装配和腕臂柱类似,一般侧面限界较小,在定位索(绳)式结构中,其装配和软横跨节点类似。

(三)线别设备介绍

以上几种设备均在广州局集团公司管内使用,具体分布见表 2-2-1。

表 2-2-1　软硬横跨使用情况分布

序　号	线路类别	铁路名称	设备名称
1	普速铁路	京广铁路	软横跨、硬横跨(梁)
2		沪昆铁路	软横跨、硬横跨(梁)
3		焦柳铁路	软横跨、硬横跨(梁)
4		渝怀铁路	软横跨、硬横跨(梁)
5		京九铁路	软横跨、硬横跨(梁)
6		广深铁路	软横跨、硬横跨(梁)

续上表

序　　号	线路类别	铁路名称	设备名称
7	普速铁路	广石铁路	软横跨、硬横跨(梁)
8		石长铁路	软横跨、硬横跨(梁)
9		赣韶铁路	软横跨、硬横跨(梁)
10		衡茶吉铁路	软横跨、硬横跨(梁)
11		广珠铁路	软横跨、硬横跨(梁)
12		南沙港铁路	软横跨、硬横跨(梁)
13	城际铁路	广肇城际铁路	软横跨、硬横跨(梁)
14		广珠城际铁路	软横跨、硬横跨(梁)
15		珠机城际铁路	硬横跨(梁)
16		广惠城际铁路	软横跨、硬横跨(梁)
17		梅汕铁路	硬横跨(梁)
18		穗深城际铁路	软横跨、硬横跨(梁)
19		长株潭城际铁路	软横跨、硬横跨(梁)
20	高速铁路	京广高速铁路	软横跨、硬横跨(梁)
21		广深港高速铁路	软横跨、硬横跨(梁)
22		杭深铁路	硬横跨(梁)
23		衡柳铁路	软横跨、硬横跨(梁)
24		海南东环铁路	硬横跨(梁)
25		沪昆高速铁路	软横跨、硬横跨(梁)
26		贵广高速铁路	软横跨、硬横跨(梁)
27		南广铁路	软横跨、硬横跨(梁)
28		海南西环铁路	硬横跨(梁)
29		娄邵铁路	软横跨、硬横跨(梁)
30		张吉怀高速铁路	硬横跨(梁)
31		怀衡铁路	硬横跨(梁)
32		黔常铁路	硬横跨(梁)
33		深湛铁路	硬横跨(梁)
34		赣深高速铁路	软横跨、硬横跨(梁)
35		广汕高速铁路	软横跨、硬横跨(梁)
36		渝厦高速铁路	软横跨、硬横跨(梁)

广州局集团公司管内，软横跨与硬横跨(梁)都有使用，普速电气化铁路站场大多采用软横跨结构，高速区段多采用硬横跨(梁)结构，动车段(所)内多采用软横跨结构。

二、日常维护

(一)巡视

1. 行走至软横跨、硬横跨(梁)附近，从不同角度观察基础与支柱技术状态是否完好、有无破损变形，观察硬横跨钢梁状态是否完好，吊柱、腕臂支撑装置等受力部件状态是否正常。观察各连接部位状况是否良好，各部件有无烧损变形等异常情况。

2. 观察软横跨横向承力索、上下部定位索（固定绳）、接触悬挂状态有无缺陷，观察软横跨处定位状态有无缺陷。

3. 观察交叉跨越线索间是否存在放电现象（宜夜间观察），观察绝缘子状态是否正常。

（二）检修

1. 全面检查周期：36 个月。

2. 检修内容：

（1）检查横向承力索、上下部定位索（固定绳）及各受力件状态是否良好，有无损伤等。

（2）检查上下部定位索（固定绳）的张力、弛度及最短直吊线的长度是否符合规定。

（3）检查各吊线是否符合要求。

（4）检查各梁段之间及其与支柱、吊柱连接是否牢固；硬横梁是否水平，有无明显变形。

（5）检查平、斜腕臂底座与吊柱连接是否牢靠，防滑底座安装是否牢固。

（三）技术标准

1. 普速铁路

（1）软横跨技术标准

①软横跨横向承力索（双横承力索为其中心线）的弛度应符合规定和上、下部定位索（固定绳）应布置在同一个铅垂面内。双横承力索两条线的张力应相等，V 形连接板应垂直于横向承力索。

②横向承力索的弛度应符合规定，最短吊弦的长度为 400～600 mm。上、下部定位索（固定绳）应处于拉紧状态，允许有平缓的负弛度，5 股道及以下者负弛度不超过 100 mm，5 股道以上者不超过 200 mm。

③横向承力索和上、下部定位索（固定绳）不得有接头、断股和补强，其机械强度安全系数应符合软横跨横向承力索中的钢绞线安全系数不小于 4.0 的规定。固定绳的机械强度安全系数不应小于 3.0。

④下部定位索（固定绳）距工作支接触线的垂直距离不得小于 250 mm。

⑤各吊线应留有不小于 200 mm 的裕量。

（2）硬横跨（梁）技术标准

①硬横跨（梁）的安装高度应符合设计要求，允许误差 $^{+100}_{0}$ mm。

②硬横跨（梁）呈水平状态，各段之间及其与支柱应连接牢固，螺栓紧固力矩应符合设计要求，允许向上微拱，铰接硬横梁的挠度小于梁长的 1/200，刚接硬横梁的挠度小于梁长的 1/360。

③硬横梁（角钢）不得变形和开焊、锈蚀面积不得超过 20％，焊接处不得锈蚀。

④吊柱在安装后应处于竖直状态，限界满足要求。

2. 高速铁路

（1）软横跨技术标准

①横向承力索，上、下部定位索（固定绳）

a. 软横跨横向承力索（双横承力索为其中心线）和上、下部定位索（固定绳）应布置在同一个铅垂面内。

b. 双横承力索两条线的张力应相等，V 形连接板应垂直于横向承力索，双横承力索线夹应垂直于横向承力索，上、下部定位索（固定绳）处于拉紧状态。

c. 上、下部定位索（固定绳）应水平，允许有平缓的负弛度，5 股道及以下负弛度不超过 100 mm，5 股道以上的不超过 200 mm。

d. 上、下部定位索（固定绳）弹簧补偿器处于固定绳受力小的一侧，张力符合设计规定。

②吊线

软横跨直吊线一般采用直径不小于 6 mm 不锈钢丝绳压接制作。直吊线应保持铅垂状态，吊线呈拉紧状态，上端永久固定，无松弛，横向承力索与上部定位索（固定绳）在最短吊线处距离为 400～600 mm。

③下部定位索（固定绳）距接触线的距离

下部定位索（固定绳）距接触线距离正线为 400 mm，侧线为 300 mm，允许偏差±50 mm。

④螺栓等连接器件

软横跨应垂直于正线，各部螺栓、垫片、弹簧垫圈应齐全，螺栓紧固，各杵头杆螺纹外露长度应为 20～80 mm，调整螺栓的螺杆外露长度应为 50 mm 至螺纹全长的 1/2。

⑤各部位几何尺寸

a. 横向承力索和上、下部定位索（固定绳）的电分段绝缘子串应在同一垂直面内。位于站台上方绝缘子带电裙边应尽量与站台边沿对齐，股道间横向电分段绝缘子应位于股道中间。横向承力索两端绝缘子串外侧钢帽距支柱内缘应不小于 400 mm，上、下部定位索（固定绳）两端绝缘子串的瓷裙至支柱内缘的最小距离不小于 700 mm，带电侧绝缘子裙边距线路中心线不得小于 200 mm。

b. 各部件应齐全完好，连接牢固，支柱上角钢底座应水平，各斜吊线完好无松弛，并留有不小于 200 mm 的裕量。

(2)硬横跨（梁）技术标准

①硬横跨（梁）的安装高度应符合设计要求，允许误差 0～100 mm。

②硬横跨（梁）应呈水平状态，允许向上微拱，铰接硬横跨（梁）的挠度小于梁长的 1/200，刚接硬横跨（梁）的挠度小于梁长的 1/360。各段之间及其与支柱应连接牢固。

③硬横跨（梁）锈蚀面积不超过 20%，焊接处不得锈蚀。

④吊柱在安装后应处于竖直状态不得侵入相邻线路受电弓动态包络线。

三、常见缺陷与故障案例

（一）常见缺陷

1. 软横跨接地侧绝缘子串因污染严重闪络击穿或损坏，造成接触网接地故障。

2. 分段供电用的分段绝缘子串污染严重或损坏，当一部分接触网设备停电检修时，带电部分接触网设备因分段绝缘子串污染严重闪络或损坏而造成接触网的接地故障。

3. 接地侧或分段的绝缘子串中，杵头连接部分弹簧销脱落，线索松弛或登杆作业时绝缘子串下垂，杵头从绝缘子串中脱落，造成软横跨线索抽脱故障。

4. 外部侵害造成软横跨支柱折断、塌网。

5. 软横跨下部定位索（固定绳）断线故障。

6. 软横跨改造，送电前漏掉对线岔或定位器参数的调整，盲目送电开通，导致弓网故障。

其中,下部定位索(固定绳)断线故障最为常见。造成下部定位索(固定绳)断线事故的主要原因有:

(1)烧断

①绝缘子闪络或击穿等原因造成接触网对地短路放电,大电流流经下部定位索(固定绳)烧伤或烧断。

②断线搭接短路烧断上、下部定位索(固定绳)。

③定位器、直吊弦等零件脱落造成接触网对电力机车(动车组)、车辆短路放电,烧伤或烧断下部定位索(固定绳)。

④线索交叉间距不足,线索之间长期放电引起的电腐蚀,在线索张力的作用下,造成断线。

(2)拉断或刮断

①下部定位索(固定绳)松弛,造成弓网故障拉断下部定位索(固定绳)。

②检修不到位,线索锈蚀、腐蚀严重断股继而被拉断。

③下部定位索(固定绳)上连接零部件状态不良导致下部定位索(固定绳)损坏被拉断。

④吊车在走行过程中刮断下部定位索(固定绳)。

(3)外力作用

大风吹倒树木,塌方落石或飞石砸断。

(二)故障案例

现场因软横跨、硬横跨(梁)故障而影响供电事故的例子并不多见,但是一旦软横跨发生故障,其影响范围很大,波及站场上、下行很多条股道,恢复时间较长。因此,对软横跨易发生故障的处所应经常检查。

案例

1. 事故概况

2008 年 12 月 3 日,某站 3 道下锚非工作支接触线与 25～34 号软横跨下部固定绳(K1394+040)空气距离不够,长时间对下部固定绳放电,下部固定绳被烧断脱落,造成上、下行机车通过此处时受电弓被打坏,导致某变电所×××号断路器跳闸,如图 2-2-6 所示。

图 2-2-6　故障现场恢复

2. 事故原因

由于在该站 3 道下锚非工作支接触线与 25～34 号软横跨下部固定绳空气距离不够，产生电压差后长时间对下部固定绳放电，引起电腐蚀，在线索张力的作用下，造成断线，是造成此次故障的直接原因。

本节重点：

1. 软横跨各节点的定义及作用。

2. 软横跨、硬横跨(梁)的相关技术标准。

第三节　支持、定位装置

一、简　　介

(一)定义及其作用

支持装置是用以支持接触悬挂，并将其负荷传给支柱或其他建筑物的装置。

定位装置是支持结构中的主要组成部分，是在定位点处实现接触线相对于受电弓中心进行横向定位的装置，同时，还要承担接触线的水平负载，并将其传递给腕臂。其主要作用是将接触线定位在受电弓取流所必需的空间位置。

(二)结构及分类

1. 支持装置

支持装置按结构形式不同主要分为腕臂式和隧道内支持装置两大类。

(1)腕臂式支持装置常用的有斜腕臂、平腕臂、双线路腕臂、弓形腕臂等支持装置。

①斜腕臂支持装置

斜腕臂与水平拉杆(压管)连接组成一个三角形的受力结构，水平拉杆只能用于受拉力的处所，压管用于受压力的处所并可以承受较小的拉力，如图 2-3-1 所示。

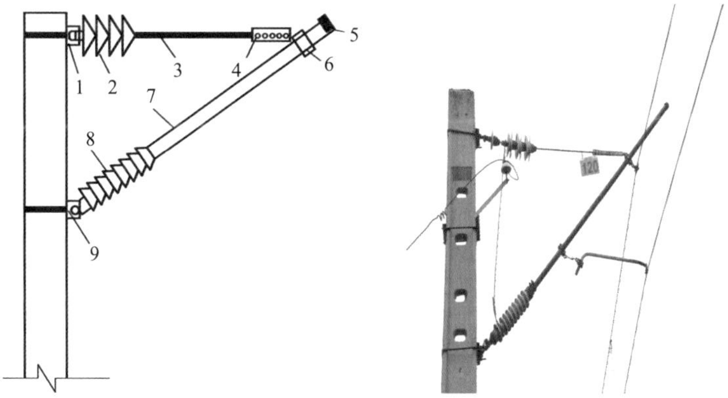

(a) 结构　　(b) 实物

1—水平拉杆底座；2—悬式绝缘子；3—水平拉杆；4—调节板；5—管帽；
6—套管绞环；7—腕臂；8—棒式绝缘子；9—旋转腕臂底座。

图 2-3-1　斜腕臂示意

②平腕臂支持装置(含整体式)

平腕臂支持装置主要由一根平腕臂和一根斜腕臂组成,如图 2-3-2、图 2-3-3 所示。

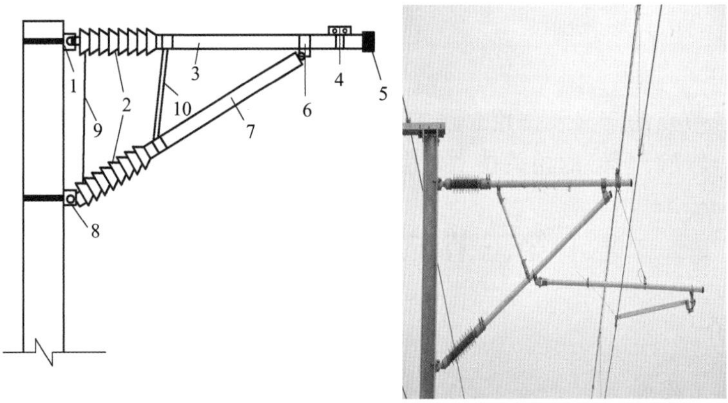

(a) 结构　　(b) 实物

1—上底座;2—棒式绝缘子;3—平腕臂;4—承力索座;5—管帽;
6—套管双耳;7—斜腕臂;8—下底座;9—接地跳线;10—防风支撑。

图 2-3-2　平腕臂示意

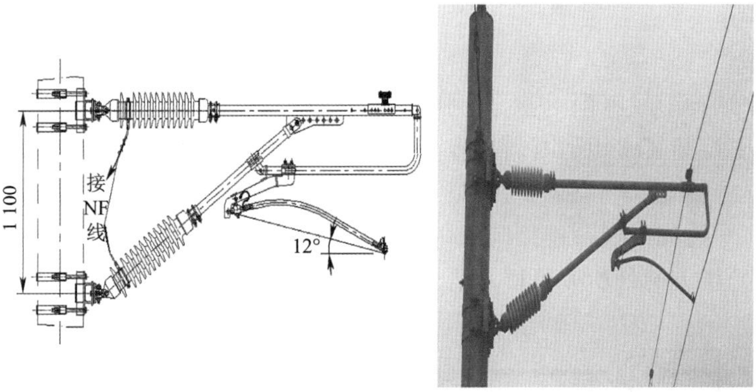

(a) 结构(单位:mm)　　(b) 实物

图 2-3-3　整体式腕臂示意

③双线路腕臂支持装置

双线路腕臂支持装置是一种特殊的安装形式,多用于站场两端。由于地形的限制,只能在线路的一侧立杆,而另一侧不能设立支柱时,可采用双线路腕臂形式作为跨越 2～3 股道接触悬挂的支持装置,如图 2-3-4 所示。

④弓形腕臂装置

弓形腕臂装置多用于隧道。其集承力索悬挂与接触线于一体,提高隧道净空的利用,如图 2-3-5 所示。

(2)隧道内支持装置

由于隧道接触悬挂的结构高度受到隧道净空的限制,所以悬挂类型和支持装置结构都要根据不同断面的隧道来进行选择和设计,如图 2-3-6、图 2-3-7 所示。

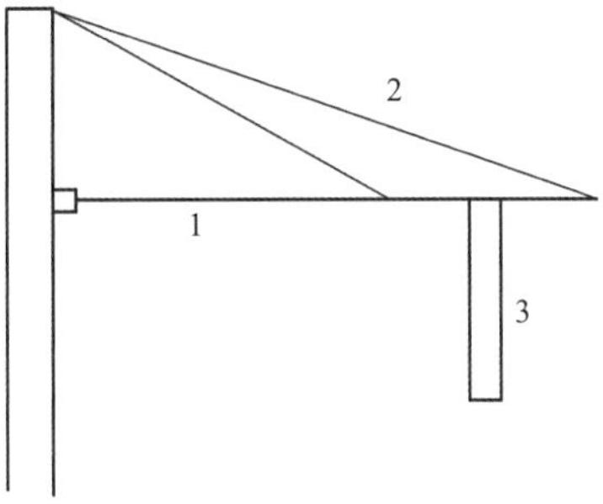

（a）结构

（b）实物

1—双线路腕臂；2—拉杆；3—定位立柱。

图 2-3-4　双线路腕臂示意

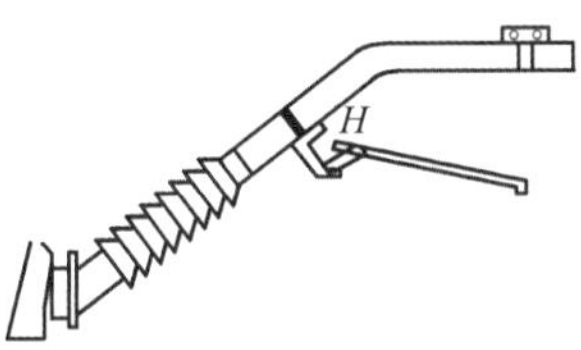

（a）隧道壁固定结构

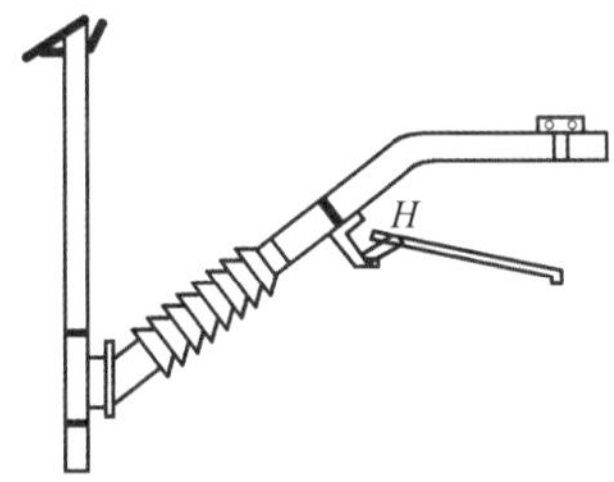

（b）隧道吊柱固定结构

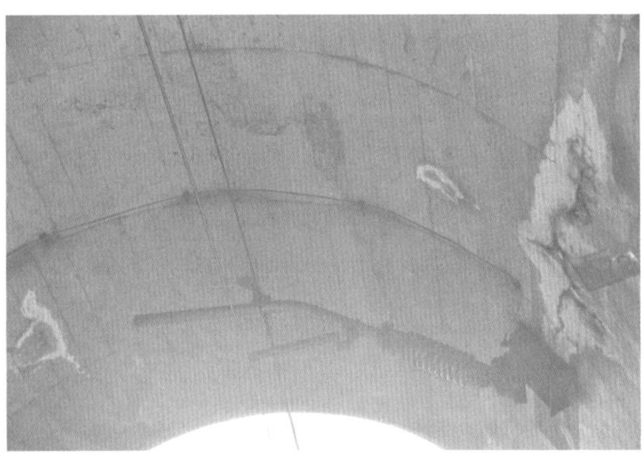

（c）弓形腕臂实物

图 2-3-5　隧道弓形腕臂示意

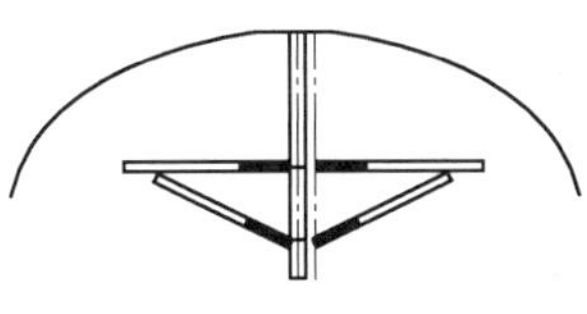

（a）双线隧道支持结构

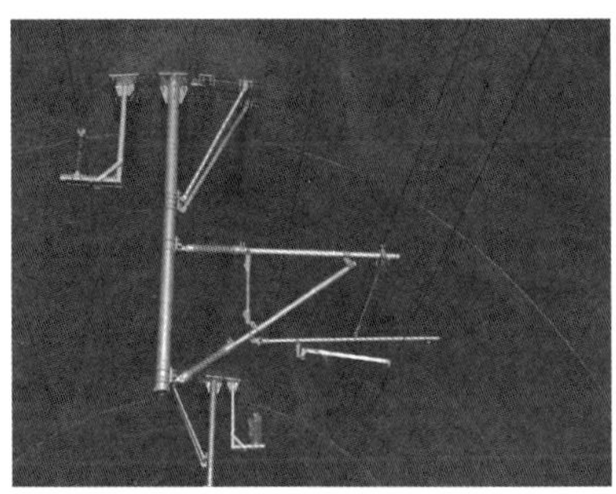

（b）双线隧道支持实物

图 2-3-6　隧道内常见支持装置示意

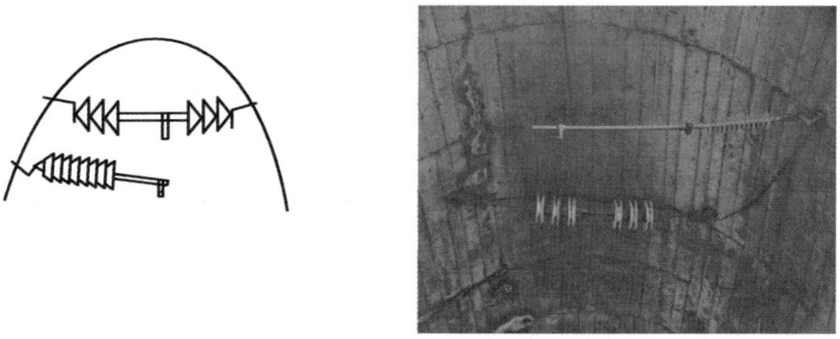

（a）单线隧道支持结构　　（b）单线隧道支持实物

图 2-3-7　隧道内常见支持装置示意

2. 定位装置

定位装置由定位管、定位器、定位线夹、定位环和定位钩等附件组成。根据支柱所在位置不同所采取的不同组合方式定位称为定位方式，定位器应始终处于受拉状态。定位方式大体分为以下几种：

(1)正定位

这种定位装置应用很广泛，在直线区段或曲线半径 $R=1\ 200\sim4\ 000$ m 区段采用这种定位方式，如图 2-3-8、图 2-3-9 所示。

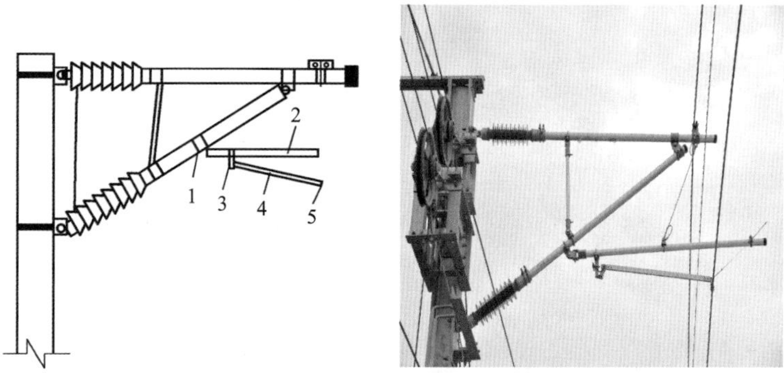

（a）正定位结构　　（b）正定位实物

1—定位环；2—定位管；3—定位器支座；4—定位器；5—定位线夹。

图 2-3-8　正定位示意

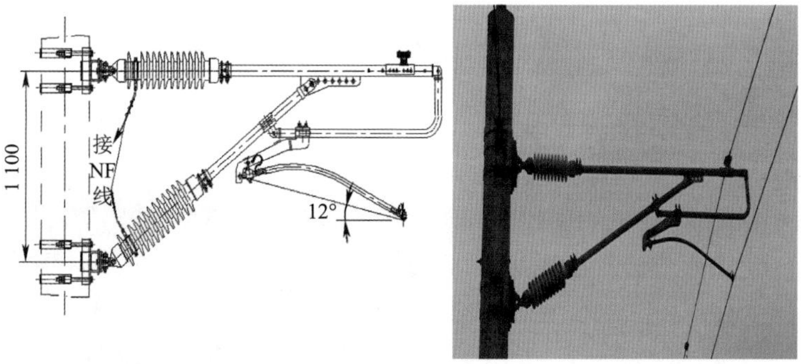

（a）正定位结构　　（b）正定位实物

图 2-3-9　正定位示意

(2)反定位

反定位一般用于曲线内侧支柱或直线区段“之”字值方向与支柱位置相反的地方，如

图 2-3-10、图 2-3-11 所示。

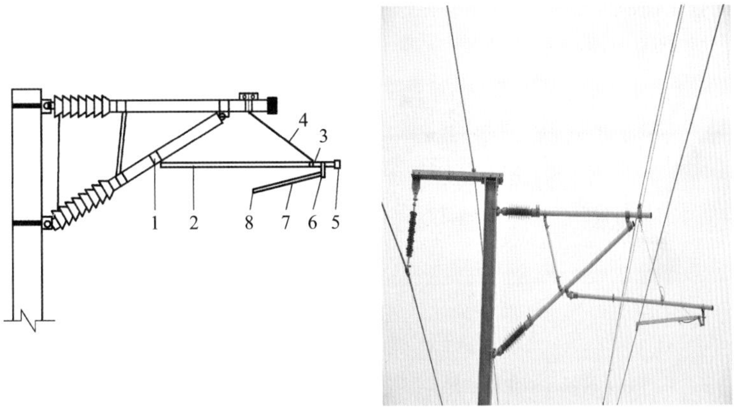

（a）反定位结构　　（b）反定位实物

1—定位环；2—定位管；3—定位管卡子；4—V 形吊索；5—管帽；6—定位器支座；7—定位器；8—定位线夹。

图 2-3-10　反定位示意

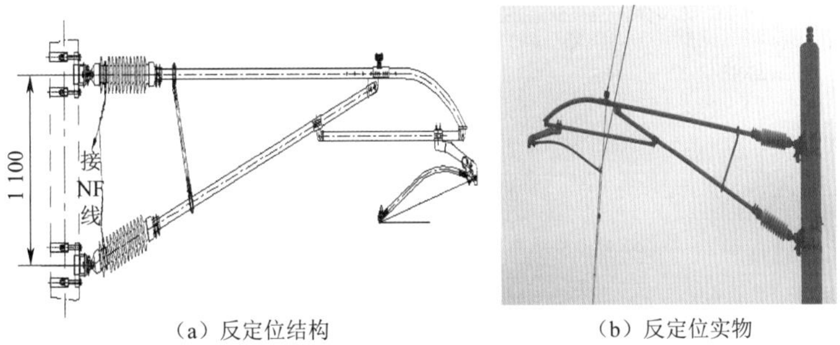

（a）反定位结构　　（b）反定位实物

图 2-3-11　反定位示意

（3）软定位

软定位由一根弯管定位器通过两股直径 4 mm 的软钛不锈钢丝拧成的“软尾巴”固定在腕臂上，这种定位装置只能承受拉力，不能承受压力。一般用于曲线半径 $R \leqslant 1\,000$ m 的曲线支柱上，如图 2-3-12 所示。

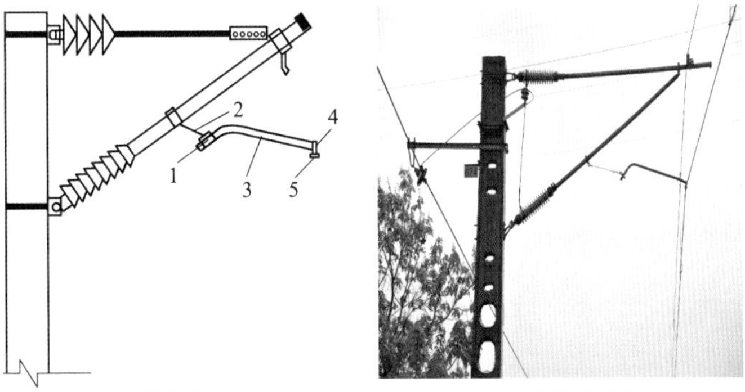

（a）软定位结构　　（b）软定位实物

1—定位环；2—软尾巴线；3—弯管定位器；4—支持器；5—定位线夹。

图 2-3-12　软定位示意

(4)双定位

双定位装置是用在锚段关节的转换柱、中心柱以及站场线岔处的定位,如图 2-3-13、图 2-3-14、图 2-3-15 所示。

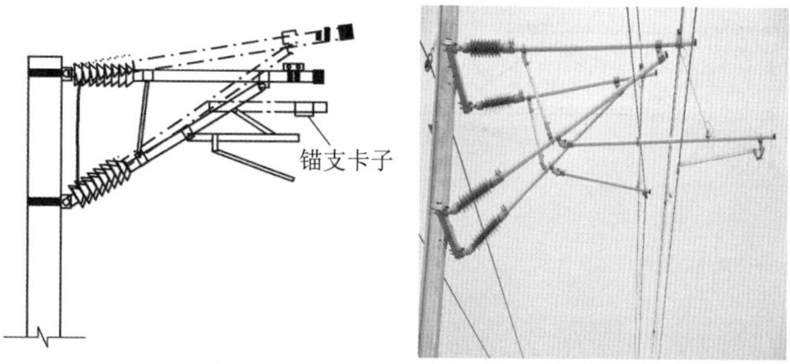

(a) 转换柱双定位结构　　(b) 转换柱双定位实物

图 2-3-13　转换柱双定位示意

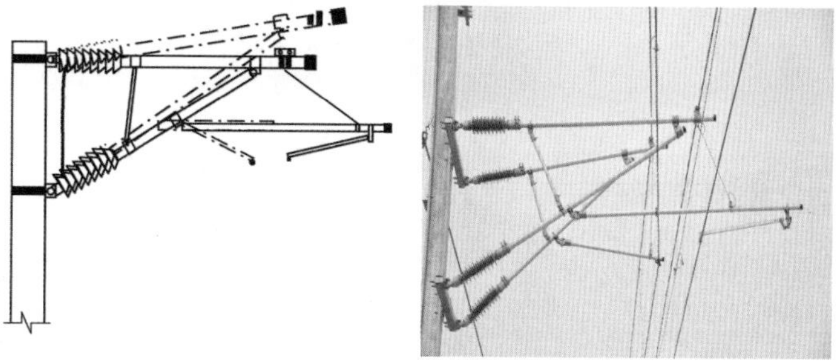

(a) 中心柱双定位结构　　(b) 中心柱双定位实物

图 2-3-14　中心柱双定位示意

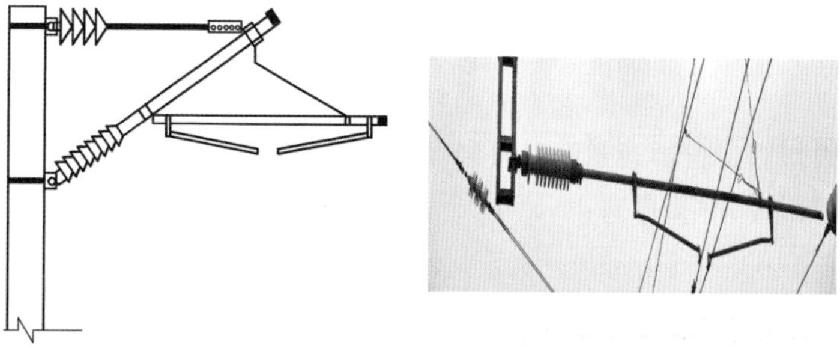

(a) 道岔LY型双定位结构　　(b) 道岔LY型双定位实物

图 2-3-15　道岔 LY 型双定位示意

3. 拉出值

(1)拉出值的定义

接触线直接与电力机车受电弓接触且发生摩擦,为了保证受电弓和接触线可靠接触、不脱线和保证受电弓磨耗均匀,要求接触线在线路上按技术要求固定位置,即在定位点处保证接触线与电力机车受电弓滑板中心有一定偏移量,称为拉出值,一般用符号 a 表示。

(2)拉出值的计算

在曲线上,由于外轨超高,使机车向曲线内侧倾斜,造成受电弓中心与线路中心有一个偏移距离 c,c 值可按下式求得

$$c = \frac{Hh}{L}$$

式中，H 为导高，h 为超高，L 为轨距。

根据拉出值的定义，接触线定位点与受电弓中心的偏移量，接触线至线路中心的距离用 m 表示，则 m 值可按下式计算

$$m = a - c$$

拉出值 a 以曲线半径大小而定（设计定），拉出值最大不允许超过受电弓滑板允许工作范围的 1/2。

拉出值计算示意如图 2-3-16 所示。

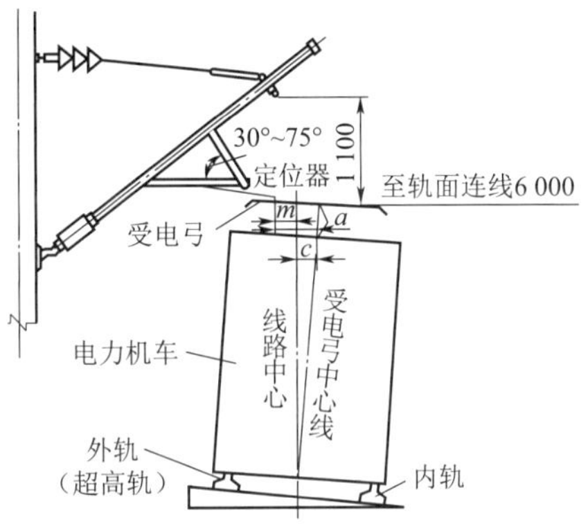

（a）定位点、受电弓中心、线路中心关系1

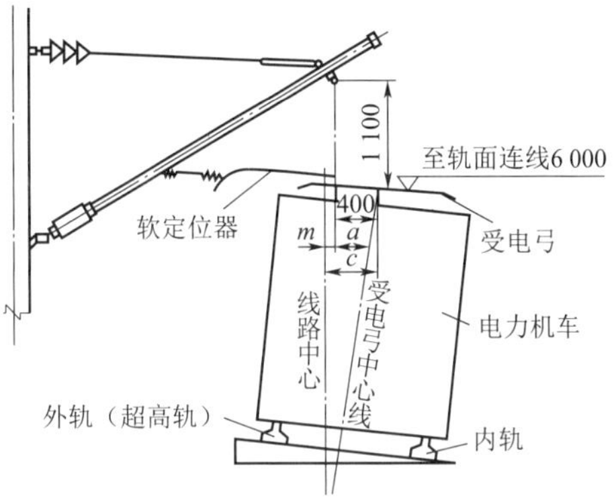

（b）定位点、受电弓中心、线路中心关系2

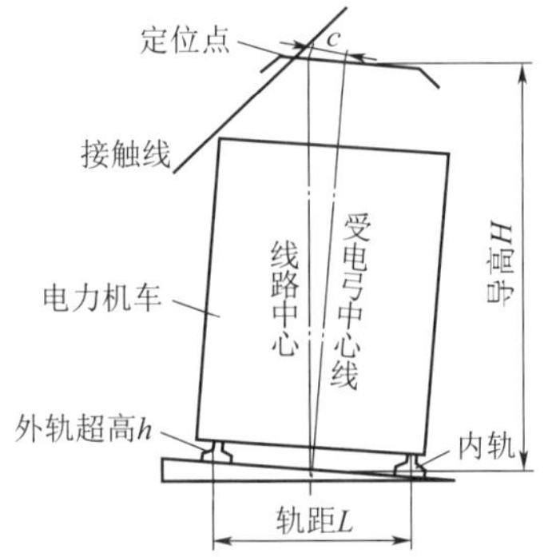

（c）c 值（线路中心-受电弓中心）的确定

图 2-3-16　拉出值计算示意（单位：mm）

（三）线别设备介绍

广州局集团公司管内，以上几种支持定位装置都有使用，具体使用分布情况见表 2-3-1。

表 2-3-1　支持定位装置使用分布

序　号	线路类别	铁路名称	设备名称
1	普速铁路	京广铁路	平腕臂、斜腕臂
2		沪昆铁路	平腕臂、斜腕臂
3		焦柳铁路	平腕臂

续上表

序　号	线路类别	铁路名称	设备名称
4	普速铁路	渝怀铁路	平腕臂
5		京九铁路	平腕臂
6		广深铁路	平腕臂、斜腕臂
7		广石铁路	平腕臂、斜腕臂
8		石长铁路	平腕臂、斜腕臂
9		赣韶铁路	平腕臂
10		衡茶吉铁路	平腕臂
11		广珠铁路	平腕臂
12		南沙港铁路	平腕臂
13	城际铁路	广肇城际铁路	平腕臂、整体式腕臂
14		广珠城际铁路	平腕臂
15		珠机城际铁路	平腕臂、整体式腕臂
16		广惠城际铁路	整体式腕臂、平腕臂
17		梅汕铁路	平腕臂
18		穗深城际铁路	平腕臂、整体式腕臂
19		长株潭城际铁路	平腕臂
20	高速铁路	京广高速铁路	平腕臂
21		广深港高速铁路	整体式腕臂
22		杭深铁路	平腕臂
23		衡柳铁路	平腕臂
24		海南东环铁路	整体式腕臂
25		沪昆高速铁路	平腕臂
26		贵广高速铁路	平腕臂
27		南广铁路	平腕臂
28		海南西环铁路	整体式腕臂
29		娄邵铁路	平腕臂
30		张吉怀高速铁路	平腕臂
31		怀衡铁路	平腕臂
32		黔常铁路	平腕臂
33		深湛铁路	整体式腕臂
34		赣深高速铁路	平腕臂
35		广汕高速铁路	平腕臂
36		渝厦高速铁路	平腕臂

二、日常维护

（一）巡视

1. 支持装置

（1）目测水平拉杆、调节板受力状态是否良好，是否呈水平状态，有无出现水平拉杆承受压力情况。

（2）观察悬式、棒式绝缘子有无破损现象。观察套管绞环、套管双耳、定位环、钩头鞍子等部件有无锈蚀、断裂及烧伤现象。

（3）观察腕臂有无永久性弯曲现象，顶端管帽密封状态是否良好。

（4）观察腕臂是否垂直于线路。

2. 定位装置

（1）观察定位器坡度及定位管状态。

（2）观察定位器偏移情况。

（3）观察定位装置各部件技术状态。定位线夹是否偏磨、打弓。定位环、定位钩各铰接部位有无烧损及磨损、开裂现象，各部螺母是否紧固、有无脱落。定位钩与定位环的铰接有无卡滞现象。定位器、定位管有无过热现象，防风支撑安装状态是否符合技术要求。定位管斜吊线（索）受力状态是否良好，固定是否牢固，有无断股情况或造成断线的隐患。

（二）检修

1. 支持装置

（1）全面检查周期：36 个月。

（2）检修内容：

①检查腕臂有无弯曲、永久性变形和严重锈蚀。

②检查腕臂底座铰接处是否有毛刺，影响腕臂旋转，腕臂顺线路方向的偏移是否符合规定。

③检查水平腕臂是否水平，仰高是否超限。

④检查底座是否水平密贴，高差是否符合要求。

⑤检查腕臂上各部件是否安装正确、齐全，有无裂纹、松脱短缺现象。

⑥检查隧道内的埋入杆件（包括立柱）是否牢固，有无断裂、变形，其填充物有无剥落和裂纹。

⑦检查隧道立柱偏斜角度是否符合规定，地脚螺栓是否双螺帽，螺栓外露长度是否要求。

2. 定位装置

（1）全面检查周期：36 个月。

（2）检修内容：

①检查定位点拉出值及跨中偏移值是否符合标准。

②检查定位器是否处于受拉状态。

③检查定位器偏移及坡度是否符合要求。

④检查定位器、定位钩是否有裂纹，定位环与定位钩连接是否正确。

⑤检查隧道内定位齿座是否装反，特殊情况需要反装时是否采取了紧固措施。

⑥检查反定位主管两侧拉线的长度和张力是否相等、是否损伤和锈蚀。

⑦检查风口地段的防风支撑装置的位置和尺寸是否符合要求。

（三）技术标准

1. 普速铁路

（1）定位装置的技术状态应符合下列要求：

防风拉线固定环面向下锚侧安装，距定位器端头水平距离为 600 mm，允许误差$^{+50}_{-100}$ mm。防风拉线长环在定位管端，短环在定位器端。长环端回头 250 mm，短环回头 100 mm，防风拉线固定环应位于长环中间位置。

定位装置各部件之间应连接可靠，定位钩与定位环的铰接状态良好。

定位器支座处电气连接线安装符合设计要求，且不应与定位支座限位止钉相互摩擦，铜铝双面垫片安装正确。

定位线夹或锚支定位卡子受力面符合要求，有环夹板远离定位钩和定位支座侧，U 形销向上弯折 60°。

①定位器

a. 定位器坡度。

定位器应处于受拉状态（拉力≥80 N），定位器静态角度（定位器与轨面连线之间的夹角）标准如下：

标准值：9°。

标准状态：8°～11°。

警示值：7°～14°。

限界值：6°～17°。

对于非限位、弓形等定位器，安装应符合设计要求。

b. 定位器偏移。

标准值：在平均温度时垂直于线路中心线，温度变化时沿接触线纵向偏移与接触线在该点的伸缩量相一致。

安全值：标准值±偏移量的 10%。

限界值：极限温度时其偏移值不得大于定位器（管）长度的 1/3。

c. 软定位器的定位拉线调整端在定位器侧，固定端在腕臂侧。

d. 定位器限位间隙应符合设计要求，允许偏差±1 mm。且应满足受电弓最大动态抬升量的限位要求，在 1.5 倍最大动态抬升量时限位间隙为 0。非限位定位器根部与接触线高差符合设计要求，允许偏差±10 mm。

②定位管及定位肩架

a. 反定位管、定位肩架及组合定位器的定位管状态符合设计规定。反定位器主管两侧拉线的长度张力应相等，固定吊线的定位环、支撑管卡子、吊线固定钩距定位环应保持 100～150 mm 的距离。定位管端部余长为 50～150 mm，各管口封堵良好，定位拉线受力适当且不应有严重锈蚀。

b. 转换支柱处两定位器能分别随温度变化自由转动，不得卡滞；非工作支和工作支定位器、管之间的间隙不小于 50 mm。

③定位环

定位环应沿线路方向垂直安装。定位管上定位环的安装位置距定位管根部不小于 40 mm。定位装置各部件之间应连接可靠，定位钩与定位环的铰接状态良好。定位管支撑及两端支撑管卡子与腕臂在同一垂面内，定位管支撑与定位管之间夹角为 30°～60°。

④防风支撑

山谷口、高路堤(一般指高出自然地面 5 m)、高架桥等“风口”地段，应有防风措施(如在腕臂与定位管之间加设定位管支撑等)。

(2)支撑装置的技术状态应符合下列要求：

①腕臂底座、拉杆底座、压管底座应与支柱密贴。底座角钢(槽钢)应水平安装，两端高差不得大于 10 mm，安装高度符合设计要求，允许偏差±50 mm。

②结构高度：

标准值：区段的设计采用值。

标准状态：标准值±50 mm。

警示值：标准值±200 mm。

限界值：(以跨距中最短吊弦长度为依据界定)最短吊弦长度不小于 300 mm。

(3)腕臂的技术状态应符合下列要求：

① 腕臂及其安装位置

腕臂的安装位置应满足承力索悬挂点(或支撑点)距轨面的距离(即导线高度加结构高度)，悬挂点距线路中心的水平距离符合规定。

棒式绝缘子安装时滴水孔朝下，腕臂的各部件均应组装正确，腕臂上的各部件应与腕臂在同一垂直面内，铰接处要转动灵活。腕臂不得弯曲且无永久性变形，顶部非受力部分长度为 100～200 mm。顶端管口封堵良好。

双线路腕臂应保持水平状态，其允许仰高不超过 100 mm，无永久性变形。定位立柱应保持铅垂状态。

②腕臂偏移

标准值：符合安装曲线要求。

标准状态：标准值±50 mm。

警示值：标准值±100 mm。

限界值：任何情况下不得超过腕臂垂直投影长度的 1/3。

(4)拉杆(压管)或平腕臂的技术状态应符合下列要求：

①拉杆(压管)或平腕臂的安装位置要满足承力索的悬挂需要，安装误差与腕臂相同。

②拉杆(压管)或平腕臂应呈水平状态，允许悬挂点侧仰高不超过 100 mm。

③拉杆(压管)必须处于受拉(受压)状态。

(5)桥梁、隧道内埋入杆件的技术状态应满足下列要求：

①桥梁、隧道内的埋入杆件(包括立柱)应安装牢固，无断裂、变形，其填充物不得剥落和裂纹，对杆件要适时做好防腐处理。埋入杆件受力后，其周围灌注部分不得有裂纹、破损及脱落现象，螺栓本体不得松动和变形。

②后植锚栓或后植滑槽应避免设置在隧道伸缩缝，不同断面接缝、石缝或明显渗水、漏水处所。后植锚栓各埋入杆件的埋深、外露距离符合设计要求，杆件之间距离允许偏差±20 mm。滑槽 T 形螺栓距槽道端部不小于 25 mm。

③使用后植化学黏结锚栓时，其黏结材料(剂)的养护(固化)时间应达到相关要求。锚固拉拔力不应小于设计值。

2. 高速铁路

(1)支持装置维护技术标准

①弹性链型悬挂支持装置维护技术标准

a. 腕臂底座安装高度符合设计要求(多线路腕臂底座及连接件安装高度应满足最高轨面至横梁下缘的设计高度,允许偏差±50 mm)。根据基础标高偏差情况选择预留孔安装位置,允许偏差±50 mm。腕臂底座应呈水平状态。

b. 平腕臂端部余长为200 mm,平腕臂绝缘子端头距套管单耳100 mm,承力索座距双套筒连接器一般为300 mm,接触线悬挂点距吊钩定位环一般为400 mm。防风拉线环距定位器头水平距离600 mm,允许误差$^{+50}_{-100}$ mm。

c. 支持装置各部件组装正确,腕臂上的各部件应与腕臂在同一垂直面内,铰接处转动灵活。

(a)防风拉线环的U形螺栓穿向补偿下锚方向(以中心锚结为界),防风拉线长环在定位管端,短环在定位器端。

(b)承力索座下悬挂定位管吊线钩缺口,背向斜拉线安装,正定位朝远离支柱侧,反定位朝支柱侧。

(c)腕臂棒式绝缘子滴水孔朝下。

(d)承力索座内的承力索置于受力方向指向轴心的槽内。

(e)垂直轨平面的销钉由上向下安装。使用β销时,β销的圆弧要锁在销钉的圆柱面上;使用开口销时,要注意开口销的开口角度不小于90°。

d. 无偏移温度时腕臂应垂直于线路中心线,温度变化时腕臂偏移应符合腕臂偏移安装曲线要求。

e. 定位管吊线两端均装设心形环,线鼻子采用压接方法固定。

f. 各零部件无裂纹、变形,顶丝、锁紧螺母无缺失。

②简单链型悬挂支持装置维护技术标准

a. 腕臂上、下底座安装高度隧道内分别为轨面以上6 480 mm、5 380 mm(即吊柱下端头距下底座250 mm)。

b. 路基和桥梁区段腕臂上、下底座安装高度分别为轨面以上7 000 mm、5 200 mm,即安装于H形钢柱底座预留孔靠上一排孔内;允许误差为±50 mm。底座应呈水平状态。

c. 斜腕臂定位环缺口朝向:正定位定位环缺口朝下,即靠近支柱侧;反定位环缺口朝上,即远离支柱侧。

d. 各种连接件应严格按照规定装配,套管双耳距承力索座为300 mm,承力索座距腕臂端头为300 mm。

e. 平腕臂安装应符合设计要求,稍有低头,关节道岔处腕臂应符合设计要求,但均应保证承力索至轨面的距离符合设计要求,施工偏差±20 mm。承力索和接触线应在同一垂直面内,施工偏差不得超过±30 mm。

③整体式支持装置维护技术标准

a. 腕臂上、下底座安装高度符合设计要求,允许偏差为±5 mm;H形钢柱在预留孔内安装时,应安装在最接近的预留孔内。角钢与支柱密贴,肩架、底座应呈水平状态。

b. 整体支持装置装配尺寸符合计算标准,各零部件装配尺寸偏差不应大于3 mm。

c. 接触悬挂结构高度 950 mm。

d. 平腕臂受力后应呈水平状态，允许偏差为 0～20 mm。

e. 各部件热浸镀锌防腐，连接可靠，开口销安装正确。零部件不得有裂纹。

(2)吊柱装置维护技术标准

①吊柱型号、规格、防腐措施符合设计要求。锈蚀面积不超过 20%。当采用圆吊柱时，腕臂底座处应采取扭转及滑动措施。

②吊柱法兰盘与隧道壁应结合密贴。吊柱固定螺栓应采用双螺母，拧紧螺帽后螺栓外露长度不小于 30 mm；吊柱调整使用的镀锌闭环垫片不超过 2 片，垫片的面积不小于 50 mm×100 mm，厚度不小于 10 mm。

③吊柱不得扭曲，宜向受力方向倾斜不大于 1°。限界符合要求，允许偏差 0～20 mm，但不得侵入邻线基本建筑限界。

(3)定位装置维护技术标准

①定位装置的结构及安装状态应保证接触线工作面平行于轨面连线，定位点处接触线的弹性符合规定。当电力机车、动车组受电弓通过和温度变化时，接触线能上下、左右自由移动。

②定位器：

a. 定位器应与腕臂顺线路偏移的方向、角度一致。

b. 定位器限位间隙应符合设计要求，允许偏差为±1 mm，且应满足受电弓最大动态抬升量的限位要求，在 1.5 倍最大动态抬升量时限位间隙为 0。非限位定位器根部与接触线高差符合设计要求，允许偏差为±10 mm。

c. 定位器应处于受拉状态(拉力≥80 N)，定位器静态角度(定位器与轨面连线之间的夹角)标准如下。对于非限位、弓形定位器，安装应符合设计要求。

标准值：8°。

标准状态：6°～10°。

警示值：6°～13°。

限界值：4°～15°。

d. 定位器偏移：

标准值：平均温度时垂直于线路中心线，温度变化时沿接触线纵向偏移与接触线在该点的伸缩量相一致。

安全值：标准值±偏移量的 10%。

限界值：极限温度时，偏移值不得大于定位器(定位管)长度的 1/3。

e. 转换支柱处两定位器能分别随温度变化自由转动，不得卡滞。非工作支和工作支定位器、定位管之间的间隙不小于 50 mm。

③定位管：

a. 正、反定位管状态均应符合设计要求。定位管应与腕臂在同一垂面内。

b. 定位管端部余长为 50～150 mm，吊钩定位环距接触线悬挂点一般为 400 mm，吊钩定位环开口，正定位时朝支柱侧，反定位时朝远离支柱侧。

④其他：

a. 防风拉线环的 U 形螺栓穿向补偿下锚方向(以中心锚结为界)，防风拉线长环在定位管端，短环在定位器端。

b. 防风拉线固定环距定位器端头水平距离为 600 mm，允许误差$^{+50}_{-100}$ mm。面向下锚侧安装，防风拉线与水平方向呈 45°，防风拉线短环端回头 100 mm，长环端回头 250 mm，防风拉线固定环应位于长环中间位置。

c. 定位管吊线应顺直受力，与弹性吊索间隙大于 50 mm。

d. 定位环应垂直线路方向安装，避免与旋转双耳出现剪应力。

e. 定位管水平或抬头时应安装管帽，低头时不宜安装管帽。

f. 定位器支座处电气连接线安装符合设计要求，且不应与定位支座限位止钉相互摩擦，铜铝双面垫片安装正确，铝面与定位器和底座接触，铜面与电气连接线鼻子接触。

g. 定位线夹安装正确，与接触线接触面应涂导电介质。定位线夹或锚支定位卡子受力面符合要求，有环夹板远离定位钩和定位支座侧 U 形销向上弯折 60°。

三、常见缺陷与故障案例

(一)常见缺陷

1. 定位器与定位管相磨(图 2-3-17)。

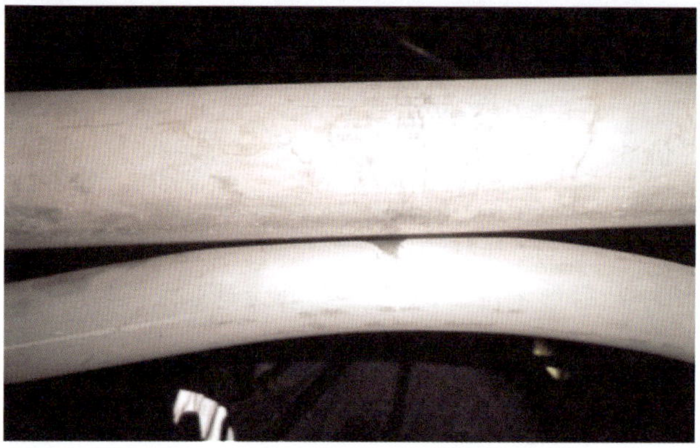

图 2-3-17　定位器与定位管相磨

2. 定位器等电位线缺螺母、脱落(图 2-3-18)。

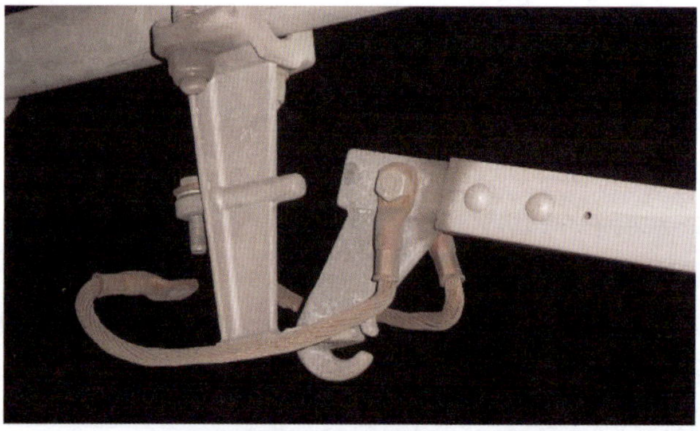

图 2-3-18　定位器等电位线缺失螺母、脱落

3. 定位器线夹螺母生锈、缺失(图 2-3-19)。

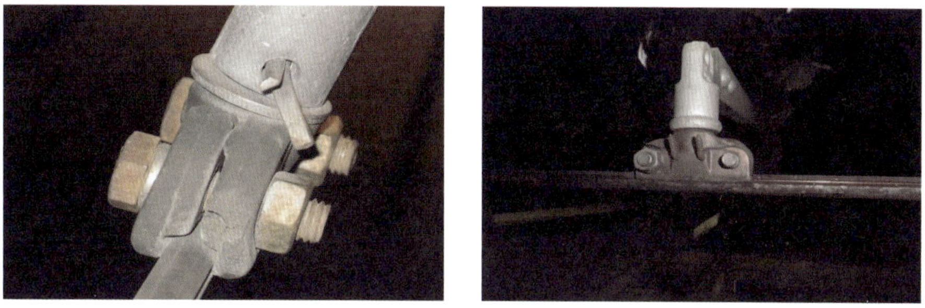

（a）定位器线夹螺母生锈　（b）定位器线夹螺母缺失

图 2-3-19　定位器线夹螺母生锈、缺失

4. 定位线夹、套筒双耳、防风拉线固定环、定位支座爆裂(图 2-3-20)。

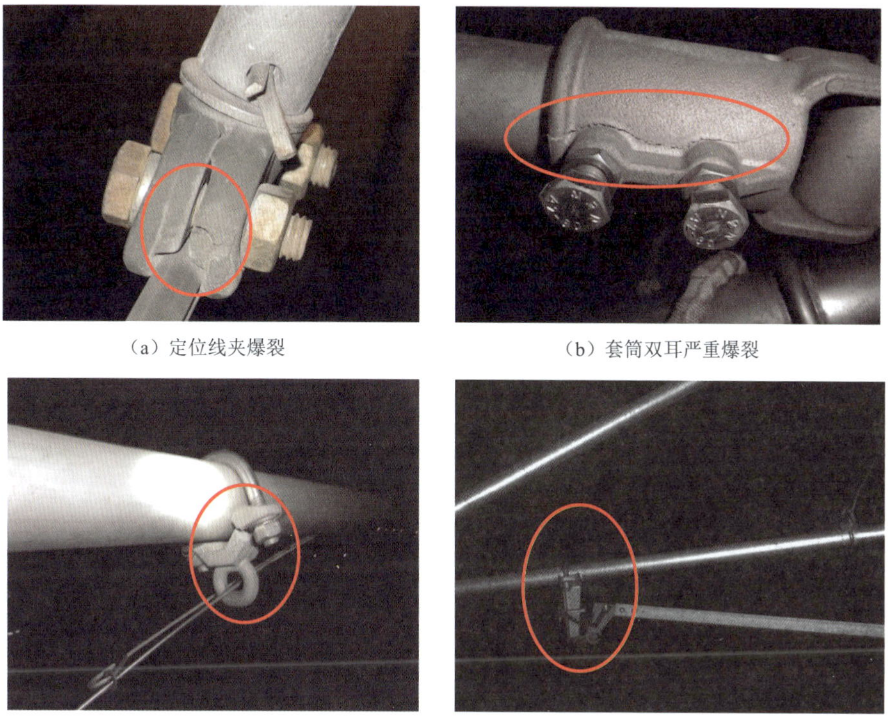

（a）定位线夹爆裂　（b）套筒双耳严重爆裂

（c）防风拉线固定环爆裂　（d）定位支座开裂

图 2-3-20　定位线夹、套筒双耳、防风拉线固定环、定位支座爆裂

(二)故障案例

案例一

1. 事故概况

2012 年 6 月 29 日，某区间发生一起定位器脱落故障，如图 2-3-21 所示，造成两趟动车组受电弓受损，后续上行动车组降弓通过至当日天窗点。

2. 事故原因

直接原因：定位线夹受力面断裂后引起定位器脱落打弓。

间接原因：没有按照施工工艺安装，定位器螺栓紧固力矩超标。

（a）定位线夹脱落

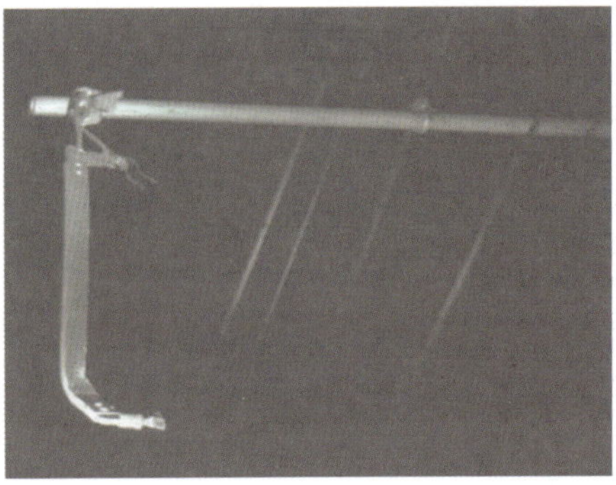

（b）定位器下垂

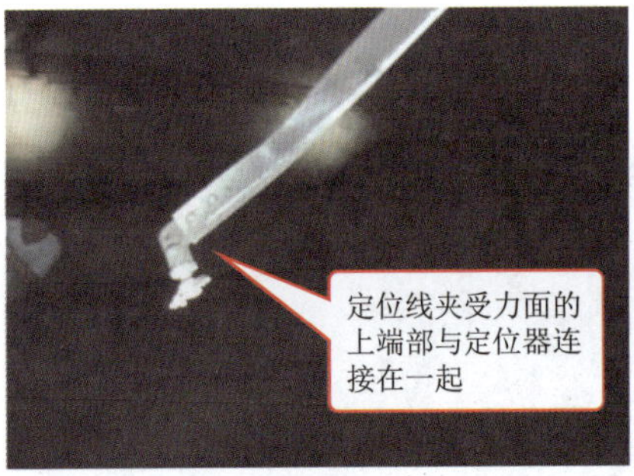

（c）定位线夹

（d）定位线夹断裂

图 2-3-21　定位器脱落故障

案例二

1. 事故概况

2009 年 11 月 5 日，某区间上行一处定位管支撑螺母脱落，引起两趟电力机车打弓。

2. 事故原因

某施工单位于 8 月 31 日在该处更换平腕臂重新安装定位时，未按工艺进行施工，定位管卡子螺母在运行中受振动发生松脱，定位管不受力下坠，定位器低于导线发生打弓，如图 2-3-22 所示。

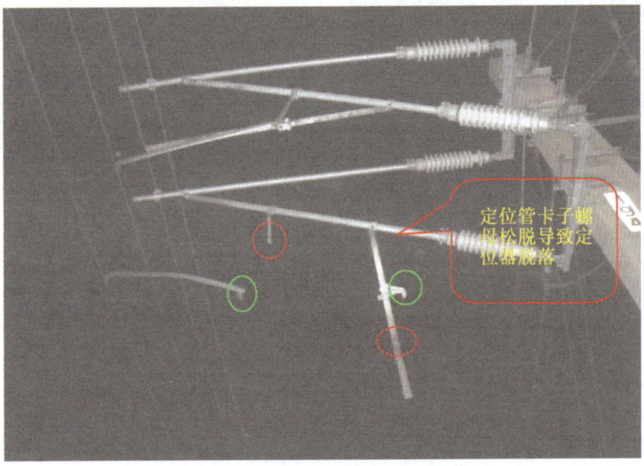

图 2-3-22　定位装置脱落故障

本节重点：

1. 各种定位形式及安装处所。

2. 定位装置各种缺陷的判断。

第四节　接 触 悬 挂

一、简　　介

（一）定义及其作用

接触悬挂是通过支持装置架设在支柱上的供电设备，它包括接触线、承力索、吊弦、弹性吊索以及它们之间的连接部件。

接触悬挂将牵引变电所获得的电能输送给电力机车（动车组），受电弓顶部的滑板紧贴接触线摩擦滑行取流。因此，要求接触线弹性均匀，弛度变化小，保证在任何条件下都能不间断地给电力机车（动车组）供电。

接触线是接触网中直接与受电弓接触并将电能传送给电力机车（动车组）的重要设备。接触线一般制成两侧带沟槽的圆柱状，如图 2-4-1 所示，其沟槽为便于安装线夹，并按技术要求悬吊固定接触线位置而又不影响受电弓滑板的滑行取流。接触线下面与受电弓滑板接触的部分呈圆弧状，称为接触线的工作面。按照材质不同，接触线主要分为铜接触线、钢铝接触线和铜合金接触线。目前，广州局集团公司管内普速铁路和高速铁路常用铜合金接触线。

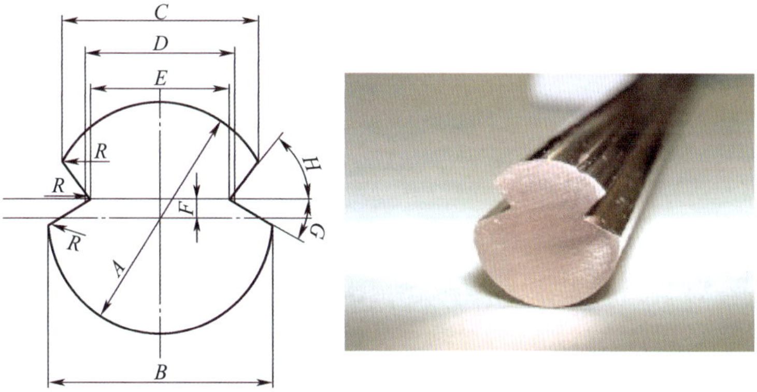

（a）结构　　　　（b）实物

A—截面直径（高度）；*B*—截面宽度；*C*—头部宽度；*D*—（沟）槽底间距；
E—（沟）槽尖间距；*G*—下斜角；*H*—上斜角；*R*—圆角半径。

图 2-4-1　接触线示意

承力索是承载接触线并传输电流的线材。通过吊弦将接触线悬吊起来，承受接触悬挂的重量并减少接触线的弛度，通过电连接（或载流吊弦）与接触线并联供电的设备。承力索根据材质一般分为铜承力索、钢承力索、铝包钢承力索，如图 2-4-2 所示。

吊弦将接触线悬挂在承力索上，改善了接触线的弛度和弹性，提高了接触线的工作质量，也可以用来调整接触线对轨面的高度，使其符合技术要求，如图 2-4-3 所示。

弹性吊索为截面积 35 mm^2 铜合金线（共 7 股），材质一般与承力索相同，线胀系数与承力索相匹配，其作用是改善定位点处的弹性，使得定位点处的弹性与跨中的弹性趋于一致，保证整个接触网弹性均匀，提高受流性能，如图 2-4-4 所示。

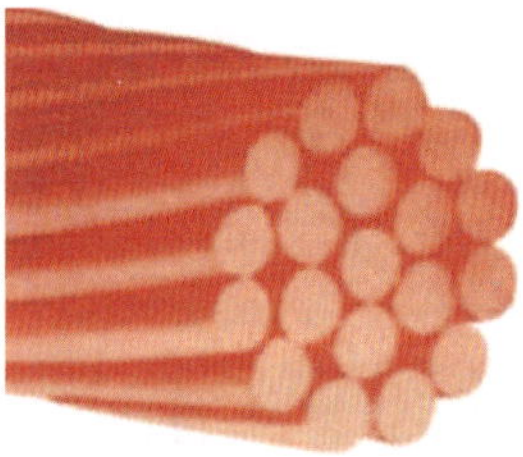
(a) 外观

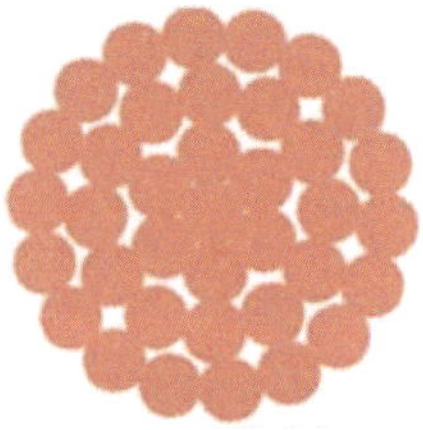
(b) 截面

图 2-4-2　承力索示意

(a) 刚性整体吊弦

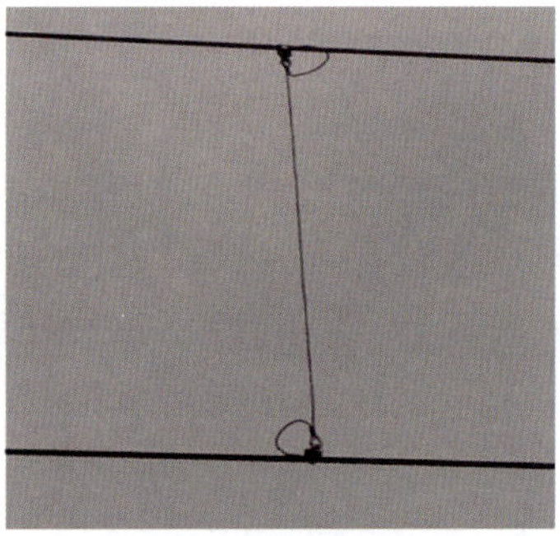
(b) 载流整体吊弦

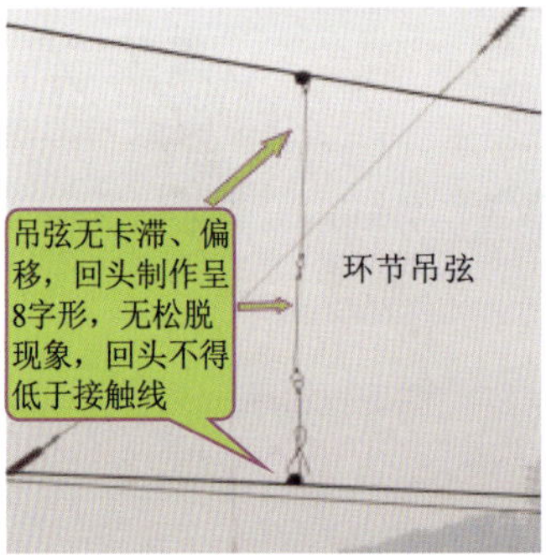

(c) 环节吊弦

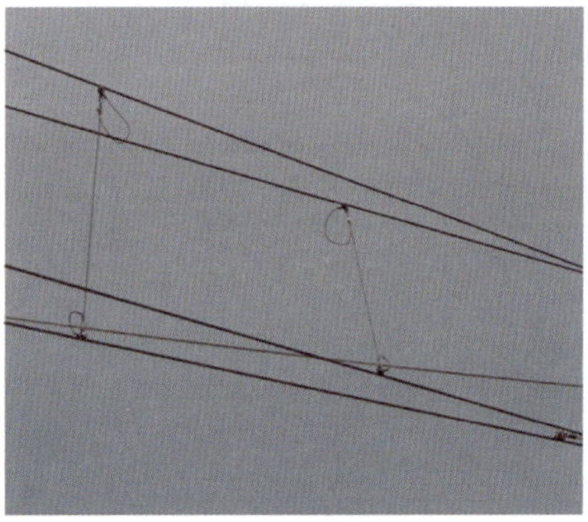
(d) 可调吊弦

图 2-4-3　吊弦示意

(二)结构及分类

1. 接触悬挂按其结构不同(有无承力索),可以分为简单接触悬挂和链型接触悬挂。

(1)简单接触悬挂(图 2-4-5),由一根或两根平行的接触线直接固定在支持装置上,其特点是无承力索,一般用于车速较低的线路上,如次等站线、库线、和净空受限的人工建筑物内。

(2)链型接触悬挂,是接触线通过吊弦悬挂在承力索上的悬挂,其特点是高度一致、弹性均匀、稳定性较好,在运量大、速度高的干线普遍采用。

按照悬挂的链数,链型接触悬挂又可分为单链型接触悬挂、复链型接触悬挂。

单链型接触悬挂,特点是接触线通过吊弦悬挂在承力索上,是目前我国主要采用的悬挂方式,如图 2-4-6 所示。

（a）实物

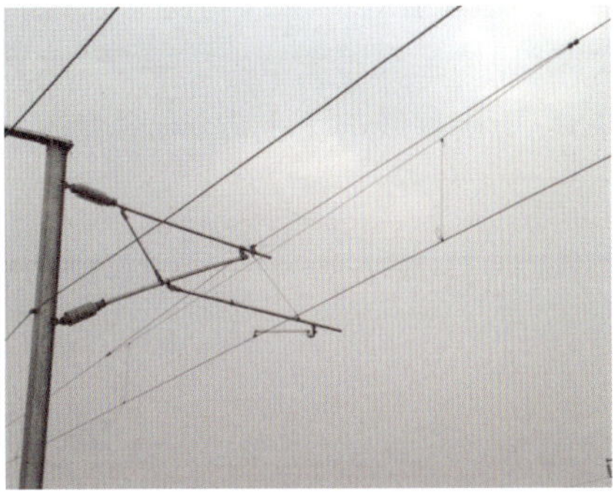

（b）现场安装

图 2-4-4　弹性吊索示意

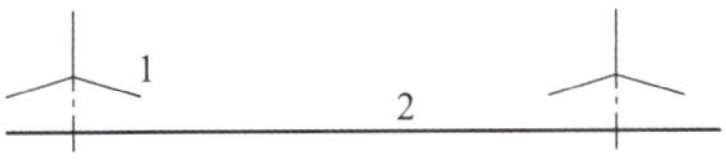

1—弹性吊索；2—接触线。

（a）结构

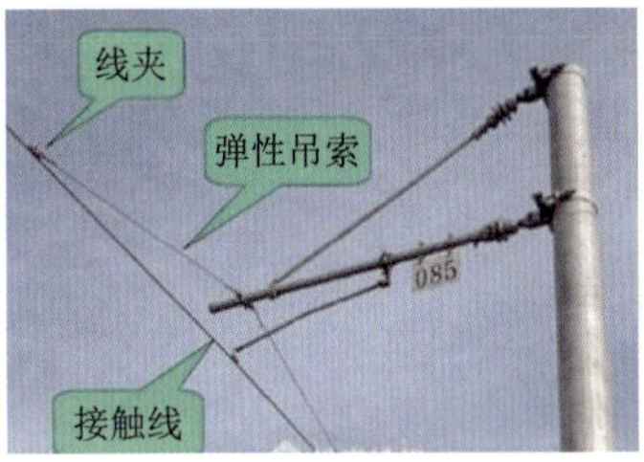

（b）实物

图 2-4-5　简单接触悬挂示意

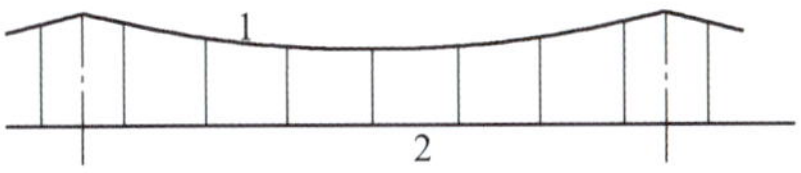

1—承力索；2—接触线。

（a）结构

（b）实物

图 2-4-6　单链型接触悬挂示意

2. 根据承力索与接触线的相对位置，可以分为直链型悬挂、半斜链型悬挂、斜链型悬挂。

(1)直链型悬挂，是承力索和接触线布置在同一垂直平面内，承力索布置在接触线的正上方，如图 2-4-7 所示。

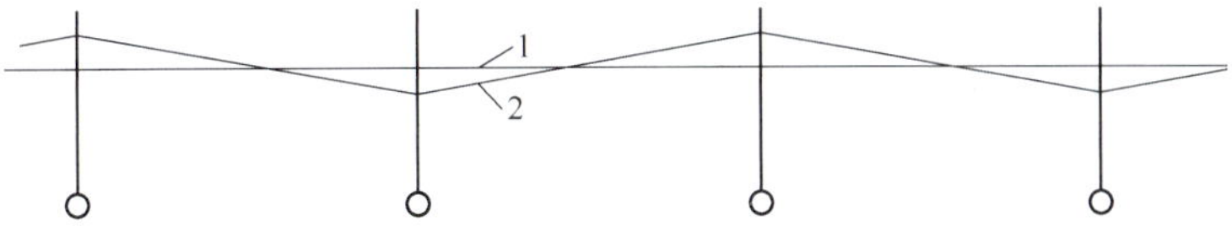

1—线路中心线；2—接触线及承力索。

图 2-4-7　直链型悬挂示意

(2)半斜链型悬挂(图 2-4-8),承力索的布置相对接触线布置的水平投影有一个较小的位移,在直线区段,接触线布置成“之”字形,承力索则沿铁路的线路中心正上方布置,但在曲线和隧道区段则位于接触线的正上方(采用直链型悬挂)。

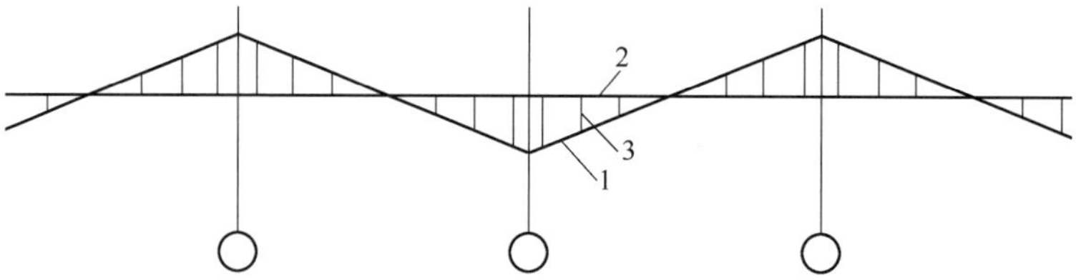

1—接触线;2—承力索;3—吊弦。

图 2-4-8 半斜链型悬挂示意

(3)斜链型悬挂(图 2-4-9),承力索与接触线布置的水平投影有较大的位移,在直线区段,接触线、承力索均布置成“之”字形,但两者的“之”字形布置方向恰好相反;在曲线区段,承力索布置对铁路的线路中心线有一个较大的外侧偏移。

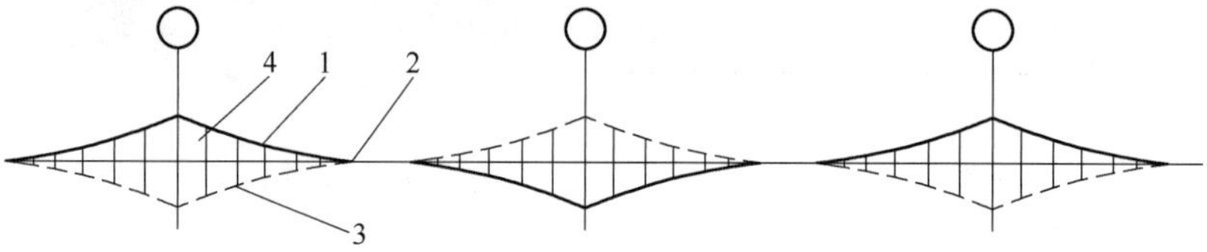

1—接触线;2—线路中心线;3—承力索;4—吊弦。

图 2-4-9 斜链型悬挂示意

3. 根据定位处有无弹性吊弦,可以分为简单链型悬挂、弹性链型悬挂。

(1)简单链型悬挂(图 2-4-10),接触线通过均匀布置的吊弦悬吊在承力索上,结构简单,弹性均匀度较好,施工及运营管理方便,是使用最多的一种悬挂类型,适用于高速受流。因其定位点处无弹性吊弦,所以在定位点处容易形成硬点,磨耗大,通常选用结构合理、性能优良的定位器来弥补这方面的不足。

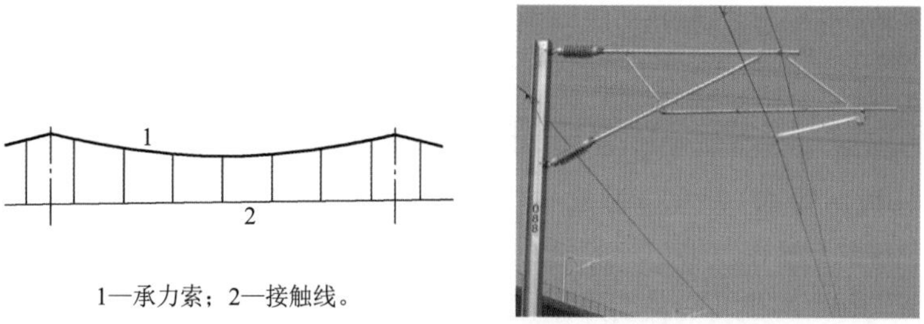

1—承力索;2—接触线。

(a)结构

(b)实物

图 2-4-10 简单链型悬挂示意

(2)弹性链型悬挂(图 2-4-11),在简单链型悬挂基础上增加了 1 根弹性吊索和 2 根弹性吊弦。相对于简单链型悬挂来说,其结构复杂,弹性吊索安装、调整工作量较大。但其很好地改善了定位点处的弹性,使得定位点处的弹性与跨中的弹性趋于一致,整个接触网弹性较均匀,提高了受流性能。

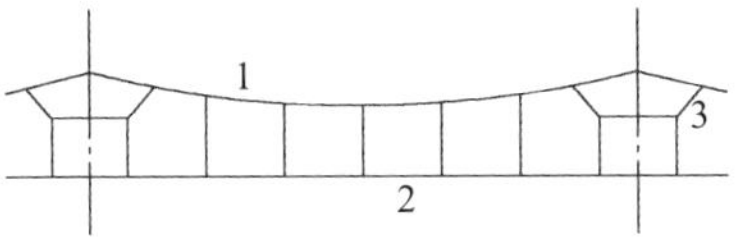

1—承力索；2—接触线；3—弹性吊索。

（a）结构

（b）实物

图 2-4-11　弹性链型悬挂示意

简单链型悬挂、弹性链型悬挂在结构和技术性能方面存在一定的差异，但通过理论研究和实践证明，这两种类型的悬挂方式均可满足高速铁路的运行要求。

①从高速受流质量、波动传播速度、多普勒效应、离线率比较，弹性链型悬挂优于简单链型悬挂。

②从结构复杂程度、工程造价、维修工作量比较，简单链型悬挂优于弹性链型悬挂。

③从弹性均匀度、受流稳定性、动态抬升量比较，弹性链型悬挂优于简单链型悬挂。

4. 根据线索张力补偿情况，可以分为无补偿链型悬挂、半补偿链型悬挂、全补偿链型悬挂。

(1)无补偿链型悬挂(图 2-4-12)，特点是承力索和接触线在锚段两端均为硬锚。线索没有张力自动调整装置，承力索和接触线在温度变化时，张力和弛度变化很大。

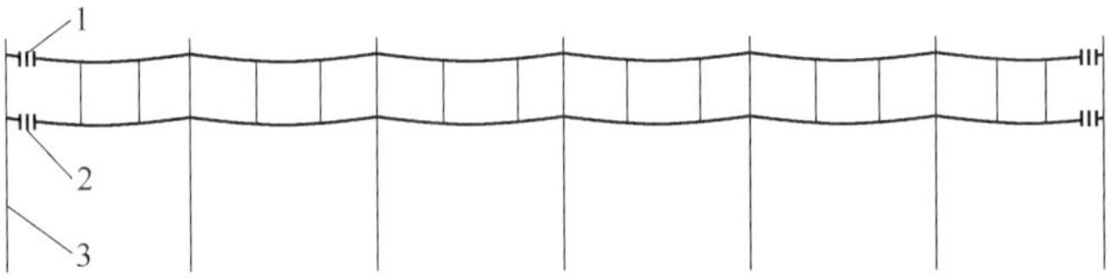

1，2—绝缘子串；3—支柱。

图 2-4-12　未补偿链型悬挂示意

(2)半补偿链型悬挂(图 2-4-13)，特点是仅接触线设有张力自动补偿装置，而承力索没有张力补偿装置，仍为硬锚。

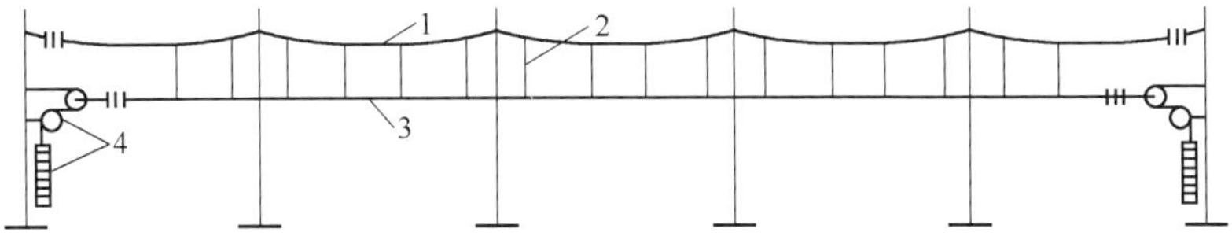

1—承力索；2—吊弦；3—接触线；4—补偿装置。

图 2-4-13　半补偿链型悬挂示意

(3)全补偿链型悬挂(图 2-4-14)，特点是在锚段中的承力索和接触线两端下锚均装设有张力自动补偿装置。当温度变化时，补偿装置自动调节补偿承力索和接触线的弛度，使其几乎不发生变化。

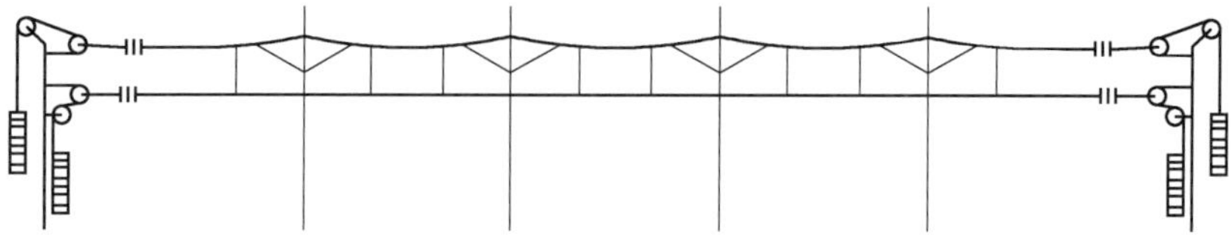

图 2-4-14　全补偿链型悬挂示意

（三）线别设备介绍

广州局集团公司管内接触悬挂使用分布情况见表 2-4-1。

表 2-4-1　接触悬挂使用类型分布

序　号	线路类别	铁路名称	设备名称
1	普速铁路	京广铁路	全补偿简单链型悬挂、半补偿简单链型悬挂
2		沪昆铁路	全补偿简单链型悬挂
3		焦柳铁路	全补偿简单链型悬挂
4		渝怀铁路	全补偿简单链型悬挂
5		京九铁路	全补偿简单链型悬挂
6		广深铁路	全补偿简单链型悬挂
7		广石铁路	全补偿简单链型悬挂
8		石长铁路	全补偿简单链型悬挂
9		赣韶铁路	全补偿简单链型悬挂
10		衡茶吉铁路	全补偿简单链型悬挂
11		广珠铁路	全补偿简单链型悬挂
12		南沙港铁路	全补偿简单链型悬挂
13	城际铁路	广肇城际铁路	全补偿简单链型悬挂
14		广珠城际铁路	全补偿简单链型悬挂
15		珠机城际铁路	全补偿简单链型悬挂
16		广惠城际铁路	全补偿简单链型悬挂
17		梅汕铁路	全补偿弹性链型悬挂、全补偿简单链型悬挂
18		穗深城际铁路	全补偿简单链型悬挂
19		长株潭城际铁路	全补偿简单链型悬挂
20	高速铁路	京广高速铁路	全补偿弹性链型悬挂、全补偿简单链型悬挂
21		广深港高速铁路	全补偿简单链型悬挂
22		杭深铁路	全补偿弹性链型悬挂、全补偿简单链型悬挂
23		衡柳铁路	全补偿简单链型悬挂
24		海南东环铁路	全补偿简单链型悬挂
25		沪昆高速铁路	全补偿弹性链型悬挂、全补偿简单链型悬挂
26		贵广高速铁路	全补偿弹性链型悬挂、全补偿简单链型悬挂
27		南广铁路	全补偿简单链型悬挂
28		海南西环铁路	全补偿简单链型悬挂

续上表

序　　号	线路类别	铁路名称	设备名称
29	高速铁路	娄邵铁路	全补偿简单链型悬挂
30		张吉怀高速铁路	全补偿弹性链型悬挂
31		怀衡铁路	全补偿简单链型悬挂
32		黔常铁路	全补偿简单链型悬挂
33		深湛铁路	全补偿简单链型悬挂、半补偿简单链型悬挂
34		赣深高速铁路	全补偿弹性链型悬挂、全补偿简单链型悬挂
35		广汕高速铁路	全补偿弹性链型悬挂、全补偿简单链型悬挂

二、日常维护

(一)巡视

1. 接触悬挂巡视检查，按巡视方式分为步行、车梯、轨道车、添乘巡视四种方式，一般以添乘巡视为主要手段；按设备是否停电分为停电巡视和带电巡视。高速铁路接触网还可以采取栏栅外巡视观察的方式掌握设备动态。

2. 巡视的主要内容：

(1)接触线、承力索、弹性吊索有无烧伤。

(2)承力索有无断股、散股。

(3)关节内是否存在线索相磨。

(4)弹性吊索是否与其他设备相磨。

(5)吊弦是否受力或折断。

(二)检修

1. 检修周期：36 个月。

2. 检修内容：

(1)检查承力索

①检查承力索有无烧伤、断股、散股。

②检查承力索的偏移程度及与其他线索有无相磨。

③检查承力索接头是否滑移。

④检查补强线是否松动。

(2)检查接触线

①接触线线面有无扭面、偏磨、明显硬点及线索制造缺陷。

②接触线有无电弧烧伤痕迹。

(3)检查吊弦

①检查接触线(承力索)吊弦外观状态。检查线夹本体及螺栓有无损伤、变形、裂纹、烧伤或其他不良状态，止动垫片是否安装到位。

②检查吊弦线夹螺栓状态。

③检查吊弦线夹载流环。载流圈角度合适，避免过低。检查线鼻子是否开裂，吊弦线夹是否落槽。

④安装位置，吊弦在任何情况下不得与其他线索相磨，与其他线索距离不得小于 50 mm，且不得存在相磨痕迹。

(4)检查弹性吊索

①检查弹性吊索是否有与平腕臂及其他零部件相磨的痕迹。

②检查弹性吊索线夹是否开裂。

③检查弹性吊索有无烧伤、断股、散股。

(三)技术标准

1. 普速铁路

(1)正线承力索和接触线宜采用恒张力架设。接触线架设张力应根据线材材质、额定张力等因素选取，且不应小于线盘绕线张力，架设张力偏差不得大于 8%。

(2)承力索和接触线架设后，应采取超拉或其他措施消除新线蠕变引起的初伸长。超拉完毕后方可进行悬挂安装。

(3)承力索宜采用铜合金材质，容许载流量符合运能需要。

(4)半补偿链型悬挂承力索的张力和弛度符合安装曲线，允许偏差 15%。

(5)承力索位置。

标准值：直线区段，半斜链型悬挂承力索位于线路中心的正上方，直链型悬挂承力索位于接触线正上方。曲线区段，承力索与接触线之间的连线垂直于轨面连线，承力索不得偏向曲线外侧。

标准状态：标准值±50 mm。

警示值：标准值±150 mm。

限界值：标准值±200 mm。

(6)承力索磨耗及损伤。

①承力索损伤后不能满足该线通过的最大电流时，若系局部损伤，可以加电气补强线，若系普遍损伤则应更换。

②承力索损伤后不能满足规定的机械强度安全系数时，若系局部损伤，可以加补强线或切除损坏部分重新接续，若系普遍损伤则应更换。

③承力索用钢芯铝绞线或铝包钢绞线时，其钢芯若断股，须切断重新接续并用电连接沟通。

④承力索在悬吊滑轮处应转动灵活、无卡滞，悬吊滑轮与线索相匹配。

(7)承力索在承力索座、悬吊滑轮等处悬吊固定时，应加装与承力索材质匹配的预绞丝护线条。

标准值：无损伤。

标准状态：无损伤。

警示值：无散股，损伤 3 股。

限界值：断股。

(8)一个锚段内，承力索接头和断股补强的总数量应符合以下规定(不包括分段、分相及下锚接头)。

标准值：0 处。

标准状态：0 处。

警示值：3 处。

限界值：4 处。

(9)承力索的接头距悬挂点应不小于 2 m，同一跨距内不允许有两处接头。

(10)接触线应采用铜合金材质,容许载流量符合运能需要。

(11)半补偿链型悬挂和简单悬挂接触线的张力和弛度符合安装曲线,允许偏差为15%。

(12)接触线拉出值(含最大风偏时跨中偏移值)

标准值:设计值。

标准状态:标准值±30 mm。

警示值:400 mm。

限界值:450 mm。

(13)接触线高度。

标准值:设计值。

标准状态:标准值±30 mm。

警示值:标准值±100 mm。

限界值:标准值±200 mm;上限6 500 mm,下限为任何情况不低于该区段允许的最低值。

为保证电力机车(动车组)的良好取流,应尽量减少接触线高度的变化。车站和区间的接触线高度宜取一致。

当隧道间距不大于1 000 m时,隧道内、外的接触线可取同一高度。

(14)接触线坡度(工作支)。

标准值:设计值。

标准状态:同标准值。

警示值:160 km/h区段3.3‰;120 km/h区段4‰。

限界值:160 km/h区段4‰;120 km/h区段5‰。

在变坡区段的始末跨,接触线坡度变化不宜大于变坡区段最大坡度之半。

(15)接触线偏角(水平面内改变方向)。

标准值:设计值。

标准状态:标准值±1°且≤4°。

警示值:正线8°;站线10°。

限界值:同警示值。

(16)接触线磨耗及损伤。

①接触线磨耗和损伤后不能满足该线通过的最大电流时,若系局部磨耗和损伤,可以加电气补强线,若系普遍磨耗和损伤则应更换。

②接触线磨耗和损伤后不能满足规定的机械强度安全系数时,若系局部磨耗和损伤,可以加补强线或切除损坏部分重新接续,若系普遍磨耗和损伤则应更换。

③接触线接头、补强处过渡平滑。该处接触线高度不应低于相邻吊弦点,允许高于相邻吊弦点0~10 mm,必要时加装吊弦。

标准值:无损伤。

标准状态:无损伤。

警示值:磨损面积15%。

限界值:磨损面积20%。

(17)接触线扭面角度。

标准值:0°。

标准状态：5°。

警示值：15°。

限界值：20°。

(18)接触线与平直度检测尺之间的间隙不大于 0.2 mm/m。

(19)一个锚段内接触线接头、补强的总数量应符合以下规定(不包括分段、分相及下锚接头)，接头距悬挂点应不小于 2 m，同一跨距内不允许有两处接头。

标准值：0 处。

标准状态：同标准值。

警示值：2 处。

限界值：4 处。

(20)接触线硬点、弓网接触力的技术标准参照《普速铁路接触网运行维修规则》普速铁路接触网动态检测评价标准。

(21)吊弦分环节吊弦和整体吊弦，优先采用整体吊弦。

(22)吊弦偏移。

标准值：在无偏移温度时处于铅垂状态。当温度变化且承力索、接触线采用不同材质时，吊弦顺线路方向偏移符合安装曲线要求。

标准状态：同标准值。

警示值：不大于吊弦长度的 1/4。

限界值：不大于吊弦长度的 1/3。

(23)吊弦的长度要能适应在极限温度范围内接触线的伸缩和弛度的变化，否则应采用滑动吊弦。

(24)环节吊弦：至少应由两节组成，每节的长度以不超过 600 mm 为宜。吊弦回头应均匀迂回，长度为 150～180 mm。吊弦环直径应为其线径的 5～10 倍。吊弦磨耗的面积不得超过原面积的 50%。

(25)整体吊弦：预制长度应与计算长度相等，偏差应不大于±2 mm，外观无断股、烧伤或其他不良状态。

(26)吊弦线夹在直线处应保持铅垂状态，曲线处应垂直于接触线工作面。曲线处接触线吊弦线夹螺栓应穿向曲线外侧。

(27)吊弦间距。

标准值：设计值。

标准状态：标准值±100 mm。

警示值：12 m。

限界值：15 m。

(28)两相邻吊弦点接触线高差。

标准值：0。

标准状态：10 mm。

警示值：30 mm。

限界值：50 mm。

(29)整体吊弦损伤。

标准值:无损伤。

标准状态:无损伤。

警示值:断 3 根单丝。

限界值:断 7 根单丝。

(30)弹性吊索和简单悬挂吊索。

①吊索须用绞线制成并保持一定的张力,不得松弛。

②在无偏移温度时,吊索在悬挂点两端的长度应相等,允许相差不超过 400 mm。

③吊索不得有散股、断股(丝)、接头、补强、硬弯。

④弹性吊索两端与承力索的连接符合设计规定。

⑤简单悬挂吊索应与悬吊滑轮材质一致,与接触线的连接符合设计规定。

2. 高速铁路

(1)承力索宜采用恒张力架设,接触线应采用恒张力架设。

(2)接触线架设张力应根据线材材质、额定张力等因素选取,且不应小于线盘绕线张力,架设张力偏差不得大于 8%。

(3)承力索和接触线架设后,应采取超拉或其他措施消除新线蠕变引起的初伸长。超拉完毕后方可进行悬挂安装。

(4)承力索应采用铜合金材质,容许载流量符合运能需要。

(5)承力索位置。

标准值:直链型悬挂位于接触线正上方。

标准状态:标准值±50 mm。

警示值:标准值±150 mm。

限界值:标准值±200 mm。

(6)承力索损伤后不能满足该线通过的最大电流时,若系局部损伤,可以加电气补强线,若系普遍损伤则应更换。

(7)承力索损伤后不能满足规定的机械强度安全系数时,可以加电气补强线或切除部分重新接续,若系普遍损伤则应更换。

(8)承力索在悬吊滑轮处应转动灵活、无卡滞,悬吊滑轮与线索相匹配。

(9)承力索在承力索座、悬吊滑轮等处悬吊固定时,应加装与承力索材质匹配的预绞丝护线条。

标准值:无损伤。

标准状态:无损伤。

警示值:无散股、损伤 3 股。

限界值:断股。

(10)一个锚段内,承力索接头和断股补强的总数量应符合以下规定(不包括分段及下锚接头)。

标准值:0 处。

标准状态:0 处。

警示值:2 处。

限界值:4 处。

(11)承力索的接头距悬挂点应不小于 2 m,同一跨距内不允许有两个接头。

(12)接触线应采用铜合金材质,容许载流量符合运能需要。

(13)接触线拉出值(含最大风,偏时跨中偏移值)。

标准值:设计值。

标准状态:标准值±30 mm。

警示值:400 mm。

限界值:450 mm。

(14)接触线高度。

标准值:设计值。

标准状态:标准值±30 mm。

警示值:标准值±60 mm。

限界值:标准值±100 mm 且小于 6 500 mm。

(15)接触线坡度(工作支接触线相邻悬挂点高度变化)。

标准值:$v \leqslant 250$ km/h 时,坡度≤1‰;$v > 250$ km/h 时,坡度为 0。

标准状态:$v \leqslant 250$ km/h 时,坡度≤1‰;$v > 250$ km/h 时,坡度≤0.5‰。

警示值:$v \leqslant 250$ km/h 时,坡度≤1‰;$v > 250$ km/h 时,坡度≤0.5‰。

限界值:$v \leqslant 250$ km/h 时,坡度≤1.5‰;$v > 250$ km/h 时,坡度≤1‰。

(16)接触线偏角(水平面内改变方向)。

标准值:设计值。

标准状态:标准值±1°且≤4°。

警示值:6°。

限界值:8°。

(17)接触线允许最大局部磨耗面积见表 2-4-2。

表 2-4-2 接触线允许最大局部磨耗面积

设计速度/(km/h)	导线材质	工作张力	标准值	警示值	限界值
200~250	CTS		无磨损	15%	20%
300~350	CTSH150	28.5 kN	无磨损	11%	15%
	CTMH150	28.5 kN	无磨损	17%	23%
	CTMH150	30 kN	无磨损	14%	19%
	CTCZ150	31.5 kN	无磨损	19%	25%
	CTCZ150	33 kN	无磨损	16%	21%
	Rim120	27 kN	无磨损	13%	17%

接触线局部磨耗达到或超出限界值,立即进行更换;达到或超出警示值,进行重点监控,纳入三级修(精测精修)更换。

(18)检查接触线与检测尺之间的间隙,其间隙不得大于 0.1 mm/m。

(19)接触线扭面角度。

标准值:0°。

标准状态:5°。

警示值:15°。

限界值:20°。

(20)正线接触线不允许有接头，侧线一个锚段内接触线接头的总数量应符合以下规定(不包括分段、分相及下锚接头)。

标准值:0 处。

标准状态:0 处。

警示值:1 处。

限界值:2 处。

(21)吊弦偏移。

接触线与承力索同材质时，顺线路方向吊弦偏移达到以下技术标准(交叉吊弦除外)。

标准值:0。

标准状态:20 mm。

警示值:50 mm。

限界值:100 mm。

(22)吊弦的长度要能适应在极限温度范围内接触线的伸缩和弛度的变化，否则应采用滑动吊弦。吊弦预制长度应与计算长度相等，偏差应不大于±1.5 mm。

(23)吊弦线夹在直线处应保持铅垂状态，曲线处应垂直于接触线工作面。曲线处接触线吊弦线夹螺栓应穿向曲线外侧。

(24)吊弦载流环应固定在吊线线夹螺栓的外侧，接触线吊弦线夹处载流环应与列车前进方向一致，线鼻子与接触线夹角保持 30°～45°。承力索吊弦线夹处载流环应与列车前进方向相反。

(25)吊弦位置。

标准值:设计值。

标准状态:标准值±50 mm。

警示值:标准值±100 mm。

限界值:标准值±200 mm。

(26)两相邻吊弦点接触线高差。

标准值:0。

标准状态:10 mm。

警示值:10 mm。

限界值:15 mm。

定位点两侧第一吊弦处(弹性链型悬挂时为弹性吊索外第 1 吊弦)接触线高度应相等。相对于定位点处接触线高度±10 mm，且不得出现 V 形。

(27)吊弦损伤。

标准值:无损伤。

标准状态:无损伤。

警示值:断 3 根单丝。

限界值:断 7 根单丝。

(28)弹性吊索及弹性吊索吊弦。

①弹性吊索长度应符合设计要求，悬挂点两端长度相等，允许偏差为±20 mm。

②弹性吊索线夹处吊索外露中心锚结端为 20 mm，下锚端为 150 mm，允许偏差为±5 mm。

③弹性吊索工作张力符合设计规定，不得松弛。允许偏差为标准值±10%。

④弹性吊索不得有散股、断股(丝)、接头、补强、硬弯。

⑤第一吊弦与相邻弹性吊索吊弦的高度差小于 10 mm。弹性吊弦与定位点处接触线高度相等。

⑥弹性吊索两端与承力索的连接符合设计规定。

(29)吊弦间距的计算。

吊弦在跨距中一般都是均匀布置的,吊弦间距一般规定为 8～12 m(高速铁路吊弦间距 8～10 m 为宜,普速铁路 10～12 m 为宜),吊弦在跨距中的布置如图 2-4-15 所示。

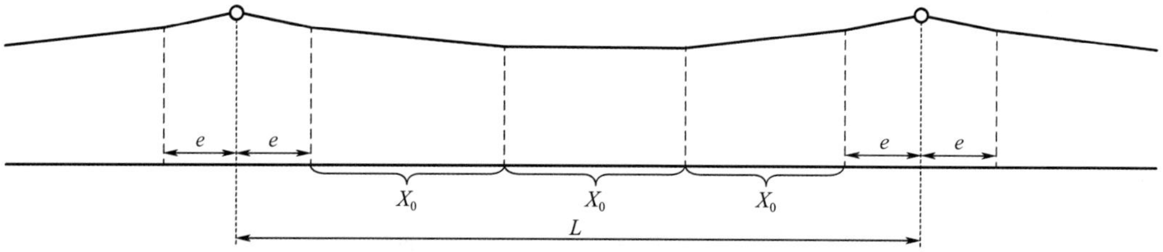

图 2-4-15　吊弦在跨距中的布置

①公式:

$$x_0=\frac{L-2e}{K-1}$$

式中　L——跨距(m);

e——定位点距相邻第一吊弦间距(m);

K——跨距内的吊弦数量。

②e 取值。

a. 在简单链型悬挂中取值为 4。

b. 在弹性链型悬挂中取值分为两种情况,电气化铁路线别速度小于等于 160 km/h 时,e 取值为 8.5;电气化铁路线别速度为 300～350 km/h 时,跨距小于 55 m,取值为 4,跨距大于等于 55 m,取值为 5。

【例 1】在某电气化铁路区段,采用全补偿简单链型悬挂,试计算跨距 $L=35$ m,$e=4$ m,$K=4$ 时的吊弦间距。

解:$L=35$ m,$K=4$,$e=4$ m

$$x_0=\frac{L-2e}{K-1}=\frac{35-2\times4}{4-1}\ \text{m}=9\ \text{m}$$

答:跨距 L 为 35 m 时的吊弦间距为 9 m。

【例 2】在某电气化铁路区段,采用全补偿简单链型悬挂,试计算跨距 $L=45$ m,$e=4$ m,$K=5$ 时的吊弦间距。

解:$L=45$ m,$K=5$,$e=4$ m

$$x_0=\frac{L-2e}{K-1}=\frac{45-2\times4}{5-1}\ \text{m}=9.25\ \text{m}$$

答:跨距 L 为 45 m 时的吊弦间距为 9.25 m。

(30)吊弦偏移的计算。

在设有补偿装置的链型悬挂中,当气温变化时,线索因热胀冷缩的物理特性,顺线路方向产生移动。当为半补偿链型悬挂时,承力索不设张力补偿装置,只产生垂直方向的弛度变化。

而接触线在张力补偿装置作用下，顺线路移动使吊弦出现偏移，接触网检修规程规定，吊弦偏移后与其垂直方向的夹角不得超过 30°，横线路方向不得超过 20°。

为了保证吊弦偏斜角不超过上述标准，在安装吊弦时，应根据当时的气温计算出吊弦偏移值，根据偏移值装设吊弦，只有在考虑到吊弦偏移的情况下，才可以确保极限温度下，吊弦的培养不超过规定值。

①半补偿链型悬挂偏移值由下式计算：

$$E=La_j(t_x-t_p)$$

全补偿链型悬挂，由于承力索和接触线在气温变化时，均产生顺线路移动，因此相对半补偿链型悬挂吊弦的偏移较小，当线材不同时由下式计算：

②全补偿链型悬挂偏移值由下式计算：

$$E=L(a_j-a_c)(t_x-t_p)$$

式中　E——所计算吊弦的偏移值(m)；

L——计算吊弦距中心锚结的距离(m)；

a_j——接触线的线胀系数(1/℃)；

a_c——承力索的线胀系数(1/℃)；

t_x——安装时(检修时)的温度(℃)；

t_p——设计采用的平均温度(℃)。

【例 1】在半补偿简单链型悬挂区段，采用 GJ95＋TCG100，最高气温为＋40 ℃，最低气温为－20 ℃，吊弦离中心锚结 900 m，$a_j=1.7\times10^{-5}$/℃，计算温度为 40 ℃时的吊弦偏移值。

解：(1)$t_{max}=+40$ ℃，$t_{min}=-20$ ℃

$$t_p=\frac{1}{2}\times(t_{max}+t_{min})=\frac{1}{2}\times(40-20)℃=10\ ℃$$

(2)$L=900\ m=9\times10^5\ mm$，$a_j=1.7\times10^{-5}$/℃，$t_x=40$ ℃

$$E=La_j(t_x-t_p)=9\times10^5\times1.7\times10^{-5}\times(40-10)\ mm=459\ mm$$

答：此吊弦向下锚方向偏移 459 mm。

【例 2】在半补偿弹性链型悬挂区段，采用 GJ95＋TCG110，最高气温为＋40 ℃，最低气温为－20 ℃，$a_j=1.7\times10^{-5}$/℃，吊弦离中心锚结 800 m，计算温度为－20 ℃时的吊弦偏移值。

解：(1)$t_{max}=+40$ ℃，$t_{min}=-20$ ℃

$$t_p=\frac{1}{2}(t_{max}+t_{min})=\frac{1}{2}\times(40-20)℃=10\ ℃$$

(2)$L=800\ m=8\times10^5\ mm$，$a_j=1.7\times10^{-5}$/℃，$t_x=-20$ ℃

$$E=La_j(t_x-t_p)=8\times10^5\times1.7\times10^{-5}\times(-20-10)\ mm=-408\ mm$$

答：此吊弦向中心锚结方向偏移－408 mm。

【例 3】在某全补偿链型悬挂区段，采用 TJ95＋TCL120，设计时采用的平均温度为 10 ℃，吊弦至中心锚结的距离是 1 000 m，计算在温度为 30 ℃时的吊弦偏移值。(查表得知：$a_j=17.4\times10^{-6}$/℃，$a_c=12\times10^{-6}$/℃)

解：根据吊弦偏移值计算公式 $E=L(a_j-a_c)(t_x-t_p)$ 可知：

$$E=1\ 000\times10^3\times(17.4\times10^{-6}-12\times10^{-6})\times(30-10)mm=108\ mm$$

答：吊弦向下锚方向偏移 108 mm。

三、常见缺陷与故障案例

(一)常见缺陷

1. 接触线铸造缺陷(损伤)(图 2-4-16)。
2. 承力索烧断股(图 2-4-17)。

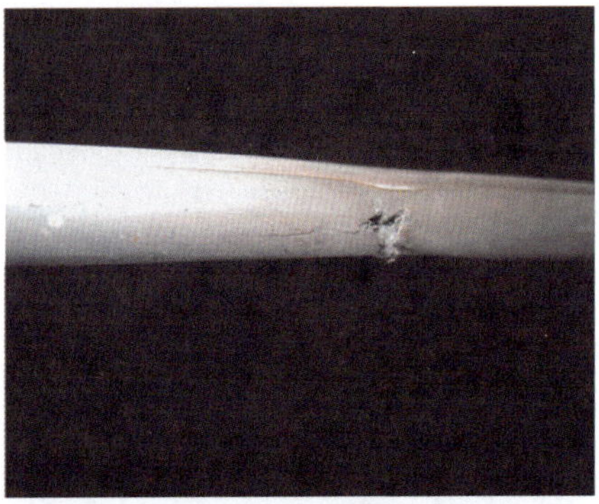

图 2-4-16　接触线铸造缺陷(损伤)

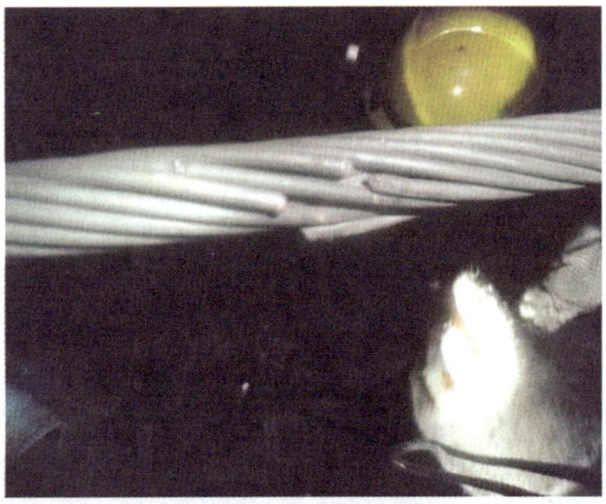

图 2-4-17　承力索烧断股

3. 线索相磨(图 2-4-18)。
4. 吊弦断股(图 2-4-19)。

图 2-4-18　线索相磨

图 2-4-19　吊弦断股

5. 吊弦与电连接相磨(图 2-4-20)。
6. 吊弦线夹未入槽(图 2-4-21)。

图 2-4-20　吊弦与电连接相磨

图 2-4-21　吊弦线夹未入槽

7. 弹性吊索与其他零部件相磨(图 2-4-22)。

8. 弹性吊索线夹爆裂(图 2-4-23)。

图 2-4-22　弹性吊索与其他零部件相磨

图 2-4-23　弹性吊索线夹爆裂

(二)故障案例

案例一

1. 事故概况

2020 年×月×日,××变电所 1 号馈线跳闸,距离Ⅰ段保护动作,重合闸不成功。10 时 58 分,抢修人员发现××站场南头正线 K854+805 处 4 道接触网下锚处承力索在与区间接触网下锚处承力索交叉跨越处断线,如图 2-4-24 所示。12 时 9 分抢修人员将断线承力索利用葫芦临时拉起,脱离接地,恢复供电,事故延时 118 min。

图 2-4-24　承力索断线故障

2. 事故原因

××站 4 道接触网下锚承力索与区间正线下锚承力索在××站 55 号至 56 号杆间交叉,两支承力索交叉跨越处存在相磨,日常检修不到位,对交叉跨越线索相磨安全隐患整治不到位,致使 4 道下锚承力索磨断 8 股、磨伤 4 股,在补偿张力作用下拉断,断线承力索掉落在钢轨上接地短路，造成接触网跳闸停电。

案例二

1. 事故概况

2016年×月×日，××线K××次行车至××区间下行线时，因接触网无网压停于K××+250处（机车运行方向左侧挡风玻璃被异物打裂）。同时××变电所211馈线跳闸，重合闸不成功。抢修人员到达现场，发现接触网承力索断线，受电弓受损，如图2-4-25所示；经2 h 14 min处理，临时恢复供电行车。随后，K××次电力机车换弓运行。90 min后再申请要点处理，接触网恢复正常供电、行车。事故未造成人员伤亡，中断××线下行行车3 h 3 min，影响客车共计41列、货车3列。构成铁路交通一般C类事故。

图2-4-25 承力索断线故障现场

2. 事故原因

由于××线××区间下行铁路桥为风口地段，当日南风转北风5～6级，在南风转北风过程中形成旋转风，下行桥（铁路钢桁梁结构桥）北头一个长约400 mm、宽约200 mm的蓝色塑料袋因大风被吹到K××+880处接触网35号～37号钢支柱间的承力索上，造成承力索与钢桁梁结构桥桥门架下部桁杆高阻接地，烧断承力索；导致接触网设备短路接地，××线××变电所211馈线跳闸，重合闸不成功，××线××区间下行线接触网设备停电，是造成本次事故的直接原因。

本节重点：

1. 掌握各种悬挂方式的特点及实际使用情况。
2. 掌握接触悬挂的技术参数标准及允许误差。
3. 掌握吊弦间距、吊弦偏移值的计算。

第五节 中心锚结

一、简　介

（一）定义及其作用

中心锚结是指在锚段中部，接触线对于承力索、承力索对于锚柱（或固定绳）进行锚固的方式。其布置原则是尽量使中心锚结两端张力相等,直线区段中心锚结设在锚段中部;曲线区段且曲线半径相同的整个锚段仍设在锚段中部;当锚段处于直线和曲线共用区段且曲线半径不等时,应设在曲线多、半径小的一侧。

中心锚结的作用,当温度变化时,锚段两端的补偿装置使线索由中心锚结处分别向两侧移动,保证了线索张力及弛度均匀,使接触线有良好的工作状态。当中心锚结一侧发生事故时,在中心锚结的作用下,不影响另一侧的悬挂,缩小事故范围,便于抢修。

(二)结构及分类

中心锚结按其作用分为防断中心锚结和防窜中心锚结。

1. 防断中心锚结,接触线中心锚结的辅助绳利用承力索中心锚结线夹固定在承力索上,承力索上的辅助绳锚固到两侧支柱上,如图 2-5-1 所示。

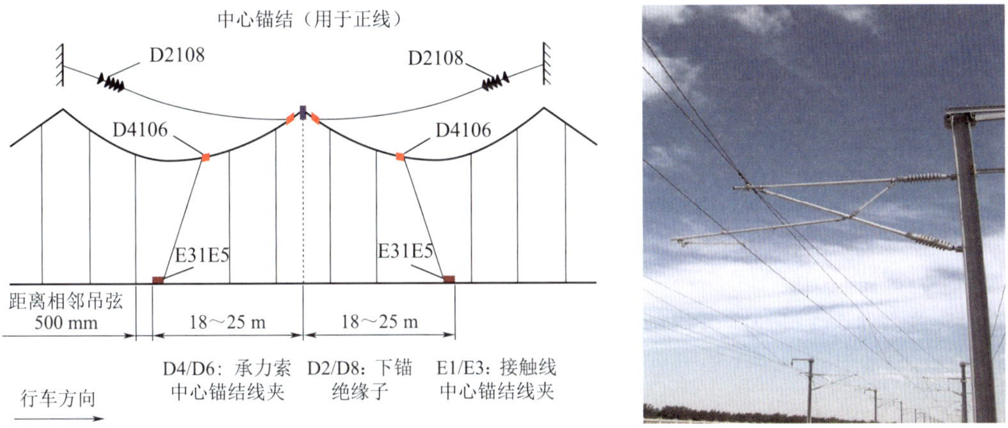

(a) 结构　(b) 实物

图 2-5-1　防断中心锚结示意

2. 防窜中心锚结,一般在站场锚段中间位置的软横跨,其两侧跨中位置的导线分别用中心锚结线夹辅助绳向中间位置固定到承力索上,中间软横跨承力索通过一段辅助绳固定在悬吊滑轮上,如图 2-5-2 所示。

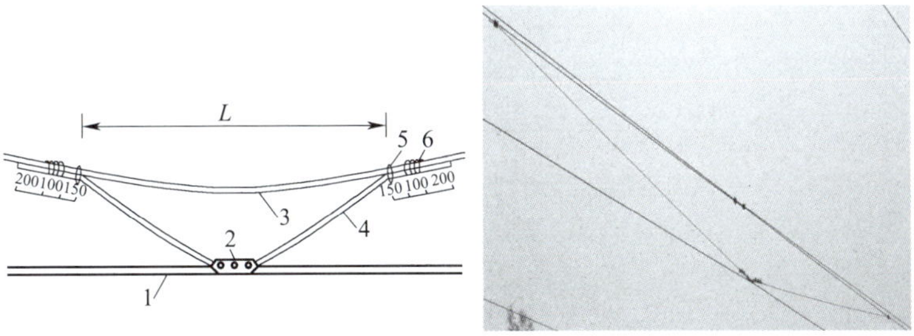

(a) 结构　(b) 实物

1—接触线;2—中心锚结线夹;3—承力索;4—中心锚结辅助绳;5—钢线卡子;6—绑扎段;L—中心锚结长度。

图 2-5-2　防窜中心锚结示意

(三)线别设备介绍

广州局集团公司管内防断中心锚结和防窜中心锚结都有使用,使用分布情况见表 2-5-1。

表 2-5-1　中心锚结使用类型分布

序　号	线路类别	铁路名称	设备名称
1	普速铁路	京广铁路	防断中心锚结、防窜中心锚结
2		沪昆铁路	防断中心锚结、防窜中心锚结
3		焦柳铁路	防断中心锚结、防窜中心锚结
4		渝怀铁路	防断中心锚结、防窜中心锚结
5		京九铁路	防断中心锚结、防窜中心锚结
6		广深铁路	防断中心锚结、防窜中心锚结
7		广石铁路	防断中心锚结、防窜中心锚结
8		石长铁路	防断中心锚结、防窜中心锚结
9		赣韶铁路	防断中心锚结、防窜中心锚结
10		衡茶吉铁路	防断中心锚结、防窜中心锚结
11		广珠铁路	防断中心锚结、防窜中心锚结
12		南沙港铁路	防断中心锚结、防窜中心锚结
13	城际铁路	广肇城际铁路	防断中心锚结、防窜中心锚结
14		广珠城际铁路	防断中心锚结、防窜中心锚结
15		珠机城际铁路	防断中心锚结、防窜中心锚结
16		广惠城际铁路	防断中心锚结、防窜中心锚结
17		梅汕铁路	防断中心锚结、防窜中心锚结
18		穗深城际铁路	防断中心锚结、防窜中心锚结
19		长株潭城际铁路	防断中心锚结、防窜中心锚结
20	高速铁路	京广高速铁路	防断中心锚结、防窜中心锚结
21		广深港高速铁路	防断中心锚结、防窜中心锚结
22		杭深铁路	防断中心锚结、防窜中心锚结
23		衡柳铁路	防断中心锚结、防窜中心锚结
24		海南东环铁路	防断中心锚结、防窜中心锚结
25		沪昆高速铁路	防断中心锚结、防窜中心锚结
26		贵广高速铁路	防断中心锚结、防窜中心锚结
27		南广铁路	防断中心锚结、防窜中心锚结
28		海南西环铁路	防断中心锚结、防窜中心锚结
29		娄邵铁路	防断中心锚结、防窜中心锚结
30		张吉怀高速铁路	防断中心锚结、防窜中心锚结
31		怀衡铁路	防断中心锚结、防窜中心锚结
32		黔常铁路	防断中心锚结、防窜中心锚结
33		深湛铁路	防断中心锚结、防窜中心锚结
34		赣深高速铁路	防断中心锚结、防窜中心锚结
35		广汕高速铁路	防断中心锚结、防窜中心锚结
36		渝厦高速铁路	防断中心锚结、防窜中心锚结

二、日常维护

(一)巡视

中心锚结巡视检查按巡视方式分为步行、车梯、轨道车、添乘巡视四种方式,一般以添乘巡视为主要手段;按设备是否停电分为停电巡视和带电巡视。高速铁路接触网还可以采取栏栅外巡视观察的方式掌握设备动态。

巡视的主要内容:

1. 中心锚结绳是否过松或过紧。

2. 两边吊弦是否松弛。

3. 中心锚结线夹是否松脱。

4. 辅助绳有无损伤、变形。

(二)检修

1. 检修周期:36 个月。

2. 检修内容:

(1)检查接触线、承力索中心锚结线夹状态。

(2)销钉有无滑移、损伤、变形、裂纹、烧伤或其他不良状态,开口销是否缺失、安装是否正确。

(3)接触线中心锚结线夹与接触线沟槽是否密贴入槽。

(4)辅助绳有无损伤、变形、断股、烧伤或其他不良状态;辅助绳与鸡心环接触是否密贴;压接是否按要求二道压接;注意线夹处是否涂有导介质。

(5)中心锚结绳是否过松或过紧。

(三)技术标准

1. 普速铁路

(1)中心锚结按其作用分为防断和防窜两种形式。设置位置满足其两边接触悬挂的补偿条件基本相等。

(2)防断中心锚结:

①中心锚结安装位置、形式、采用的线材及连接件规格、型号应符合设计要求。

②承力索中心锚结绳:

a. 中心锚结绳范围内承力索不得有接头和补强。

b. 中心锚结绳、固定线夹应与承力索材质匹配,其设置位置符合设计要求,承力索中心锚结线夹辅助绳外露长度不小于 50 mm。

c. 中心锚结绳弛度应等于或略高于该处承力索弛度,承力索中心锚结绳在其垂直投影与线路钢轨交叉处,应高于接触线 300 mm 以上。

d. 中心锚结绳的张力符合设计要求。

e. 中心锚结绳:

(a)中心锚结所在的跨距内接触线不得有接头和补强。

(b)中心锚结绳范围内不得安装吊弦和电连接。两端距相邻的吊弦或电连接距离不得小于 500 mm。

(c)中心锚结绳处于受力状态,不得触及弹性吊索,不得改变相邻吊弦受力和接触线高度。

(d)中心锚结绳两端与承力索固定线夹的设置和间距符合设计要求。接触线侧锚结绳压接后回头外露长度不小于 20 mm。

f. 接触线中心锚结线夹：

(a)中心锚结线夹应安装牢固，在直线上保持铅垂状态，在曲线上与接触线的倾斜度一致。

(b)中心锚结线夹处接触线高度与相邻吊弦处接触线高度应相等，允许偏差 0～20 mm。

g. 防窜中心锚结

(a)防窜绳两端固定线夹的设置和间距符合设计要求。

(b)接触线中心锚结绳与防断式相同。

2. 高速铁路

(1)中心锚结按其作用分为防断和防窜两种形式。设置位置满足其两边接触悬挂的补偿条件基本相等。

(2)正线、站线、联络线一般采用防断中心锚结。中心锚结安装位置、形式、采用的线材及连接件规格、型号应符合设计要求。

(3)承力索中心锚结绳：

①中心锚结绳范围内承力索不得有接头和补强。

②中心锚结绳、固定线夹与承力索材质匹配，其设置位置符合设计要求。承力索中心锚结线夹辅助绳外露不小于 50 mm。

③中心锚结绳弛度应等于或略高于该处承力索弛度，承力索中心锚结绳在其垂直投影与线路钢轨交叉处，应高于接触线 300 mm 以上。

④中心锚结绳的张力符合设计要求。

(4)接触线中心锚结绳：

①中心锚结所在的跨距内接触线不得有接头和补强。

②中心锚结绳范围内不得安装吊弦和电连接。两端距相邻的吊弦或电连接距离不得小于 500 mm。

③中心锚结线夹两边锚结绳的长度和张力力求相等。中心锚结绳处于受力状态，不得触及弹性吊索，不得改变相邻吊弦受力和接触线高度。

④中心锚结绳两端与承力索固定线夹的设置和间距符合设计要求。接触线侧锚结绳压接后回头外露长度不小于 20 mm。

(5)中心锚结线夹：

①接触线中心锚结线夹应安装牢固。在直线上保持铅垂状态，在曲线上与接触线的倾斜度一致。

②中心锚结线夹处接触线高度与相邻吊弦接触线高度应相等，允许偏差 0～10 mm。

(6)防窜式中心锚结：

①防窜绳两端固定线夹的设置位置符合设计要求。

②接触线中心锚结绳与防断式相同。

三、常见缺陷与故障案例

(一)常见缺陷

1. 中心锚结绳过松(图 2-5-3)。

2. 中心锚结绳接触线夹缺螺栓(图 2-5-4)。

图 2-5-3　中心锚结绳过松

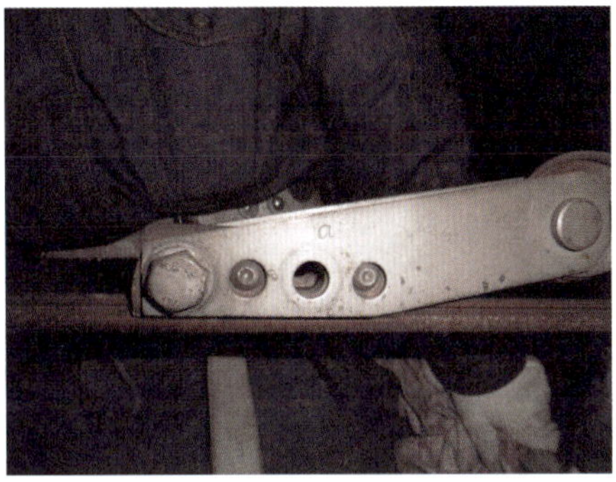

图 2-5-4　中心锚结绳接触线夹缺螺栓

3. 中心锚结绳接触线线夹开裂(图 2-5-5)。

4. 中心锚结绳散股(图 2-5-6)。

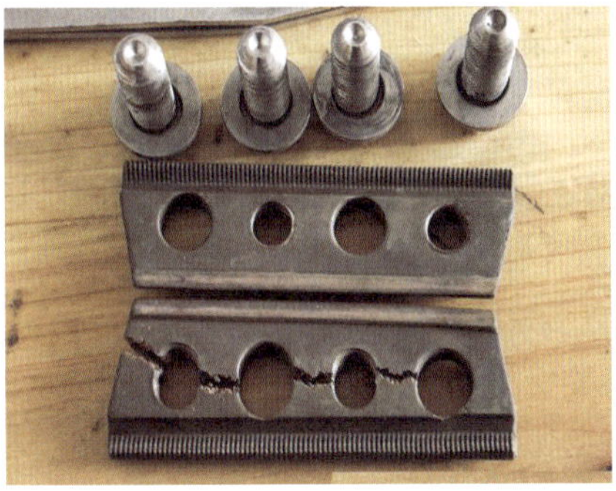

图 2-5-5　中心锚结绳接触线线夹开裂

图 2-5-6　中心锚结绳散股

(二)故障案例

案例一

1. 事故概况

2020 年×月 2×日,××线××上行线接触网停电,××变电所强送成功,现场工作人员反馈××上行正线 K××+950 处接触网中心锚结绳断脱。

2. 事故原因

××上行正线 207 号～208 号中心锚结绳从接触线中心锚结线夹端压接管处断裂脱落,造成××变电所 214 断路器跳闸。分析发现该中心锚结绳从接触线中心锚结线夹端压接管处断脱,其中 16 股断面距压接管端口内方约 8 mm,断面平整粗糙,另外 3 股断头距压接管端口约 20～30 mm,断头呈锥形断面,其余股绞线为中心锚结绳压接管处回头(长 50 mm);脱落的中心锚结绳上方固定在承力索中心锚结线夹内,下方垂于线路上,距轨面约 3 m(图 2-5-7)。

根据现场调查和中心锚结绳断痕分析，判断为厂家材质问题。

图 2-5-7　中心锚结绳断脱故障

案例二

1. 事故概况

2022 年 3 月 7 日，××线路 ××次货运列车运行至下行线 K××＋829 处发生弓网故障停车，请求救援。

2. 事故原因

经现场检查发现故障位于××线路区间接触网 219 号柱，其为两跨式中心锚结中间支柱，位于曲线半径为 1 800 m 的曲线外侧承力索中心锚结辅助绳分别在 217 号、221 号支柱落锚。测量 217 号柱方向承力索中心锚结辅助绳与钢轨交叉处比接触线工作支高 50 mm，钢轨交叉处不满足《普速铁路接触网运行维修规则》中“中心锚结绳弛度应等于或略高于该处承力索弛度，承力索中心锚结绳在其垂直投影与线路钢轨交叉处，应高于接触线 300 mm 以上”的要求，造成电力机车受电弓通过时，剐蹭并钻入承力索中心锚结辅助绳(图 2-5-8)，造成弓网故障。

图 2-5-8　中心锚结绳断脱故障

本节重点：

1. 掌握防断与防窜中心锚结的作用，并且能清晰地区别两者的不同。
2. 能分析中心锚结绳松弛的原因。

第六节　电 连 接

一、简　　介

（一）定义及其作用

确保接触悬挂各线索间电流导通、消除接触悬挂之间的电位差而设置的电气连接线称为电连接。

电连接的作用是将接触悬挂之间、各分段供电之间、接触网设备与接触网连接等电路连接畅通，以保证良好的供电。

（二）结构及分类

1. 结构

电连接由电连接线和电连接线夹组成。电连接线夹分为承力索电连接线夹和接触线电连接线夹，前者用于电连接线与承力索间的连接固定，后者则用于电连接线与接触线间的连接固定。

为避免在电连接线与接触线连接处形成硬点，保持接触网弹性，在温度变化悬挂偏移时有伸缩余量，电连接线做成 C 形、S 形等，如图 2-6-1、图 2-6-2 所示。

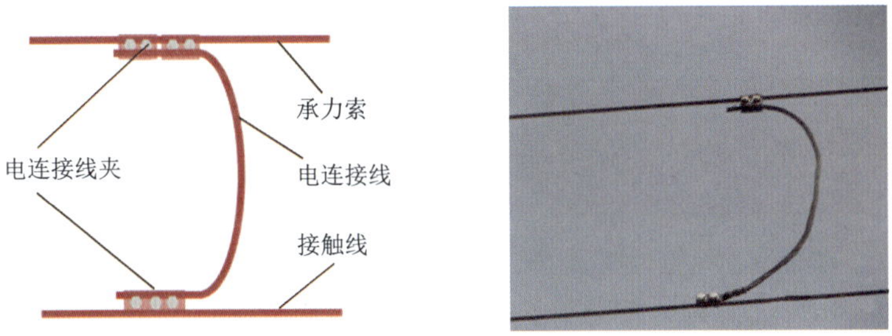

（a）结构　　（b）实物

图 2-6-1　C 形电连接示意

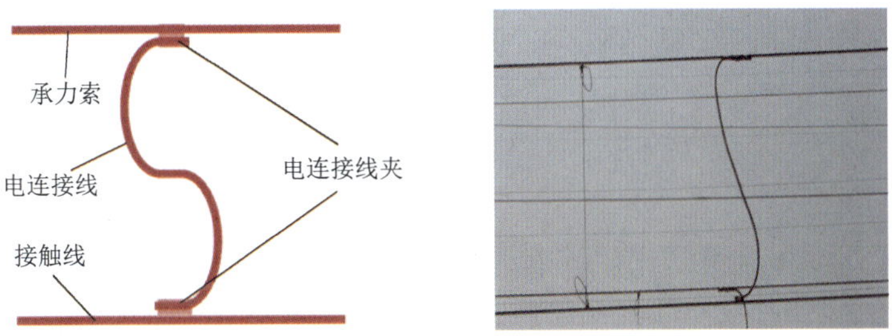

（a）结构　　（b）实物

图 2-6-2　S 形电连接示意

2. 分类

(1)电连接按其用途,分为横向电连接和纵向电连接两种。

①横向电连接

在载流承力索区段,一般每隔 200～250 m 安装一组电连接线将承力索与接触线连接起来,这样的电连接称为横向电连接,如图 2-6-3 所示。其主要作用是能实现并联供电,减少电压损失,减少损耗,提高载流能力。

②纵向电连接

纵向电连接使供电分段两侧接触悬挂实现电气的连通,如图 2-6-4 所示。

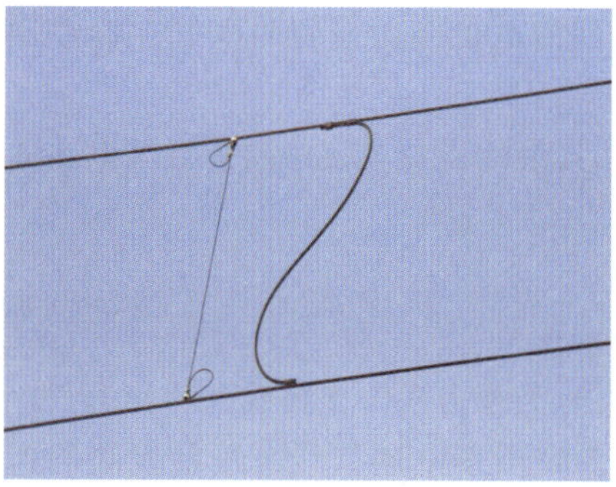

图 2-6-3 横向电连接示意

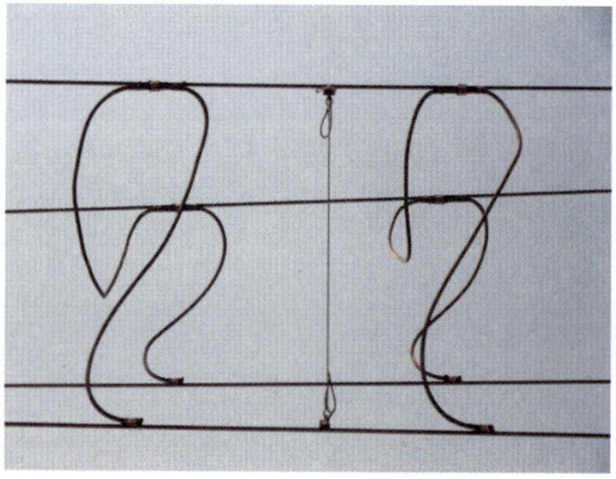

图 2-6-4 纵向电连接示意

(2)电连接根据安装位置,可分为横向电连接、股道电连接、道岔电连接、锚段关节电连接、隔离开关电连接、避雷器电连接等。

①横向电连接安装于承力索和接触线之间。

②股道电连接安装于站场股道悬挂间,将各股道接触网并联起来,当电力机车(动车组)启动时,多股道接触网并联供电,可向电力机车(动车组)提供所需的大电流,如图 2-6-5 所示。

图 2-6-5 股道电连接

③道岔电连接安装于站场道岔处，使得两支接触悬挂电流畅通，如图 2-6-6 所示。

图 2-6-6　道岔电连接

④锚段关节电连接安装于绝缘锚段关节或非绝缘锚段关节转换柱的锚柱侧，使两锚段间电流畅通，如图 2-6-7 所示。

图 2-6-7　锚段关节电连接

⑤隔离开关电连接安装于接触悬挂和隔离开关之间，如图 2-6-8 所示。

⑥避雷器电连接，安装于避雷器和接触悬挂之间，如图 2-6-9 所示。

图 2-6-8 隔离开关电连接

图 2-6-9 避雷器电连接

(三)线别设备介绍

广州局集团公司管内以上电连接都有使用,见表 2-6-1。

表 2-6-1 电连接使用类型分布

序 号	线路类别	铁路名称	设备名称
1	普速铁路	京广铁路	横向电连接、纵向电连接
2		沪昆铁路	横向电连接、纵向电连接
3		焦柳铁路	横向电连接、纵向电连接
4		渝怀铁路	横向电连接、纵向电连接
5		京九铁路	横向电连接、纵向电连接
6		广深铁路	横向电连接、纵向电连接

续上表

序　　号	线路类别	铁路名称	设备名称
7	普速铁路	广石铁路	横向电连接、纵向电连接
8		石长铁路	横向电连接、纵向电连接
9		赣韶铁路	横向电连接、纵向电连接
10		衡茶吉铁路	横向电连接、纵向电连接
11		广珠铁路	横向电连接、纵向电连接
12		南沙港铁路	横向电连接、纵向电连接
13	城际铁路	广肇城际铁路	横向电连接、纵向电连接
14		广珠城际铁路	横向电连接、纵向电连接
15		珠机城际铁路	横向电连接、纵向电连接
16		广惠城际铁路	横向电连接、纵向电连接
17		梅汕铁路	横向电连接、纵向电连接
18		穗深城际铁路	横向电连接、纵向电连接
19		长株潭城际铁路	横向电连接、纵向电连接
20	高速铁路	京广高速铁路	横向电连接、纵向电连接
21		广深港高速铁路	横向电连接、纵向电连接
22		杭深铁路	横向电连接、纵向电连接
23		衡柳铁路	横向电连接、纵向电连接
24		海南东环铁路	横向电连接、纵向电连接
25		沪昆高速铁路	横向电连接、纵向电连接
26		贵广高速铁路	横向电连接、纵向电连接
27		南广铁路	横向电连接、纵向电连接
28		海南西环铁路	横向电连接、纵向电连接
29		娄邵铁路	横向电连接、纵向电连接
30		张吉怀高速铁路	横向电连接、纵向电连接
31		怀衡铁路	横向电连接、纵向电连接
32		黔常铁路	横向电连接、纵向电连接
33		深湛铁路	横向电连接、纵向电连接
34		赣深高速铁路	横向电连接、纵向电连接
35		广汕高速铁路	横向电连接、纵向电连接
36		渝厦高速铁路	横向电连接、纵向电连接

二、日常维护

(一)巡视

1. 电连接巡视检查一般分为步行巡视、车梯巡视、升作业车平台巡视、添乘机车(动车组)巡视四种方式，以添乘巡视为主。高速铁路还可以采取线路栅栏外巡视观察的方式掌握设备动态。

2. 巡视检查的主要内容：

(1)电连接线是否有断股、散股及烧伤。

(2)电连接线夹是否有放电痕迹。

(3)电连接线弛度是否过紧。

(4)电连接线是否与吊弦相磨。

(5)电连接数量是否满足设计要求。

(6)交叉跨越线索间距不足 200 mm 的处所是否加装等位线。

(7)电连接线的连接线夹测温。

(二)检修

1. 检修周期：36 个月。

2. 检修内容：

(1)检查接触线电连接线夹是否入槽，压接是否密贴，卡子露头是否标准。

(2)检查承力索电连接线夹压接是否密贴，衬垫安装是否正确。

(3)检查开关引线线鼻子压接是否标准、牢固，引线与接地体绝缘距离是否满足标准。

(4)外观检查电连接线是否有断股、散股及烧伤，是否低于接触线。

(5)电连接线夹是否有高温变色痕迹，检查测温贴片有无变色。

(6)电连接线预留弛度是否符合安装标准。

(三)技术标准

1. 普速铁路

(1)在锚段关节、线岔、链型悬挂与简单悬挂的衔接处、加强线(载流承力索)的终端、车站电力机车(动车组)经常启动处的股道之间等处所，应装设电连接。

(2)电连接位置和数量符合设计要求，安装位置允许偏差±500 mm。

(3)交叉跨越线索间距不足 200 mm 的处所应加装等位线。等位线及其连接线夹应与被连接线索材质匹配，截面积不小于 10 mm^2。

(4)电连接线：

①承力索、接触线间距≤1 000 mm 时采用 C 形连接方式，间距>1 000 mm 时采用 S 形连接。其裕度满足接触线、承力索因温度变化伸缩的要求。

②电连接线均要用多股软铜线做成，其额定载流量不小于被连接的接触悬挂、供电线的额定载流量，且不得有接头。

③对于压接式电连接，电连接线不应有压伤和断股现象；对于并接式电连接，电连接线端头外露 10～20 mm。

(5)电连接线夹：

①电连接线夹的材质和规格须与被连接线索相适应，宜采用压接形式。

②电连接线夹与接触线、承力索、供电线之间连接牢固，线夹内无杂物。

③接触线电连接线夹在直线处应处于铅垂状态，在曲线处应与接触线的倾斜度一致。

④工作支接触线电连接线夹处接触线高度与最近相邻吊弦点高度相等，允许偏差 0～10 mm。

⑤压接式接触线电连接线夹与线槽契合的 U 形螺纹卡子应平行压接于线槽内，不得跳出

接触线线槽。U 形螺纹卡子应保证卡子插入后，另一端露头 1～3 mm。

(6)电连接线夹与线索接触面均应涂导电介质。

2. 高速铁路

(1)在锚段关节、线岔和车站电力机车、动车组经常启动处的股道之间等处所，应装设电连接。

(2)电连接位置和数量符合设计要求，安装位置允许偏差±500 mm。

(3)电连接线：

①承力索、接触线间距≤1 000 mm 时采用 C 形连接的方式，间距>1 000 mm 时采用 S 形连接。其裕度满足接触线、承力索因温度变化伸缩的要求。

②电连接线均要用多股软铜线做成，其额定载流量不小于被连接的接触悬挂、供电线的额定载流量，且不得有接头、压伤和断股现象，电连接线端头外露 10～20 mm。

③对于压接式电连接线夹，电连接线不应有压伤和断股现象。

(4)电连接线夹：

①电连接线夹的材质和规格须与被连接线索相适应，优先采用压接形式。

②电连接线夹与接触线、承力索、供电线之间连接牢固，线夹内无杂物。

③承力索、接触线电连接线夹压接后应端正，符合压接标准。接触线电连接线夹在直线处应处于铅垂状态，在曲线处应与接触线的倾斜度一致。

④工作支接触线电连接线夹处接触线高度与最近相邻吊弦点高度相等，允许偏差 0～5 mm。

⑤压接式接触线电连接线夹与线槽契合的 U 形螺纹卡子应平行压接于线槽内，不得跳出接触线线槽。U 形螺纹卡子应保证卡子插入后，另一端露头 1～3 mm。

(5)电连接线夹与线索接触面均应涂导电介质。

(6)极限温度条件下，交叉跨越线索间距不足 200 mm 的处所应加装等位线。等位线及其连接线夹应与被连接线索材质匹配，截面积不小于 10 mm^2。

三、常见缺陷与故障案例

(一)常见缺陷

1. 电连接线夹变色(图 2-6-10)。

2. 电连接断股(图 2-6-11)。

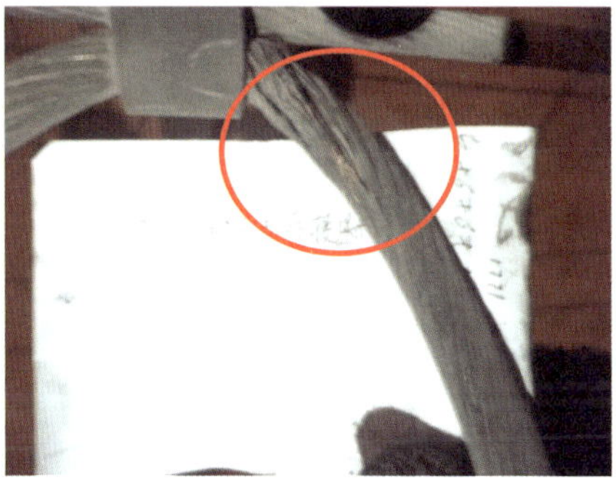

图 2-6-10　电连接线夹变色

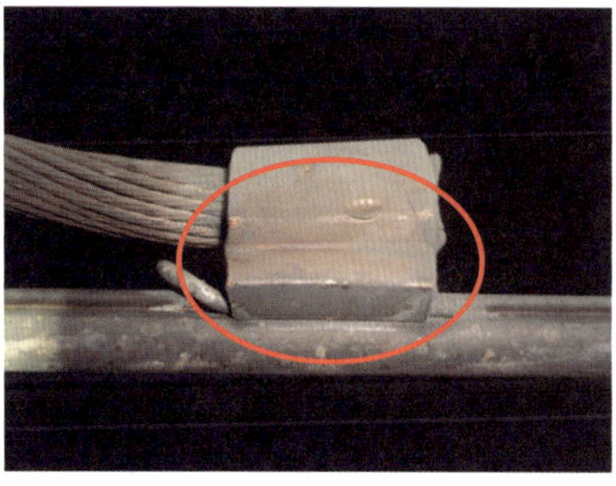

图 2-6-11　电连接断股

3. 电连接线与其他设备相磨(图 2-6-12)。

4. 电连接线夹内衬垫露头(图 2-6-13)。

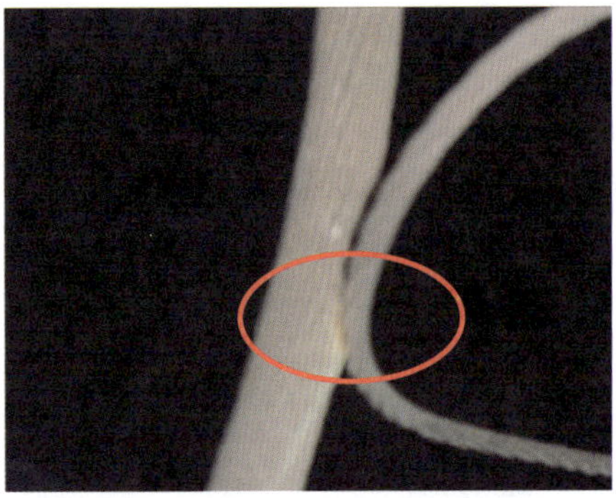

图 2-6-12　电连接线与其他设备相磨

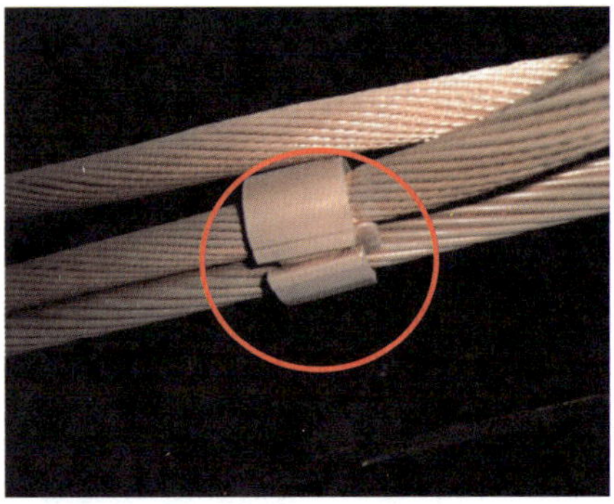

图 2-6-13　电连接线夹内衬垫露头

5. 接触线电连接线夹未完全入槽(图 2-6-14)。

6. 电连接卡子没露头(图 2-6-15)。

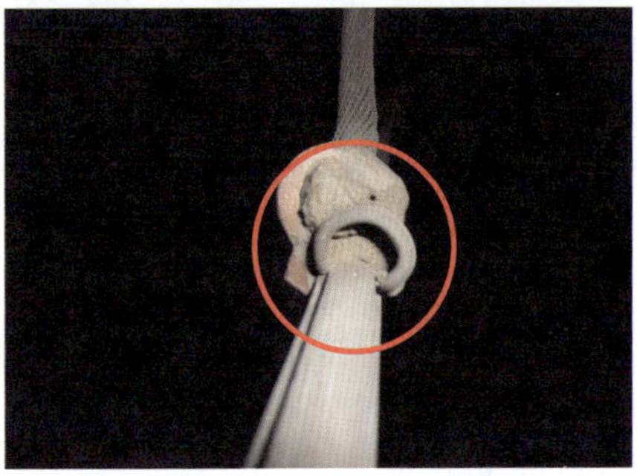

图 2-6-14　接触线电连接线夹未完全入槽

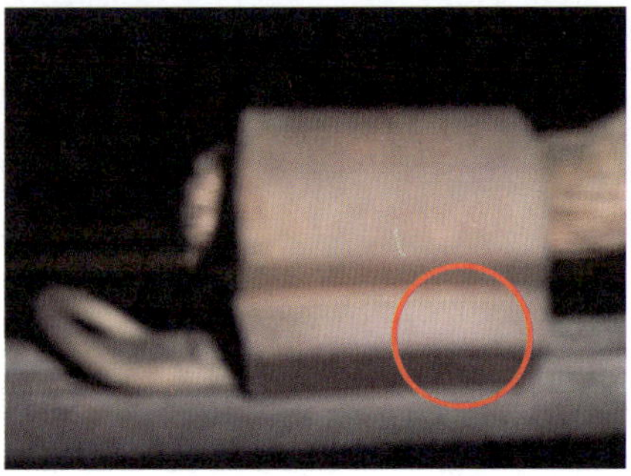

图 2-6-15　电连接卡子没露头

(二)故障案例

案例一

1. 事故概况

2022 年 8 月 27 日,某站场环线发生一起定位器定位钩烧损脱落击打受电弓故障。发生故障的 484 号接触网定位器位于四跨非绝缘锚段关节处,该锚段关节采用单组电连接安装形式,电连接为 95 mm^2 软铜绞线。

2. 事故原因

2021 年下半年,因“以货保客”调整北环线货车车流,供电臂内电力机车增多、取流增大,牵引负荷超过锚段关节电连接最大载流量,导致软横跨定位器连接位置参与载流,发生电气烧损。由于定位器位于曲线外侧受拉力较大,烧损后拉脱。故障示意如图 2-6-16 所示。

案例二

1. 事故概况

2020 年××月××日 16 时 36 分,某铁路线路×牵引变电所下行供电臂跳闸,重合不成功。16 时 48 分试送成功,16 时 50 分司机反映接触网无电,于次日 1 时 31 分恢复供电。

巡视检查发现电力机车停留不动,受电弓拉坏;该处承力索、接触网断线,约 330 m 接触

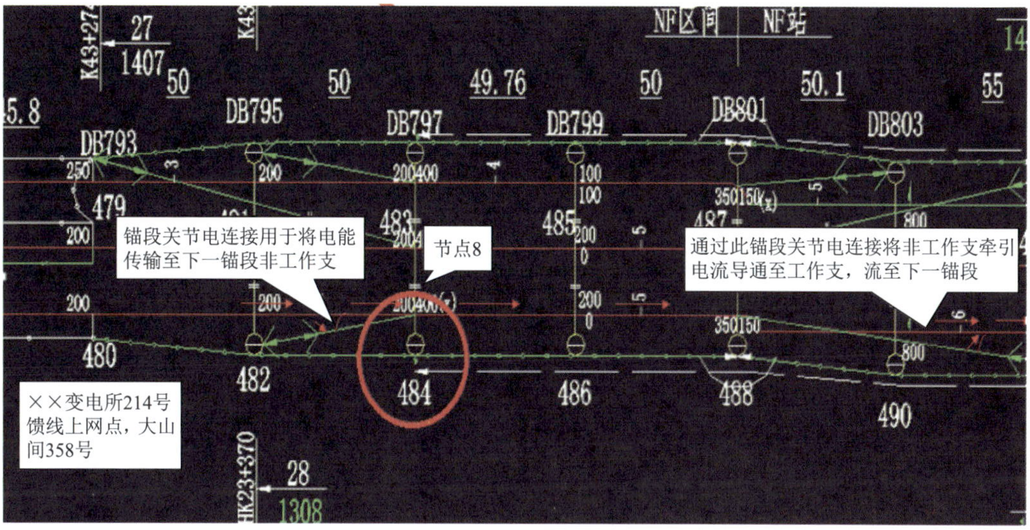

图 2-6-16　故障示意

网垮塌，部分接触线被货车车厢缠绕；05 号支柱倒杆。

2. 事故原因

因近期事故铁路线路区段上行线断道，上行车辆改由下行线运行，车辆密度非常大，造成××牵引变电所 213 馈线负荷过大，致使安装在××站 97 号南面方向 5 m 处的隔离开关引线接触线电连接线夹内发热烧断接触线，接触线断头被运行中的电力机车受电弓刮擦后卷入机后货车车厢，拉断承力索和 05 号支柱。事故现场照片如图 2-6-17 所示。

图 2-6-17　事故现场照片

本节重点：

1. 掌握电连接的作用及不同类型的识别。
2. 掌握电连接安装检修的工艺及标准。

第七节　锚段关节

一、简　　介

(一)定义及其作用

为满足供电、机械方面的分段要求,将接触网分成若干一定长度且相互独立的分段。每一分段叫锚段,两个相邻锚段的衔接部分称为锚段关节。

锚段关节的作用是保证电力机车(动车组)受电弓能平滑、安全地由一个锚段过渡到另一个锚段,且取流情况良好,在锚段关节内承力索和接触线有重叠的两支,与机车受电弓工作接触的称工作支,脱离工作接触以升高下锚的称非工作支,如图 2-7-1 所示。

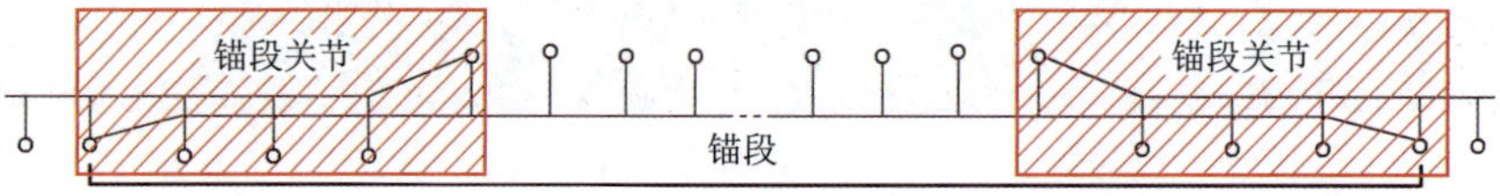

图 2-7-1　锚段关节示意

(二)结构及分类

锚段关节按其用途分为非绝缘锚段关节和绝缘锚段关节两种。根据所含跨距数可分为三跨锚段关节、四跨锚段关节、五跨锚段关节等。

1. 三跨非绝缘锚段关节

三跨非绝缘锚段关节是指锚段关节中含有三个跨距,用电连接线将工作支和非工作支连接起来,保证电流通过。电力机车(动车组)受电弓在两转换柱之间的跨距中心处过渡。过渡处,两接触线等高,且水平相距 100 mm,非工作支在转换柱处抬高 200～250 mm,然后拉向锚柱(抬升 500 mm)下锚,如图 2-7-2 所示。

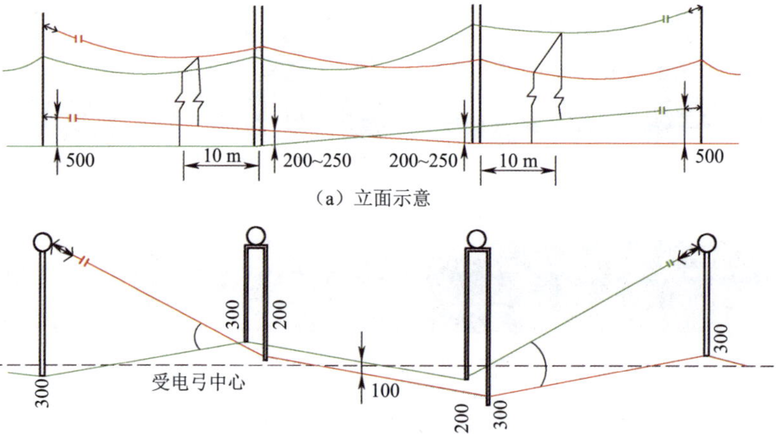

图 2-7-2　三跨非绝缘锚段关节示意(单位:mm)

2. 四跨绝缘锚段关节

四跨绝缘锚段关节多用于站场和区间的衔接处。锚段关节中含有四个跨距和一台常闭隔离开关，其承力索之间、接触线之间在垂直方向和水平方向都彼此相距 500 mm，以保证其电气方面的绝缘。在中心柱处，两接触线等高实现锚段过渡，并保证受电弓在由一个锚段过渡到另一个锚段时，过渡平稳，如图 2-7-3 所示。

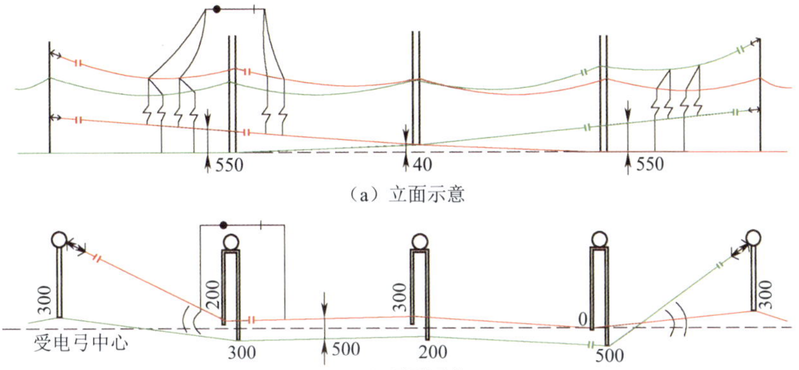

(a) 立面示意

(b) 平面示意

图 2-7-3　四跨绝缘锚段关节示意(单位：mm)

3. 四跨非绝缘锚段关节

四跨非绝缘锚段关节是指锚段关节中含有四个跨距，用电连接线将工作支和非工作支连接起来，保证电流通过。电力机车(动车组)受电弓在中心柱处过渡。中心柱过渡处，两接触线等高，且相距 200 mm；转换柱非工作支抬高 400～500 mm，然后拉向锚柱下锚，如图 2-7-4 所示。

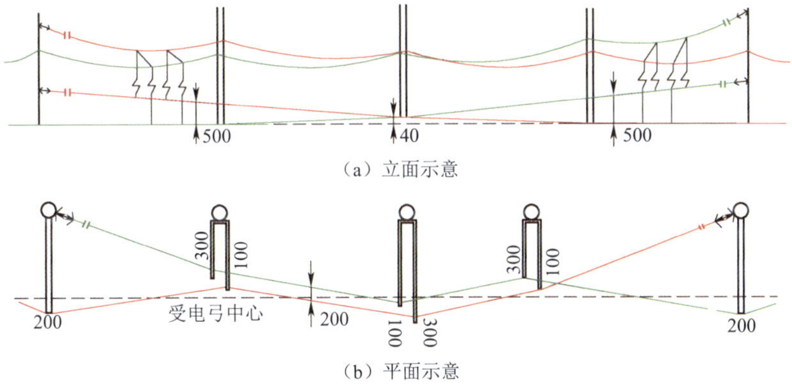

(a) 立面示意

(b) 平面示意

图 2-7-4　四跨非绝缘锚段关节示意(单位：mm)

4. 五跨绝缘锚段关节

五跨绝缘锚段关节中含有五个跨距和一台常闭隔离开关，五跨绝缘锚段关节在技术要求上和四跨绝缘锚段关节相同，两组悬挂的接触线之间和承力索之间必须保持 500 mm 的绝缘距离，电力机车(动车组)受电弓在两中心柱之间的跨距中心处过渡。过渡处，两接触线等高，且水平相距 500 mm，转换柱非工作支抬高 500～600 mm，然后拉向锚柱下锚，如图 2-7-5 所示。

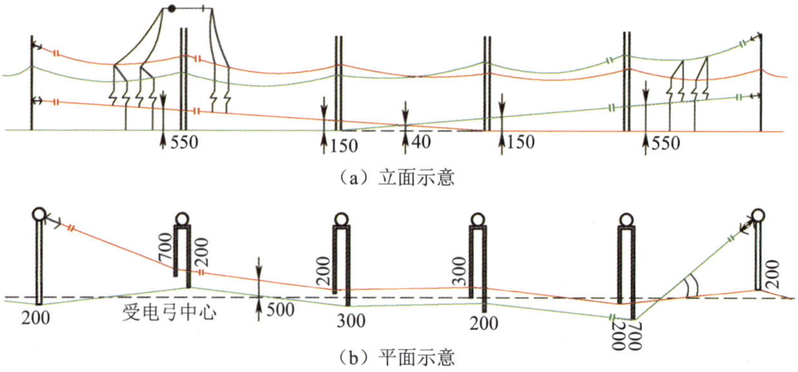

图 2-7-5　五跨绝缘锚段关节示意(单位:mm)

5. 五跨非绝缘锚段关节

五跨非绝缘锚段关节是指锚段关节中含有五个跨距,用电连接线将工作支和非工作支连接起来,保证电流通过。电力机车(动车组)受电弓在两中心柱之间的跨距中心处过渡。过渡处,两接触线等高,且水平相距 200 mm;转换柱非工作支抬高 500～600 mm,然后拉向锚柱下锚,如图 2-7-6 所示。

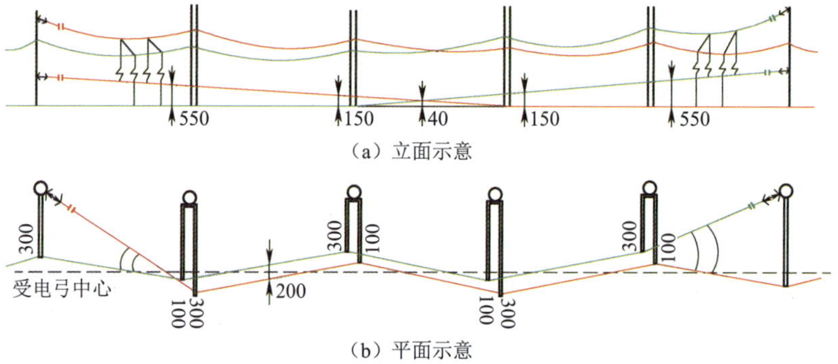

图 2-7-6　五跨非绝缘锚段关节示意(单位:mm)

6. 绝缘锚段关节与非绝缘锚段关节的区别

非绝缘锚段关节只起机械分段作用,不进行电分段;绝缘锚段关节不仅起机械分段作用,同时起同相电分段作用。

7. 四跨锚段关节与五跨锚段关节的区别

四跨锚段关节在受电弓由一个锚段过渡到另一个锚段时是在中心柱处转换的,在此处,虽然可以控制并实现两支接触线等高,但由于在定位点处有两个定位器,其弹性性能明显变差,不仅会加大接触线的磨损,而且影响受流;五跨锚段关节的转换点在两中心柱跨距中心,这样可以保证弹性良好、过渡平稳,所以在时速 160 km 以上的电气化线路上,绝缘锚段关节都采用五跨绝缘锚段关节。

(三)线别设备介绍

广州局集团公司管内,三跨、四跨、五跨锚段关节都在使用,具体使用分布情况见表 2-7-1。

表 2-7-1　锚段关节使用分布

序　　号	线路类别	铁路名称	设备名称
1	普速铁路	京广铁路	四跨、五跨绝缘锚段关节，三跨、四跨非绝缘锚段关节
2		沪昆铁路	四跨绝缘锚段关节，三跨非绝缘锚段关节
3		焦柳铁路	四跨绝缘锚段关节，三跨、四跨非绝缘锚段关节
4		渝怀铁路	四跨绝缘锚段关节，三跨、四跨非绝缘锚段关节
5		京九铁路	四跨绝缘锚段关节，四跨非绝缘锚段关节
6		广深铁路	四跨绝缘锚段关节，四跨非绝缘锚段关节
7		广石铁路	四跨、五跨绝缘锚段关节，四跨、五跨非绝缘锚段关节
8		石长铁路	四跨绝缘锚段关节，四跨非绝缘锚段关节
9		赣韶铁路	四跨绝缘锚段关节，四跨、五跨非绝缘锚段关节
10		衡茶吉铁路	四跨绝缘锚段关节，四跨非绝缘锚段关节
11		广珠铁路	四跨绝缘锚段关节，四跨、五跨非绝缘锚段关节
12		南沙港铁路	四跨绝缘锚段关节，四跨、五跨非绝缘锚段关节
13	城际铁路	广肇城际铁路	五跨绝缘锚段关节，三跨、四跨、五跨非绝缘锚段关节
14		广珠城际铁路	四跨绝缘锚段关节，四跨非绝缘锚段关节
15		珠机城际铁路	四跨绝缘锚段关节，四跨非绝缘锚段关节
16		广惠城际铁路	五跨绝缘锚段关节，五跨非绝缘锚段关节
17		梅汕铁路	五跨绝缘锚段关节，四跨、五跨非绝缘锚段关节
18		穗深城际铁路	四跨绝缘锚段关节，四跨、五跨非绝缘锚段关节
19		长株潭城际铁路	四跨绝缘锚段关节，四跨非绝缘锚段关节
20	高速铁路	京广高速铁路	五跨绝缘锚段关节，五跨非绝缘锚段关节
21		广深港高速铁路	五跨绝缘锚段关节，五跨非绝缘锚段关节
22		杭深铁路	四跨、五跨绝缘锚段关节，四跨、五跨非绝缘锚段关节
23		衡柳铁路	五跨绝缘锚段关节，四跨、五跨非绝缘锚段关节
24		海南东环铁路	五跨绝缘锚段关节，四跨、五跨非绝缘锚段关节
25		沪昆高速铁路	五跨绝缘锚段关节，五跨非绝缘锚段关节
26		贵广高速铁路	五跨绝缘锚段关节，四跨、五跨非绝缘锚段关节
27		南广铁路	五跨绝缘锚段关节，四跨、五跨非绝缘锚段关节
28		海南西环铁路	五跨绝缘锚段关节，四跨、五跨非绝缘锚段关节
29		娄邵铁路	五跨绝缘锚段关节，四跨、五跨非绝缘锚段关节
30		张吉怀高速铁路	五跨绝缘锚段关节，五跨非绝缘锚段关节
31		怀衡铁路	五跨绝缘锚段关节，五跨非绝缘锚段关节
32		黔常铁路	五跨绝缘锚段关节，五跨非绝缘锚段关节
33		深湛铁路	四跨绝缘锚段关节，四跨非绝缘锚段关节
34		赣深高速铁路	四跨、五跨绝缘锚段关节，四跨、五跨非绝缘锚段关节
35		广汕高速铁路	四跨、五跨绝缘锚段关节，四跨、五跨非绝缘锚段关节
36		渝厦高速铁路	五跨绝缘锚段关节，五跨非绝缘锚段关节

二、日常维护

(一)巡视

1. 非绝缘锚段关节

(1)观察工作支接触线定位器坡度、定位管水平度是否符合技术要求。

(2)观察锚段关节内吊弦、定位器偏移方向是否正确,偏移角度是否符合要求。当环境温度高于无偏移温度时,吊弦、定位器应向下锚方向侧偏移;当环境温度低于无偏移温度时,吊弦、定位器应向中心锚结方向侧偏移。

(3)观察电连接有无烧伤、断股现象,线夹的技术状态是否符合要求。

(4)目测转换柱间两支接触线的水平距离及转换柱处非工作支接触线的抬高。

(5)观察支持装置、非工作支接触线定位装置技术状态。

2. 绝缘锚段关节

(1)观察工作支接触线定位器坡度、定位管水平度是否符合技术要求。

(2)观察锚段关节内吊弦、定位器、腕臂的偏移方向是否正确,偏移角度是否符合要求。

(3)观察电连接有无烧伤、断股及散股现象,线夹的技术状态是否符合要求。观察分段悬式绝缘子有无破损缺陷。

(4)观察隔离开关合闸状态是否符合技术要求。观察支持绝缘子是否有破损,闸刀触头和设备线夹有无烧伤缺陷。检查隔离开关操作机构机械状态是否符合要求,是否加锁。观察隔离开关引线有无烧伤及断股现象。

(5)观察支持装置、非工作支接触线定位装置技术状态。

(二)检修

1. 非绝缘锚段关节

(1)检测周期:36 个月。

(2)检修内容:

①测量、调整转换柱处两支接触线的水平距离和垂直距离。

②测量、调整两转换柱中间两支接触线等高位置。

③测量、调整定位点处接触线拉出值和跨中接触线偏移值。

④测量、调整锚支接触线在动滑轮抬高值。

⑤检查电连接状态是否符合要求。

⑥检查定位器、吊弦偏移方向和偏移角度是否符合技术要求,支持装置受力是否合理,定位管是否卡滞、有无烧伤和裂纹等缺陷。

⑦检查各部线夹安装是否端正,螺栓紧固力矩是否足够、有无烧伤和裂纹等缺陷。

⑧检查补偿装置状态是否符合要求。

2. 绝缘锚段关节

(1)检测周期:36 个月。

(2)检修内容:

①测量、调整转换柱处两支接触线的水平距离和垂直距离。

②测量、调整转换柱处分段悬式绝缘子与悬挂点的距离。检查锚支、工作支接触线定位管偏移是否灵活。

③测量、检查锚段关节内两组悬挂各部间隙是否小于450 mm。

④测量、调整两支接触线等高位置。

⑤测量、调整定位点处接触线拉出值和跨中接触线偏移值。

⑥检查电连接、隔离开关及其引线状态是否符合要求。

⑦检查定位器、吊弦偏移方向和偏移角度是否符合技术要求，支持装置受力是否合理，定位管是否卡滞、有无烧伤和裂纹等缺陷。

⑧检查各部线夹安装是否端正，螺栓紧固力矩是否足够、有无烧伤和裂纹等缺陷。

⑨检查补偿装置状态是否符合要求。

(三)技术标准

1. 普速铁路

(1)非绝缘锚段关节

①设计极限温度下，两悬挂各部分(包括零部件)之间的距离应保持50 mm以上。

②转换柱处两接触线水平距离。

标准值：设计值。

标准状态：标准值±20 mm。

警示值：标准值±50 mm。

限界值：标准值±100 mm。

③转换柱处两接触线垂直距离。

标准值：设计值。

标准状态：标准值±20 mm。

警示值：标准值±30 mm。

限界值：标准值±50 mm。

④中心柱处两接触线水平距离同转换柱处；中心柱处两接触线距轨面等高，允许偏差±20 mm，两接触悬挂接触线工作支过渡处接触线调整符合运行要求。

⑤锚支接触线在其垂直投影与线路钢轨交叉处，应高于工作支接触线300 mm以上，并持续抬升至下锚处。下锚角钢安装高度应符合线索延伸下锚抬升的需要。

(2)绝缘锚段关节

①转换柱处两悬挂垂直距离、水平距离。

标准值：设计值。

标准状态：标准值±20 mm。

警示值：标准值±30 mm。

限界值：标准值±50 mm。

②中心柱处两悬挂垂直距离、水平距离。

a. 接触线(承力索)垂直距离。

标准值：等高(设计值)。

标准状态：20 mm(标准值±20 mm)。

警示值：20 mm(标准值±30 mm)。

限界值：30 mm(标准值±50 mm)。

b. 接触线(承力索)水平距离：同转换柱。

c. 中心柱处接触线等高点接触线高度不应低于相邻工作支吊弦点，允许高于相邻吊弦点 0～10 mm。五跨锚段关节中间跨为过渡跨，接触线等高点(屋脊处)宜在过渡跨跨中，高度比相邻定位点工作支接触线抬高 0～40 mm。

③两接触悬挂接触线工作支过渡处调整符合运行要求。

④转换柱处绝缘子串距悬挂点的距离符合设计要求，允许偏差±50 mm。承力索、接触线两绝缘子串上下应对齐，允许偏差±100 mm。

⑤任何情况下，两接触悬挂及定位支撑装置带电体各部分应满足空气绝缘间隙要求。锚段关节内的定位支撑、吊弦载流环、斜拉线等不得减小空气绝缘间隙。

⑥绝缘锚段关节处隔离开关宜安装在开口侧。

2. 高速铁路

(1)非绝缘锚段关节

①设计极限温度下，两悬挂各部分(包括零部件)之间的距离应保持 50 mm 以上。

②转换柱处两接触线水平距离。

标准值；设计值。

标准状态：标准值±20 mm。

警示值：标准值±50 mm。

限界值：标准值±100 mm。

③转换柱处两接触线垂直距离。

标准值：设计值。

标准状态：标准值±20 mm。

警示值：标准值±30 mm。

限界值：标准值±50 mm。

④中心柱处两接触线水平距离为设计值，允许偏差±30 mm；两接触线距轨面等高，允许偏差±20 mm，两接触悬挂接触线工作支过渡处接触线调整符合运行要求。

⑤锚支接触线在其垂直投影与线路钢轨交叉处，应高于工作支接触线 300 mm 以上，并持续抬升至下锚处。下锚角钢安装高度应符合线索延伸下锚抬升的需要。

(2)绝缘锚段关节

①转换柱处两悬挂垂直距离、水平距离。

标准值：设计值。

标准状态：标准值±20 mm。

警示值：标准值±30 mm。

限界值：标准值±50 mm。

②中心柱处两悬挂垂直距离、水平距离。

a. 接触线(承力索)垂直距离。

标准值：等高(设计值)。

标准状态：20 mm(标准值±20 mm)。

警示值：20 mm(标准值±30 mm)。

限界值：30 mm(标准值±50 mm)。

b. 接触线(承力索)水平距离：同转换柱。

c. 中心柱处接触线等高点接触线高度不应低于相邻工作支吊弦点，允许高于相邻吊弦点0～10 mm。五跨锚段关节中间跨为过渡跨，接触线等高点(屋脊处)宜在过渡跨跨中，高度比相邻定位点、工作支接触线抬高0～40 mm。

③两接触悬挂接触线工作支过渡处调整符合运行要求。

④转换柱处绝缘子串距悬挂点的距离符合设计要求，允许偏差±50 mm。承力索、接触线两绝缘子串上下应对齐，允许偏差±100 mm。

⑤任何情况下，两接触悬挂及定位支撑装置带电体各部分应满足空气绝缘间隙要求。锚段关节内的定位支撑、吊弦载流环、斜拉线等不得减小空气绝缘间隙。

三、常见缺陷与故障案例

(一)常见缺陷

1. 承力索磨平腕臂、接触线磨定位管(图 2-7-7)。

2. 电连接线线夹松动、接触不良、偏斜，造成过热或脱槽打弓(图 2-7-8)。

图 2-7-7　承力索磨平腕臂、接触线磨定位管

图 2-7-8　电连接线线夹松动

3. 工作支与非工作支线索的绝缘间距不符合要求，在一端停电作业的情况下，造成空气间隙击穿放电，烧损设备或线索。

4. 在绝缘锚段关节的转换柱处，非工作支接触线抬高不够，造成受电弓与分段绝缘子之间的碰打。

5. 在绝缘锚段关节内，线索间距符合要求，但两锚段间的部件距离小于450 mm，在一端停电的情况下造成空气间隙击穿。

6. 工作支接触线拉出值超标，造成脱弓或钻弓。

7. 在非绝缘锚段关节转换柱处，非支抬高不够，造成受电弓与非支接触网的碰打。

8. 在小曲线半径处，在转换柱与中心柱间发生脱弓。

(二)故障案例

案例一：拉弧导致接触线断线故障

1. 事故概况

2010年3月28日，由于电力机车通过某机走线绝缘锚段关节时速度过于缓慢，取流造成拉弧严重，电弧将103～104号间铜承力索烧断，未接地，变电所未跳闸。机车103～104号间接触网络设备损坏照片如图2-7-9所示。

(a)　(b)　(c)　(d)

图 2-7-9　某机走线 103～104 号间接触网设备损坏照片

2. 事故原因

(1)承力索断头有明显烧伤痕迹。

(2)承力索断头处在中心柱与转换柱之间，与中心柱距离为 12.5 m，无电连接等其他设备。

(3)断头位置是机车受电弓运行取流转换过渡点。

(4)此绝缘锚段关节两供电臂电压严重不平衡，压差很大，机车运行取流过转换点时拉弧严重，速度过慢拉弧更甚。综上所述：此次承力索断线是由于机车过此绝缘锚段关节时速度过于缓慢，取流造成拉弧严重，电弧将铜承力索烧断。

案例二：非工作支接触线下锚角度过大，导致接触线断线故障

1. 事故概况

2010 年 7 月 26 日，某站 4 道 60 号支柱处非工作支接触线断线(图 2-7-10)，造成某变电所 214 断路器跳闸，故障累计中断接触网供电 57 min。

2. 事故原因

该处接触线转角偏大，在受电弓的作用下，长期受到低频振动的影响下，使该转角处处在交变应力的集中点，在局部高应力区形成微小裂纹，再由微小裂纹逐渐扩展以致不能承受外部的张力，造成接触线折断，是导致断线的直接原因。

综合分析认为断线原因是导线下锚角度大、机械疲劳被拉断。

图 2-7-10　某站 4 道 60 号支柱处非工作支接触线断线

本节重点：

1. 掌握锚段关节的作用及安装用途。
2. 掌握各类跨度锚段关节的技术标准。
3. 掌握绝缘锚段关节和非绝缘锚段关节的特点。

第八节　补 偿 装 置

一、简　　介

(一)定义及其作用

接触网补偿装置，又称张力自动补偿装置，是自动调节接触线和承力索张力的补偿器。它安装在锚段的两端，作用是补偿线索内的张力变化，使张力保持恒定。

(二)结构及分类

接触网补偿装置按结构分为滑轮组补偿装置、棘轮补偿装置、恒张力弹簧补偿装置三种类型。

1. 滑轮组补偿装置

滑轮组补偿装置由补偿滑轮、补偿绳、杵环杆、坠砣杆、坠砣块及连接零件组成。补偿滑轮分为定滑轮和动滑轮(构造相同)，定滑轮改变受力方向，动滑轮除改变受力方向外还可省力和移动位置。根据传动比不同分为 1∶2、1∶3、1∶4 三种类型，如图 2-8-1～图 2-8-3 所示。

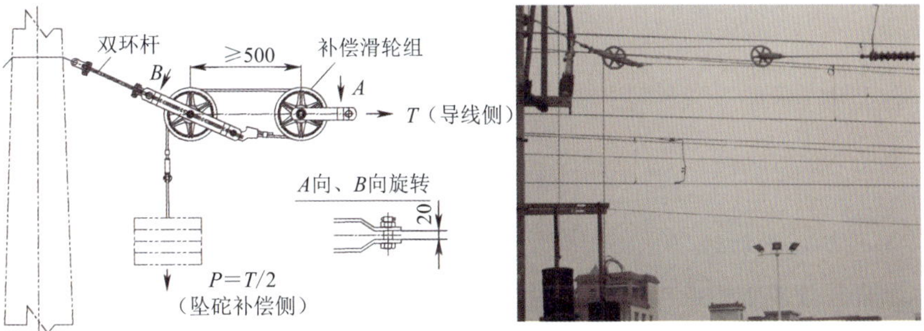

(a) 结构　　(b) 实物

图 2-8-1　1∶2 滑轮组补偿装置(单位：mm)

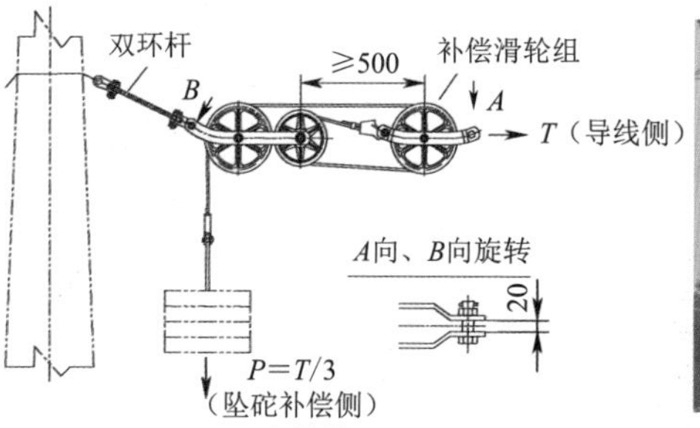

（a）结构

（b）实物

图 2-8-2　1∶3 滑轮组补偿装置（单位：mm）

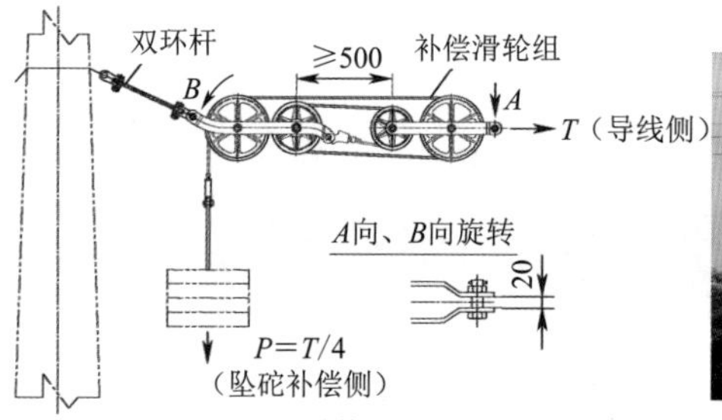

（a）结构

（b）实物

图 2-8-3　1∶4 滑轮组补偿装置（单位：mm）

2. 棘轮补偿装置

棘轮补偿装置一般由棘轮装置、坠砣、平衡轮、补偿绳以及连接部件等组成。棘轮补偿装置的传动比为 1∶3，如图 2-8-4 所示。

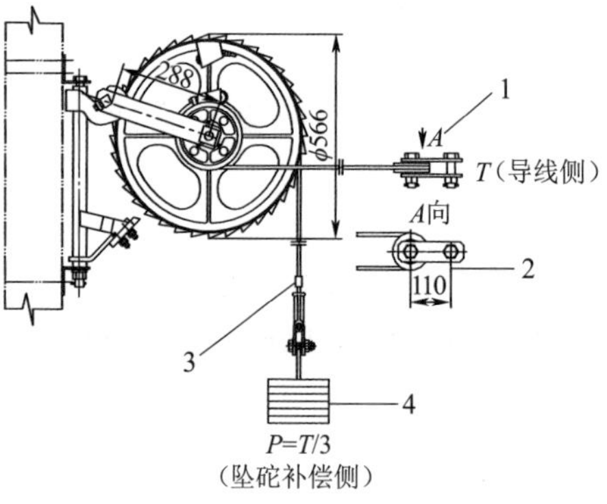

1—棘轮装置；2—平衡轮；3—补偿绳；4—坠砣。

（a）结构

（b）实物

图 2-8-4　棘轮补偿装置（单位：mm）

3. 恒张力弹簧补偿装置

恒张力弹簧补偿装置由弹簧补偿装置（本体）、平衡板及连接零件组成。弹簧补偿装置（本体）基本结构主要由固定销轴、连接板、储能组件、锁定装置、钢丝绳、制动装置、刻度牌、渐开线轮等组成，如图 2-8-5、图 2-8-6 所示。

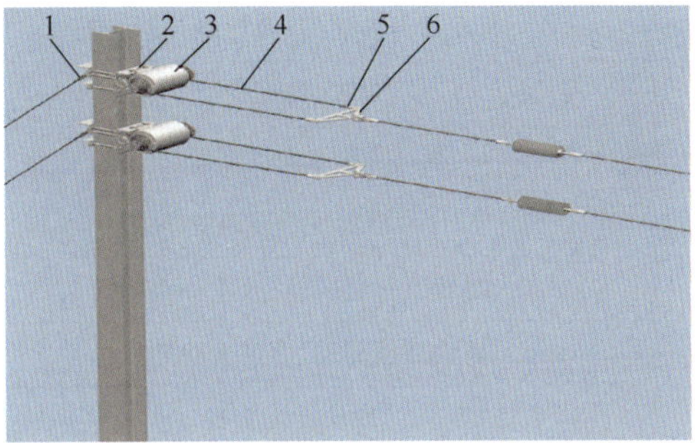

1—承锚(线锚)角钢;2—固定销轴;3—弹簧补偿装置(本体);
4—钢丝绳;5—双耳楔形线夹;6—平衡板。

图 2-8-5 恒张力弹簧补偿装置

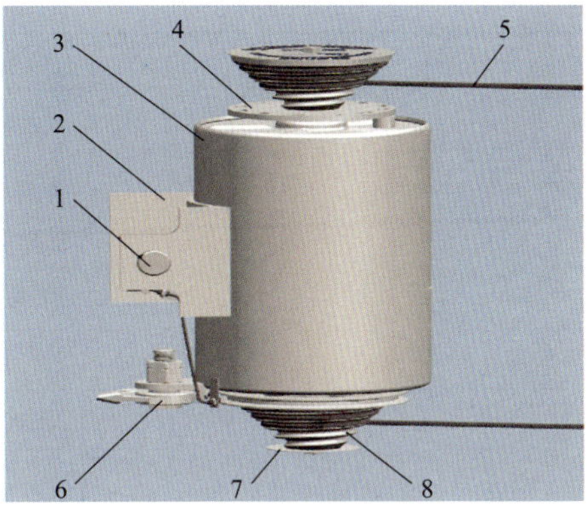

1—固定销轴;2—连接板;3—储能组件;4—锁定装置;
5—钢丝绳;6—制动装置;7—刻度牌;8—渐开线轮。

图 2-8-6 弹簧补偿装置(本体)

4. 各类型补偿装置的优缺点

(1)滑轮组补偿装置

优点:滑轮组补偿张力恒定,具有较高的机械强度和传动效率,且重量轻、寿命长,特别是无油润滑免维护滑轮被广泛采用。

缺点:随着变比的增大,整套装置的体积和重量也明显增加,在空间受限制的隧道等处安装困难。

(2)棘轮补偿装置

优点:具有转动灵活、传动效率高(与铝合金滑轮补偿装置相当)、防腐性能好、使用寿命长,断线制动功能优越。

缺点:价格较高,安装及维修工艺复杂。

(3)弹簧补偿装置

优点:结构简单、安装方便、价格低廉等。

缺点:无法进行状态检查。

(三)线别设备介绍

广州局集团公司管内普遍采用滑轮组补偿装置和棘轮补偿装置,动车段内部分区段采用弹簧补偿装置,具体使用分布情况见表 2-8-1。

表 2-8-1 补偿装置使用分布

序 号	线路类别	铁路名称	设备名称
1	普速铁路	京广铁路	滑轮组补偿装置、棘轮补偿装置
2		沪昆铁路	滑轮组补偿装置
3		焦柳铁路	滑轮组补偿装置、弹簧补偿装置
4		渝怀铁路	滑轮组补偿装置
5		京九铁路	滑轮组补偿装置
6		广深铁路	滑轮组补偿装置
7		广石铁路	滑轮组补偿装置、棘轮组补偿装置

续上表

序　号	线路类别	铁路名称	设备名称
8	普速铁路	石长铁路	滑轮组补偿装置、棘轮组补偿装置
9		赣韶铁路	滑轮组补偿装置
10		衡茶吉铁路	滑轮组补偿装置
11		广珠铁路	滑轮组补偿装置
12		南沙港铁路	滑轮组补偿装置、棘轮补偿装置
13	城际铁路	广肇城际铁路	棘轮补偿装置、滑轮组补偿装置
14		广珠城际铁路	棘轮补偿装置
15		珠机城际铁路	棘轮补偿装置
16		广惠城际铁路	棘轮补偿
17		梅汕铁路	棘轮补偿装置
18		穗深城际铁路	棘轮补偿装置、滑轮补偿装置
19		长株潭城际铁路	滑轮组补偿装置、棘轮补偿装置
20	高速铁路	京广高速铁路	滑轮组补偿装置、棘轮补偿装置、弹簧补偿装置
21		广深港高速铁路	棘轮补偿装置
22		杭深铁路	滑轮组补偿装置、棘轮补偿装置
23		衡柳铁路	滑轮组补偿装置、棘轮补偿装置
24		海南东环铁路	滑轮组补偿装置、棘轮补偿装置、弹簧补偿装置
25		沪昆高速铁路	滑轮组补偿装置、棘轮补偿装置
26		贵广高速铁路	滑轮组补偿装置、棘轮补偿装置
27		南广铁路	滑轮组补偿装置、棘轮补偿装置
28		海南西环铁路	滑轮组补偿装置、棘轮补偿装置
29		娄邵铁路	滑轮组补偿装置、棘轮补偿装置
30		张吉怀高速铁路	滑轮组补偿装置、棘轮补偿装置
31		怀衡铁路	滑轮组补偿装置、棘轮补偿装置
32		黔常铁路	滑轮组补偿装置、棘轮补偿装置
33		深湛铁路	棘轮补偿装置
34		赣深高速铁路	棘轮补偿装置
35		广汕高速铁路	棘轮补偿装置
36		渝厦高速铁路	滑轮组补偿装置、棘轮补偿装置

二、日常维护

(一)巡视

1. 滑轮组补偿装置

(1)观测补偿绳 a 值,距离不得小于 200 mm,观察补偿绳是否有断股、散股、接头等情况,不得与其他部件相磨。

(2)检查坠砣是否完好、齐全、码放整齐。

(3)测量坠砣 b 值,距离不得小于 200 mm。

(4)观测滑轮工作间距,任何情况下不得小于 500 mm。

(5)观察补偿滑轮是否有偏磨、卡滞等不正常现象。

(6)观察补偿限制架下部各螺栓是否紧固。

2. 棘轮补偿装置

(1)观测补偿绳 a 值,距离不得小于 200 mm,观察补偿绳是否有断股、散股、接头等情况,不得与其他部件相磨。

(2)检查坠砣是否齐全、码放整齐。

(3)测量坠砣 b 值,距离不得小于 200 mm。

(4)向下拉压坠砣串,观察补偿棘轮是否转动灵活。

(5)隧道外观察坠砣杆上是否有明显的摩擦凹痕,隧道内观察坠砣限制框架内是否有明显的摩擦凹痕。

(6)观察补偿限制架下部各螺栓是否紧固。

(7)检查补偿坠砣杆(隧道外)、补偿限制框架(隧道内)上的滑动标记,看坠砣串底部与标记的位置是否有移动,温度不同时,必须要有移动,否则应重点记录并严格检查补偿装置是否卡死。测量温差情况下的坠砣移动行程,是否与安装曲线一致。

(8)检查下锚拉线,不得有松弛,下部螺栓连接良好。

(二)检修

1. 滑轮补偿装置

(1)检测周期:36 个月。

(2)检修内容:

①测量补偿装置的 a 值、b 值。

②检查活动肩架。

③检查坠砣。

④测量滑轮工作间距。

⑤检查滑轮组的状态。

⑥检查滑轮注油槽。

⑦对补偿滑轮组进行外观检查。

⑧紧固各部螺栓涂油。

⑨山谷口、高路堤(一般指高出自然地面 5 m)、高架桥等“风口”地段,宜采用防风型坠砣限制架。

(3)滑轮补偿装置维护技术标准:

①滑轮补偿装置安装正确,本体无裂纹、变形,转动灵活无卡滞(人力用手托动坠砣能上下自由移动)。对需要加注润滑油的补偿滑轮,应按产品规定的期限加注润滑油,没有规定者至少 3 年一次。

②下锚角钢安装水平。定滑轮应保持铅垂状态,动滑轮偏转角度不得大于 45°。

③同一滑轮组的两补偿滑轮的工作间距,任何情况下不小于 500 mm。

④ 补偿绳不得有松股、断股和接头，不得与其他部件、线索相摩擦。

⑤滑轮补偿装置 a、b 值：

标准值：设计值。

标准状态：标准值±100 mm。

警示值：标准值±200 mm。

限界值：200 mm。

⑥各框架安装正确，满足坠砣升降变化要求，限制坠砣的摆动，不妨碍升降。且受力良好，螺栓紧固有油，铁件无锈蚀。

⑦承力索、接触线两下锚绝缘子串应对齐，允许偏差为±100 mm。

⑧坠砣宜采用铁质或高密度复合坠砣。坠砣块应完整，自上而下编号且叠码整齐，其缺口相互错开 180°，坠砣串的重量（包括坠砣杆的重量）符合规定，整串重量高速铁路不超过 1%，普速铁路不超过 2%。

2. 棘轮补偿装置

(1)检测周期：36 个月。

(2)检修内容：

①测量补偿装置的 a 值、b 值。

②检查补偿绳状态。

③检查坠砣。

④检查棘轮齿与制动块的间隙。

⑤检查棘轮状态。

⑥检查平衡轮状态。

⑦检查下锚拉线状态。

⑧各部螺栓紧固力矩大小及状态。

(3)棘轮补偿装置维护技术标准；

①棘轮补偿装置 a 值、b 值：

标准值：设计值。

标准状态：标准值±100 mm。

警示值：标准值±200 mm。

限界值：200 mm。

②棘轮大小轮转动灵活，轮槽上下偏斜不得大于 5 mm。

③棘轮补偿装置安装正确，棘轮本体无裂纹、变形，转动灵活无卡滞（人力用手托动坠砣能上下自由移动）。对需要加注润滑油的补偿棘轮，应按产品规定的期限加注润滑油，没有规定者至少 3 年一次。

④承力索、接触线两下锚绝缘子串应对齐，允许偏差为±100 mm。

⑤坠砣宜采用铁质或高密度复合坠砣。坠砣块应完整，自上而下编号且叠码整齐，其缺口相互错开 180°，坠砣串的重量（包括坠砣杆的重量）符合规定，整串重量高速铁路不超过 1%，普速铁路不超过 2%。

⑥补偿绳不得有散股、断股和接头，不得与其他部件、线索相摩擦。

⑦制动卡块到棘轮的距离符合产品说明书要求。限制器的安装位置应满足坠砣升降变化

要求，限制坠砣的摆动，不妨碍升降。

⑧采用不防断式中心锚结或下锚位于桥梁时，宜选用棘轮补偿装置。

⑨平衡轮与棘轮间距不小于 500 mm。

3. 弹簧补偿装置

(1)检测周期：36 个月。

(2)检修内容：

①测量补偿装置的 a 值。

②检查弹簧补偿装置刻度位置状态。

③检查弹簧补偿器(本体)安装位置及状态。

④检查补偿绳状态。

⑤检查下锚拉线状态。

⑥各部螺栓紧固力矩大小及状态。

(3)弹簧补偿装置维护技术标准：

①弹簧补偿装置刻度牌与环境温度相对应，补偿绳伸缩长度 a 值符合安装曲线要求。

②弹簧补偿器本体安装位置符合设计要求，安装牢固，本体无裂纹、变形，与下锚方向在同一直线上。

③ 补偿绳位于渐开线轮槽正中，不得偏磨，不得有松股、断股和接头。

④弹簧补偿装置各零部件安装正确。

三、常见缺陷与故障案例

(一)常见缺陷

1. 棘轮补偿装置补偿绳串槽。

2. 补偿绳跳槽。

3. 补偿绳回头处的楔形线夹受力面装反。

4. 补偿绳断丝。

5. 两坠砣抱箍互相卡滞。

6. 补偿绳滑轮处偏磨。

7. 补偿装置坠砣数量不够。

8. 补偿装置坠砣坐落在声屏障墙上。

9. 承力索补偿绳磨接触线双环杆。

10. 下锚绝缘子错位。

11. 补偿滑轮缺螺母。

12. 滑轮沟槽开裂，轮缘有缺口。

(二)故障案例

案例一

1. 故障概况

2010 年 1 月 20 日，在某动车所检查时，××次(CRH3 型车)从××运行至××途中重联动车组两架受电弓碳滑板受到不同程度的损坏，其中后列受电弓碳滑板全部打掉，前列受电弓碳滑板打掉一半。故障示意及现场如图 2-8-7 所示。

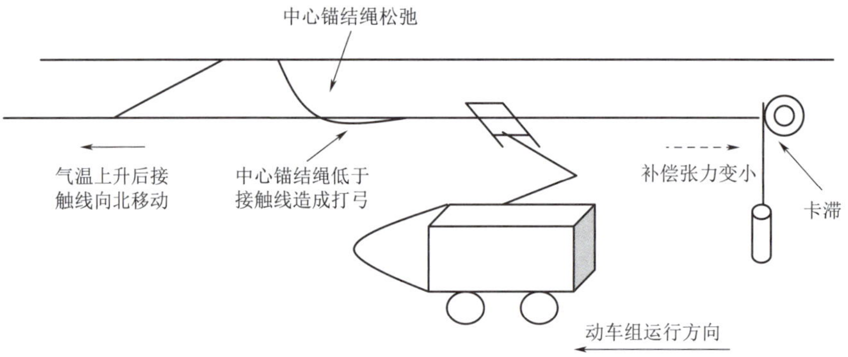

（a）故障示意1

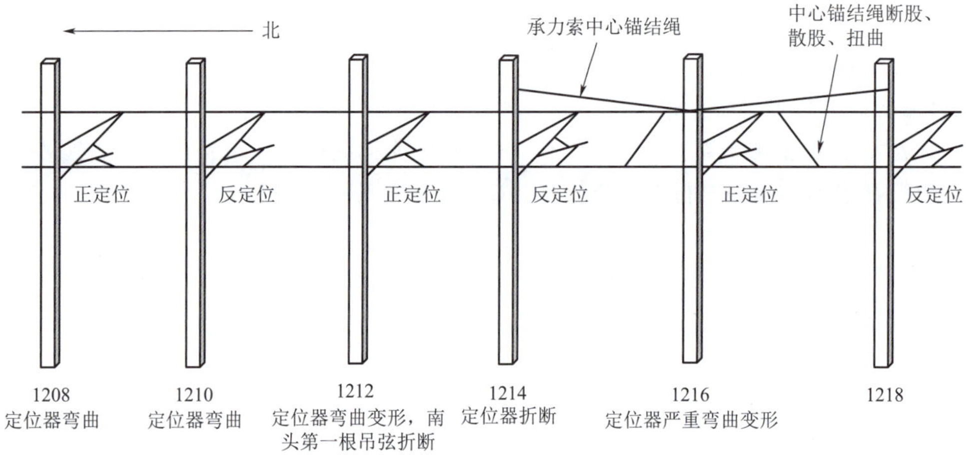

（b）故障示意2

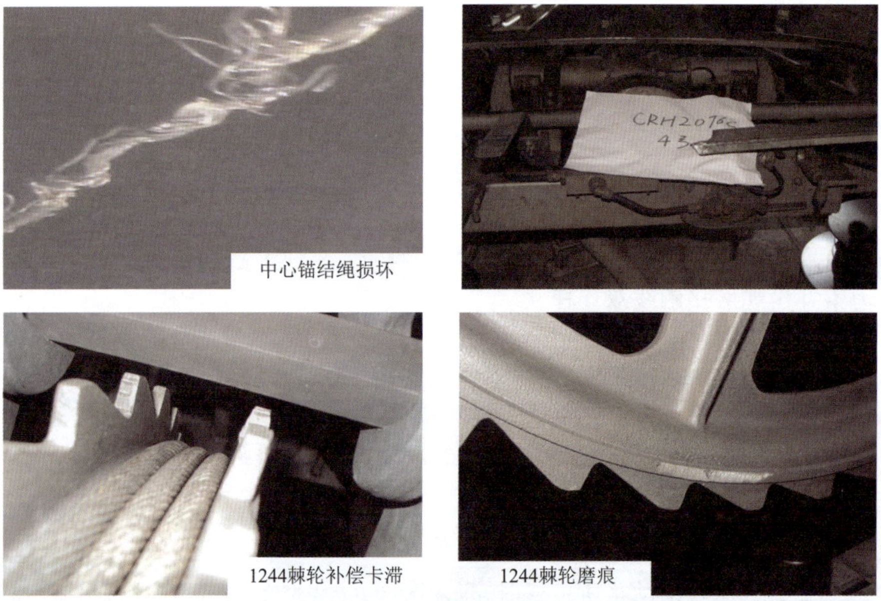

（c）故障现场

图 2-8-7　故障示意及现场

2. 故障原因

接触线张力补偿卡滞，导致该锚段接触线成为半补偿（南侧卡滞形同硬锚），中心锚结处接触线整体往北偏移 120 mm，中心锚结绳以南张力不够，松弛严重，受电弓通过时抬升量增大，中心锚结绳侵入接触线下方打弓。

案例二

1. 故障概况

2021 年 1 月 15 日，××线××次列车运行至上行 K××＋400 处，司机发现运行方向左侧供电设备疑似侵限停车。现场检查发现××线上行××至××间××号接触线补偿装置坠砣限制架导杆上端脱落，并向线路侧倾斜。故障现场如图 2-8-8 所示。

2. 故障原因

限制架导杆安装工艺不达标：一是坠砣抱箍安装错误。坠砣抱箍错误安装至内环孔，致使坠砣长期摩擦导管。二是坠砣限制架下底座角钢安装过高。正常的限制架下部角钢应在桥栏杆以下，距步行板约 0.5 m 高度，而该处下部角钢安装在桥栏杆以上，距步行板约 1.2 m，坠砣在升降时行程受限。三是坠砣限制架导杆上端螺栓固定方式不合理。通过分析，该处限制架导管与角钢连接螺栓长度 80 mm，螺纹长度 69 mm。现场螺栓与限制架导杆连接处螺纹长度不足，仅有 3 丝螺纹（约 6 mm）。

（a）限制架导杆倾斜造成列车停车

（b）限制架导杆倾斜情况

（c）坠砣抱箍与限制导杆安装错误

（d）坠砣抱箍与限制导杆正确安装方式

图　2-8-8

（e）限制导杆上方螺栓未紧固到位

（f）螺栓正常紧固到位

（g）下部调整角钢变形

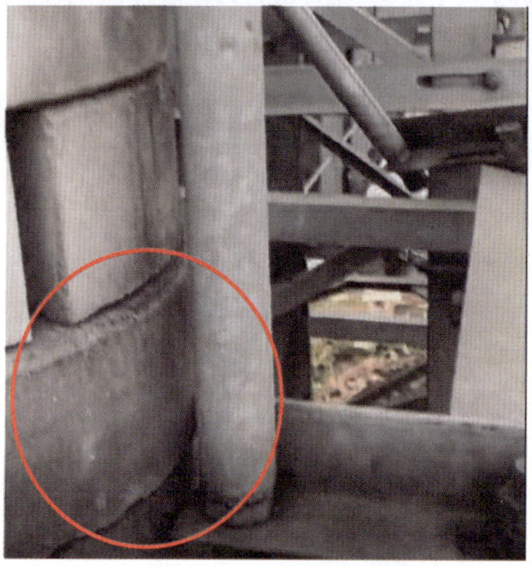

（h）下部调整角钢剐蹭坠砣

图 2-8-8　故障现场

接触网补偿装置坠砣抱箍安装方式错误，致使坠砣串距离限制导杆过近，下降过程中剐蹭限制架下部安装过高的调整角钢，造成下部调整角钢变形后，带动限制导管向下受力，使本来紧固不到位的螺杆螺纹破坏后脱落，导杆在坠砣带动下向线路方向倾斜。

四、常见公式及计算例题

（一）常见公式

1. 计算补偿装置 a 值、b 值

补偿装置 a 值、b 值计算公式为：

$$a=a_{min}+nl\alpha(t_x-t_{min})$$

$$b=b_{min}+nl\alpha(t_{max}-t_x)$$

式中，n 为传动系数；l 为半个锚段长度；α 为线胀系数；t_{max} 为最高设计气温；t_x 为安装或调整气温；t_{min} 为最低设计气温。

2. 计算例题

某补偿装置传动比为 1∶3，到中心锚结的距离为 800 m，最高温度为 40 ℃，调整时的测量

温度是 30 ℃，使用铜线的线胀系数 17×10^{-6}/℃，最小的 b 值按 300 mm，计算该补偿装置当时的标准 b 值。

解：已知 $n=3$，$l=800$，$\alpha=17\times10^{-6}$/℃，$t_{max}=40$ ℃，$t_x=30$ ℃；

$$b=b_{min}+nl\alpha(t_{max}-t_x)$$
$$=[300+3\times8\times10^5\times17\times10^{-6}\times(40-30)]\text{mm}$$
$$=708\ \text{mm}$$

答：经计算，该补偿装置当时的标准 b 值为 708 mm。

（二）补偿曲线图识别与查找

1. 滑轮补偿曲线的识别与查找方法

(1)滑轮补偿装置补偿曲线如图 2-8-9 所示，图中左上角标明此图是 1∶3 的滑轮补偿装置的补偿曲线；坐标竖轴为 b 值的大小，单位是 mm；横轴为温度，图 2-8-9 的温度显示是最高温度值由左至右递减的；图 2-8-9 的安装曲线上有数值，是指本条线的补偿装置距中心锚结（或硬锚）的距离。

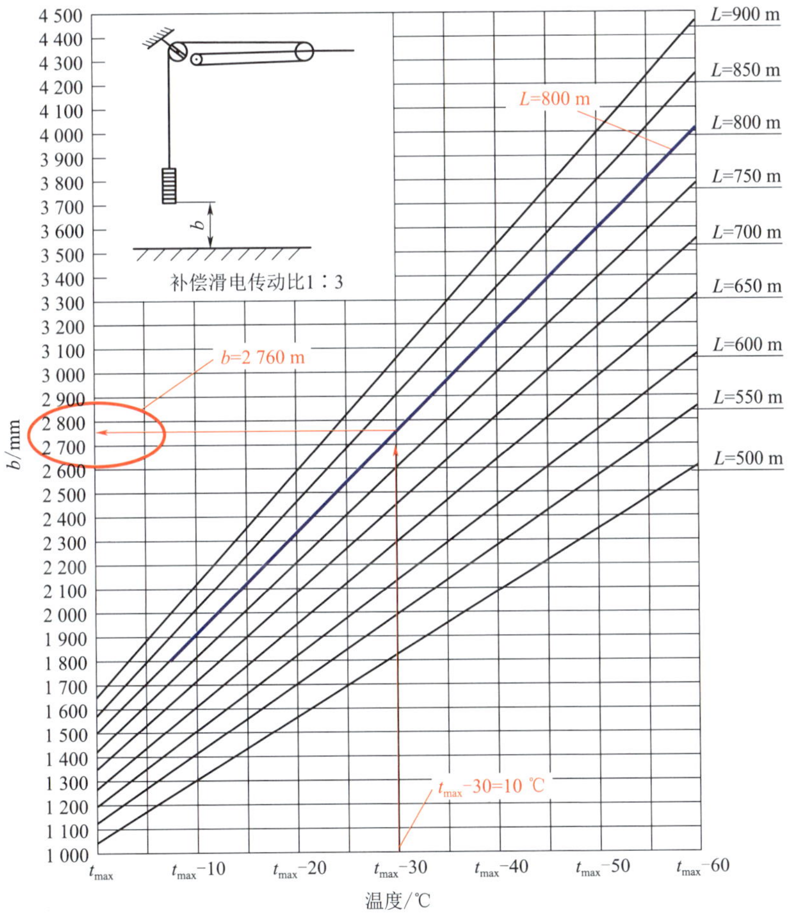

图 2-8-9 滑轮补偿装置补偿曲线

(2)查找方法：先查出补偿装置距中心锚结（或硬锚）的距离，测量出现场的温度（气温或线索温度），确定传动比，在图 2-8-9 中找出相对应的温度和补偿曲线的交点，平行向左侧在竖轴上就可以查出该处补偿装置 b 值的设计值。

(3)补偿装置不同的传动比也都有相应的补偿曲线，a 值的查找方法也与此相同。

【例题】某线路最高的设计气温是 40 ℃，补偿装置传动比为 1∶3，补偿装置距中心锚结的距离是 800 m，现场测量出的温度为 10 ℃，要求查出该补偿装置 b 值设计值。

解：现场测量出 10 ℃的温度，在图 2-8-9 的补偿曲线温度横轴应找到 $t_{max}-30$ 的位置，再找到 $L=800$ m 的安装曲线，温度和补偿曲线的交点，平行向左侧在竖轴上查出该处补偿装置 b 值的设计值 2 760 mm。

2. 棘轮补偿曲线的识别与查找方法

(1)棘轮安装温度与补偿绳在轮上缠绕圈数关系如图 2-8-10 所示；图中坐标竖轴表示温度，由上至下递减，温度最高 80 ℃、最低 −20 ℃，指的是线索温度；底部横轴为补偿绳在轮上缠绕圈数，图 2-8-10 的两条线分别是小轮补偿绳缠绕曲线（由左下角至右上角）和大轮补偿绳缠绕曲线（由左上角至右下角）；顶部横轴为 b 值（对于大轮补偿绳缠绕曲线）。

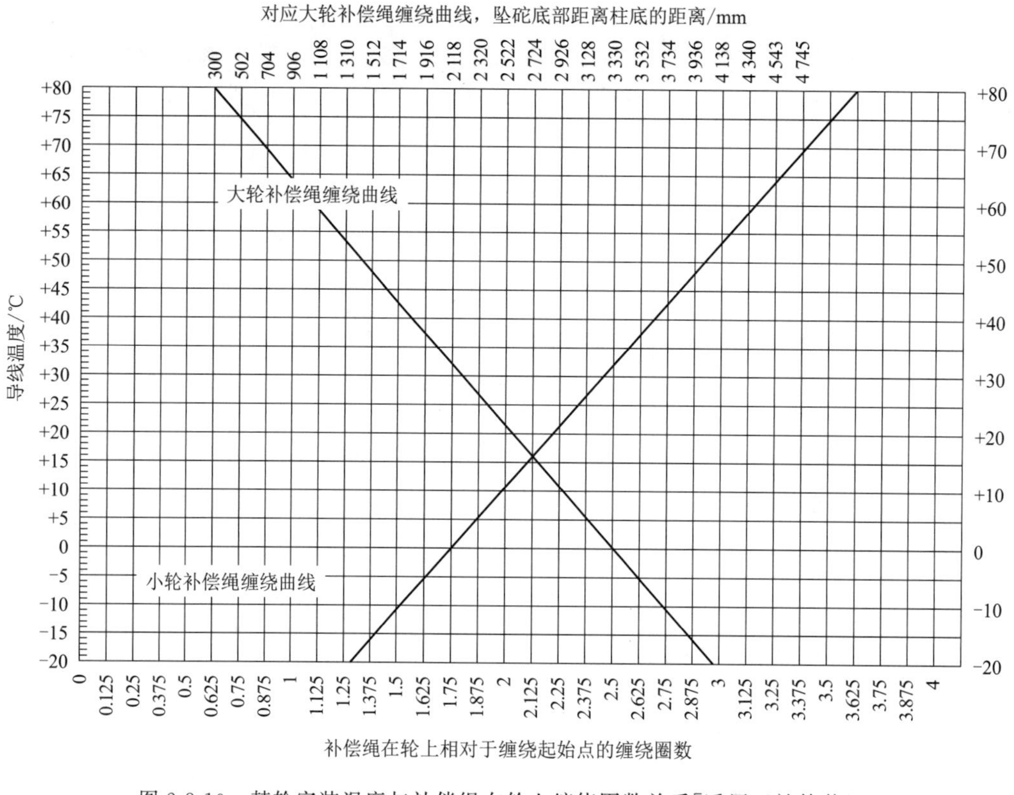

图 2-8-10　棘轮安装温度与补偿绳在轮上缠绕圈数关系［适用于补偿装置距中心锚结（或硬锚）750 m 的悬挂］

(2)查找方法：先测量出现场的线索温度，在图 2-8-10 中找出相对应的温度点，平行向右侧，分别与小轮补偿绳缠绕曲线和大轮补偿绳缠绕曲线有两个交点，交点向下与底部横轴相交即为补偿绳在轮上缠绕圈数，就可以查出小轮、大轮补偿绳在轮上的缠绕圈数；大轮交点向上与顶部横轴相交查出的数值即为补偿 b 值。

【例题】某处棘轮补偿装置，现场测量出线索温度为 50 ℃，要求查出该补偿装置安装时的小轮、大轮补偿绳在轮上的缠绕圈数及 b 值设计值。

解: 现场测量出线索的温度是 50 ℃,在棘轮安装温度与补偿绳在轮上缠绕圈数关系图中竖轴上找到 50 ℃的位置,平行向右侧与大轮补偿绳在轮上的缠绕圈数曲线有个交点,交点向下与底部横轴相交,可查出补偿绳在大轮上缠绕圈数是 1.3 圈;与大轮交点向上与顶部横轴相交,可以查出补偿 b 值为 1 410 mm;继续平行向右侧与小轮补偿绳在轮上的缠绕圈数曲线有个交点,交点向下与底部横轴相交,可查出小轮上补偿绳缠绕圈数是 2.95 圈。

本节重点:

1. 熟悉补偿装置的分类及各类补偿装置的技术标准。
2. 掌握补偿装置的日常巡视维护注意事项和常见缺陷类型。
3. 根据温度曲线计算补偿 a 值、b 值。

第九节　分　　相

一、简　　介

(一)定义及其作用

在单相交流牵引供电系统中,电力机车(动车组)是由单相电供电的,为了平衡电力系统的 A、B、C 各相负荷,一般要实行 A、B、C 相轮流供电。在接触网不同相或同相不同供电臂处设置的电分段统称为电分相。

电分相一般设在牵引变电所、分区所、开闭所分界点及不同电力系统供电分界点处。

接触网电分相应满足电力机车(动车组)无高压母线连接的两工作受电弓间距为 200～215 m 的运用需求。

接触网电分相应尽量避免设在隧道内和坡度大于 6‰的地段。进站信号机前 550 m 范围内(去除断链影响),不得设置接触网电分相中性段。因地形及线路条件限制,必须在 6‰以上大坡道地段设置接触网电分相时,应根据牵引功率、牵引质量等因素进行校验,明确运用条件。

对于采用地面磁感应器的过分相控制模式,地面磁感应器的设置应满足《列车过分相系统车载控制自动过分相装置》(TB/T 3197—2018)的规定。

(二)结构及分类

当前采用两种办法来实现电分相,一种是利用专门的电分相装置进行电分相,即器件(元件)式电分相;另一种是利用锚段关节进行电分相,即关节式电分相。

1. 器件(元件)式电分相

器件(元件)式电分相既承受接触网上不同相位的电压,又起到机械连接作用,一般由 3 块或 4 块相同的绝缘元件组成,如图 2-9-1 所示。

2. 关节式电分相

由绝缘锚段关节组成的电分相叫关节式电分相。关节式电分相中性段(区)、无电区的定义如图 2-9-2 所示。关节式电分相一般由两个绝缘锚段关节重叠几跨布置,根据总跨距的数量一般有六跨、七跨、八跨、九跨、十一跨、十三跨等几种。

按照绝缘断口的形式分类,有两断口、三断口两种;按照分相中性段、无电区的长度分类,

图 2-9-1　器件(元件)式电分相

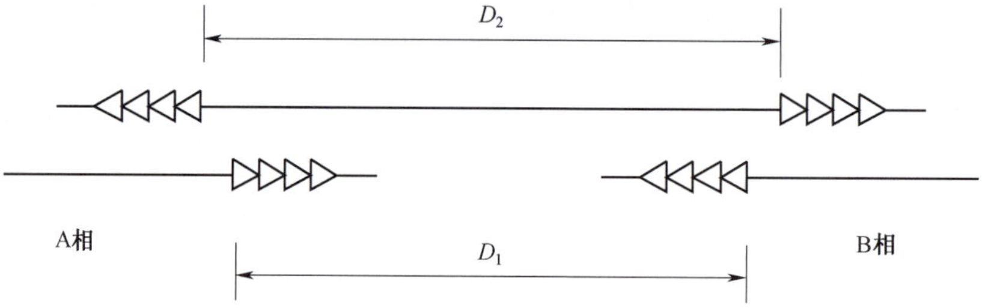

D_1—无电区长度，指靠近中性段中心的两绝缘转换柱绝缘子外侧间的距离；

D_2—中性段长度，指远离中性段中心的两绝缘转换柱绝缘子内侧间的距离。

图 2-9-2　关节式电分相无电区、中性段示意

有短分相和长分相两种。由两个四跨绝缘锚段关节构成的六至七跨锚段关节式电分相，其中性段小于 190 m，称为短分相；由两个绝缘锚段关节加二至三跨中间柱装配构成的十一至十三跨锚段关节式电分相，其无电区大于 220 m，称为长分相。

(1)六跨关节式电分相

六跨关节式电分相可以看作由两组四跨绝缘锚段关节重合两跨组成，如图 2-9-3 所示。其承力索之间、接触线之间在垂直方向和水平方向都彼此相距 500 mm，以保证其电气方面的绝缘。在中心柱处，两接触线等高实现过渡，并保证受电弓由一个供电臂过渡到中性区。

(2)七跨关节式电分相

七跨关节式电分相由两组四跨绝缘锚段关节重合一跨组成，如图 2-9-4 所示。其承力索之间、接触线之间在垂直方向和水平方向都彼此相距 500 mm，以保证其电气方面的绝缘。电力机车(动车组)在中性区内利用中性锚段来做工作支，使受电弓平稳地由一端供电臂(锚段)过渡到另一端供电臂(锚段)。经过改造，另有一种七跨三断口形式的电分相，如图 2-9-5 所示。

(3)八跨和九跨关节式电分相

有时需要更长的中性锚段，可设八跨或九跨关节式电分相，如图 2-9-6、图 2-9-7 所示。八跨(九跨)是由两组五跨绝缘锚段关节重合两跨(一跨)组成。

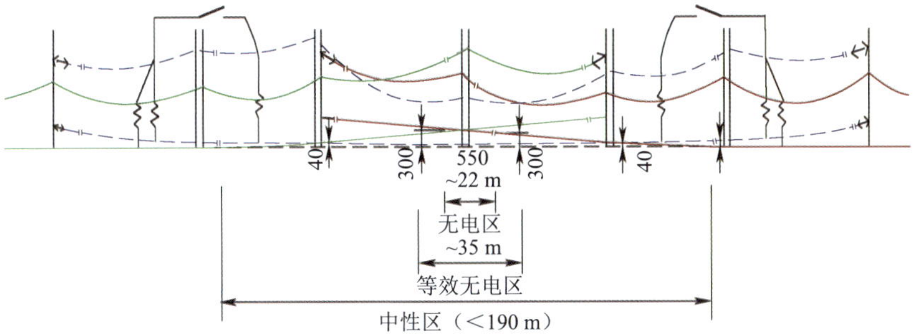

（a）立面示意

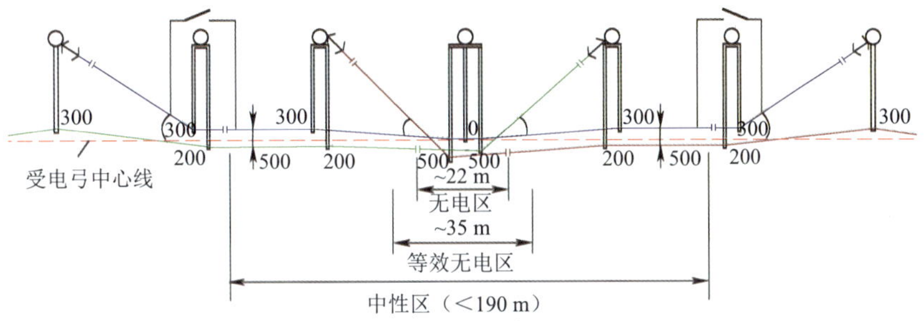

（b）平面示意

图 2-9-3　六跨关节式电分相示意(单位:mm)

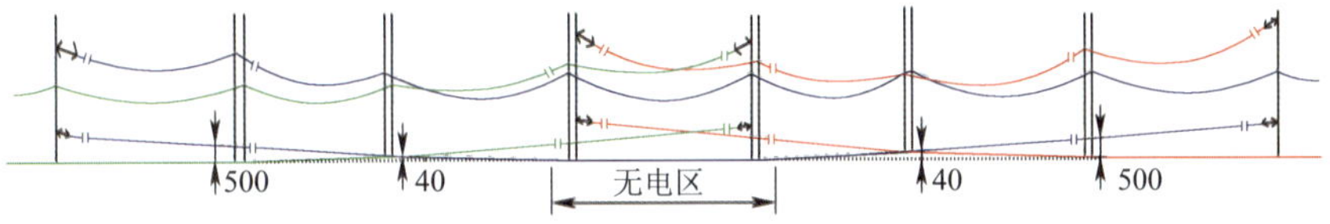

（a）立面示意

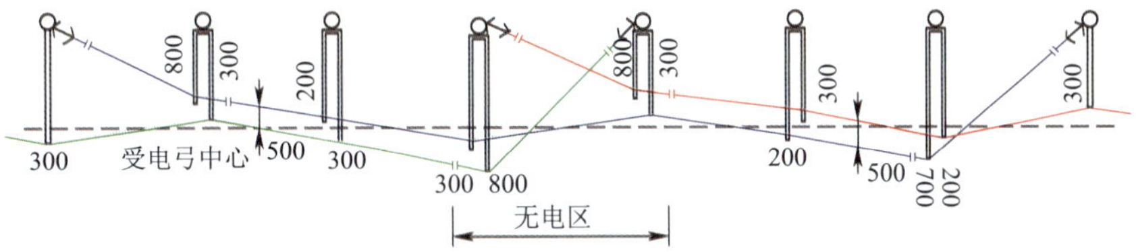

（b）平面示意

图 2-9-4　七跨关节式电分相示意(单位:mm)

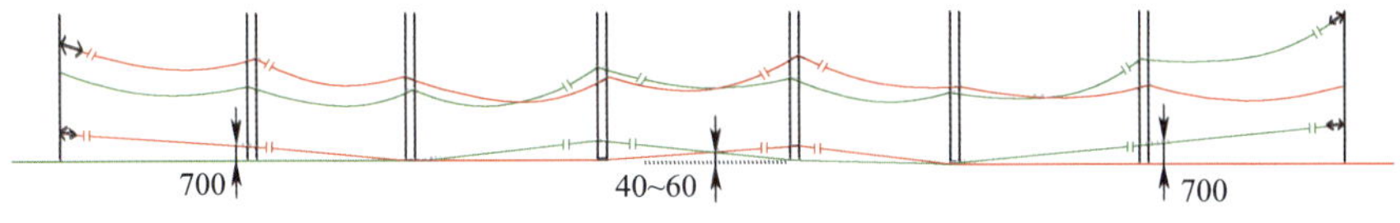

（a）立面示意

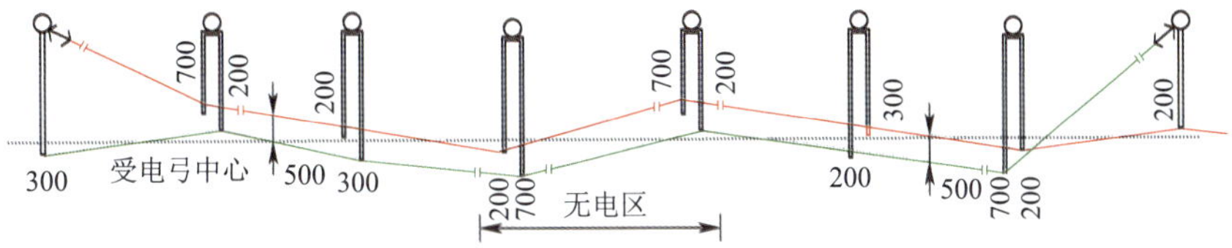

（b）平面示意

图 2-9-5　七跨(三断口)关节式电分相示意(单位:mm)

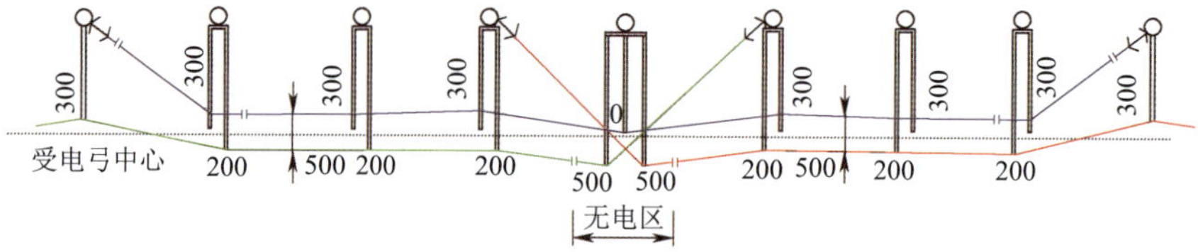

图 2-9-6 八跨关节式电分相平面示意(单位:mm)

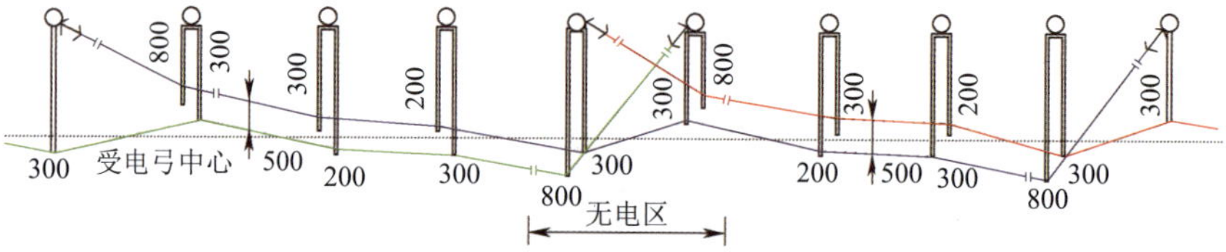

图 2-9-7 九跨关节式电分相平面示意(单位:mm)

(三)线别设备介绍

广州局集团公司管内,繁忙干线和高速铁路线路普遍采用关节式分相,其他线路器件(元件)式分相和关节式分相同时使用。具体使用分布情况见表 2-9-1。

表 2-9-1 分相装置使用分布

序 号	线路类别	铁路名称	设备名称
1	普速铁路	京广铁路	关节式分相、器件(元件)式分相
2		沪昆铁路	器件(元件)式分相、关节式分相
3		焦柳铁路	器件(元件)式分相、关节式分相
4		渝怀铁路	器件(元件)式分相、关节式分相
5		京九铁路	关节式分相
6		广深铁路	器件(元件)式分相、关节式分相
7		广石铁路	关节式分相
8		石长铁路	关节式分相
9		赣韶铁路	关节式分相
10		衡茶吉铁路	关节式分相
11		广珠铁路	关节式分相
12		南沙港铁路	关节式分相
13	城际铁路	广肇城际铁路	关节式分相
14		广珠城际铁路	关节式分相
15		珠机城际铁路	关节式分相
16		广惠城际铁路	关节式分相
17		梅汕铁路	关节式分相

续上表

序　　号	线路类别	铁路名称	设备名称
18	高速铁路	穗深城际铁路	关节式分相
19		长株潭城际铁路	关节式分相
20		京广高速铁路	关节式分相
21		广深港高速铁路	关节式分相
22		杭深铁路	关节式分相
23		衡柳铁路	关节式分相
24		海南东环铁路	关节式分相
25		沪昆高速铁路	关节式分相
26		贵广高速铁路	关节式分相
27		南广铁路	关节式分相
28		海南西环铁路	关节式分相
29		娄邵铁路	关节式分相
30		张吉怀高速铁路	关节式分相
31		怀衡铁路	关节式分相
32		黔常铁路	关节式分相
33		深湛铁路	关节式分相
34		赣深高速铁路	关节式分相
35		广汕高速铁路	关节式分相
36		渝厦高速铁路	关节式分相

二、日常维护

(一)巡视

1. 器件(元件)式分相

(1)用望远镜观察,分相绝缘滑板是否有烧伤、开裂痕迹,引弧件有无锈蚀、断裂或弯曲变形;分相主绝缘件是否有烧伤、掉块、裂纹等缺陷。

(2)用望远镜观察,每块绝缘滑板两端的连接线夹处接触线底面是否有严重磨损。

(3)用望远镜观察,承力索绝缘子是否有脏污、破损、放电痕迹。

(4)用望远镜观察,吊弦是否有断股、生锈、烧伤、磨损痕迹。

(5)检查分相绝缘器是否偏斜,工作面与轨平面是否平行,绝缘滑板的高度是否稍高于两侧接触线,即负弛度符合安装标准。

(6)停留观察至少 2 趟电力机车(动车组)通过分相,重点观察绝缘滑板有无拉弧和其两端接头线夹处过渡是否良好(有无严重拉弧)。

(7)检查分相地面标志安装是否牢固,有无松动、倾斜;标志表面有无脏污、破损。

(8)检查中性区是否有放电现象。

(9)观察隔离开关状态是否符合要求,支持绝缘子是否有破损,闸刀触头和设备线夹有无烧伤缺陷，检查隔离开关操作机械状态是否符合要求，是否加锁，开关引线有无烧伤及断股现象。

(10)检查自动过分相地面磁感应装置是否齐全，有无破损或缺失。

(11)按照检修周期每半年使用专用磁场测量计对地面磁感应装置的磁场强度进行测量。当磁场强度低于 36 Gs 时，应立即更换。

2. 关节式分相

(1)检查下锚补偿装置是否正常。

(2)检查各处的电连接是否良好，有无松脱及散股、断股；定位器坡度、定位管水平度是否符合要求；关节内吊弦、定位器、腕臂的偏移方向是否正确，偏移角度是否符合要求。

用望远镜仔细观察各中心柱附近的承力索有无烧伤断股，接触线是否有烧伤和明显的磨损痕迹。

(4)停留观察至少 2 趟电力机车(动车组)通过分相，重点观察中心柱附近是否有放电或严重拉弧现象。

(5)中性区有联络隔离开关的，检查开关是否处于分闸位置并加锁牢周。

(6)观察分相绝缘子串有无破损缺陷，电分段绝缘子串的抬高是否足够和符合要求。

(7)检查分相地面标志安装是否牢周，有无松动、倾斜；牌面有无脏污、破损。

(8)观察各部螺栓、螺母有无缺损及零件有无断裂、烧损、脱落等缺陷。

(9)检查自动过分相地面磁感应装置是否齐全，有无破损或缺失。

(10)按照检修周期每半年使用专用磁场测量计对地面磁铁装置的磁场强度进行测量。当磁铁表面的磁场强度低于 36 Gs 时，应立即更换。

(二)分相检修

1. 器件(元件)式分相

(1)检测周期：6 个月。

(2)检修内容：

①检查分相绝缘器和承力索绝缘子有无裂纹、烧伤、破损和老化，分相绝缘器绝缘间隙是否符合标准，清扫绝缘部件。

②检查分相绝缘器相对两侧吊弦负弛度是否符合标准。

③检查分相绝缘器导流板状态、过渡是否平滑，分相绝缘器底面与轨面平行是否符合标准。

④检查分相绝缘器对于线路中心偏移值是否符合标准。

⑤测量分相绝缘器安装高度、底工作面和中心偏移值，调整使之满足标准。

⑥检查隔离开关引线、电连接是否符合标准。

⑦检查各部件螺栓紧固力矩是否符合标准，开口销安装是否正确。

⑧检查接触线、铜滑道、绝缘棒磨耗是否超标。

⑨检查分相标志、地面磁感应器状态，是否齐全、牢固、清晰。

(3)技术标准：

① 绝缘器的主绝缘应完好，其表面放电痕迹应不超过有效绝缘长度的 20%。主绝缘严重磨损应及时更换。

② 承力索分段绝缘子应采用重量较轻的有机复合绝缘子。

③ 分相绝缘器应位于受电弓中心，一般情况下偏差不超过 100 mm。双线区段，在列车运行方向为 1‰的上升坡度；单线区段，为 50 mm±10 mm 的负弛度。

④ 绝缘器导线接头处过渡平滑。

⑤ 分相中性段、无电区的长度及断、合标的位置符合《铁路技术管理规程》、设计文件规定。

⑥ 地面磁感应器磁场强度应大于 36 Gs。地面磁感器丢失、失效、磁场强度小于 36 Gs 时应及时更换。

⑦ 通过速度不得超过 120 km/h。

2. 关节式分相

(1)检测周期：12 个月。

(2)检修内容：

①检查补偿装置是否动作灵活，a 值、b 值是否符合要求。

②检查转换柱处两悬挂的垂直距离、水平距离。

③ 检查中心柱处两悬挂的垂直距离、水平距离。

④ 检查两接触悬挂接触线工作支过渡处接触线状态。

⑤ 检查两接触悬挂间绝缘间隙是否符合标准。

⑥ 检查隔离开关及引线、电连接是否完好、符合标准。

⑦ 检查各部零件安装是否正确，定位管偏转是否灵活，有无卡滞现象。

⑧ 检查接触线、承力索、吊弦是否有烧伤，必要时补强或更换。

⑨ 检查分相标志、地面磁感器状态，是否齐全、牢固、清晰。

(3)技术标准：

①转换柱处两悬挂垂直距离、水平距离。

标准值：设计值。

标准状态：标准值±20 mm。

警示值：标准值±30 mm。

限界值：标准值±50 mm。

②中心柱处两悬挂垂直距离、水平距离。

a. 接触线(承力索)垂直距离。

标准值：等高(设计值)。

标准状态：20 mm(标准值±20 mm)。

警示值：20 mm(标准值±30 mm)。

限界值：30 mm(标准值±50 mm)。

b. 接触线(承力索)水平距离：同转换柱。

c. 中心柱处接触线等高点接触线高度不应低于相邻工作支吊弦点，允许高于相邻吊弦点 0～10 mm。

五跨锚段关节中间跨为过渡跨，接触线等高点(屋脊处)宜在过渡跨跨中，高度比相邻定位点、工作支接触线抬高 0～40 mm。

③两接触悬挂接触线工作支过渡处调整符合运行要求。

④转换柱处绝缘子串距悬挂点的距离符合设计要求，允许偏差±50 mm。承力索、接触线

两绝缘子串上下应对齐，允许偏差±100 mm。

⑤任何情况下，两接触悬挂及定位支撑装置带电体各部分应满足空气绝缘间隙要求。锚段关节内的定位支撑、吊弦载流环、斜拉线等不得减小空气绝缘间隙。

⑥ 锚段关节式电分相中性区长度符合设计要求，地面磁感应器的纵向距离应符合设计要求，允许误差±2 m。

（三）地面感应器检修

1. 检修周期：6 个月

2. 检修内容：

(1)外观检查

①检查地面感应器轨枕有无断裂、破损，磁性装置有无碰伤、刮伤和松动，有无锈蚀。

②清洁地面感应器护罩。用抹布对地面感应器护罩表面进行清洁，清除吸附在表面的铁屑、矿粉等异物。

③将地面感应器防护罩用黄色油漆涂成黄色，使地面感应器标识清晰，方便巡视检查。

(2)位置及数量检查

①使用 30～50 m 皮尺沿线路中心进行测量，允许最大偏差±2 m。

②地面感应器的安装位置应尽量避开信号机、钢轨接头及其他一些轨道上的装置。如果地面感应器的安装位置刚好在钢轨接头、两轨枕之间等处时，可以将地面感应器的安装位置在±2 m 的偏差范围内进行适当调整。

③地面感应器磁性装置的中心距相邻钢轨内侧工作边的水平距离为 335 mm，允许最大偏差为±10 mm。

④每一处分相点需安装 4 根信号轨枕。从来车方向计起，第一根磁性信号预告断主断，第二根磁性信号强迫断主断，第三根磁性信号合主断，第四根备用为机车反方向运行时预告断主断。4 根轨枕以此称为 1、2、3、4 号。地面感应器的安装位置示意如图 2-9-8 所示。

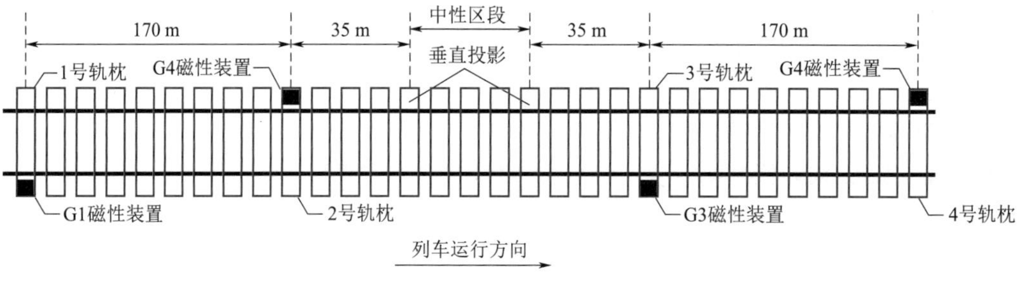

图 2-9-8　地面感应器的安装位置示意

(3)磁场感应强度测量

磁性装置的磁感应强度运行时应大于 36 Gs，出厂时不小于 40 Gs。测量方法(以 HT20A 为例)：测量前应将 HT20A 特斯拉计在无磁场干扰的环境下进行调零，并将量程调至“20 mT”挡。测量时要把特斯拉计垂直竖立在地感器正上方，使特斯拉计的顶部与钢轨表面垂直距离为 110 mm，特拉斯计的中心与钢轨中心水平距离为 300 mm(图 2-9-9)，特拉斯计显示的读数为地面感应器的磁场，其中 1 mT=10 Gs。

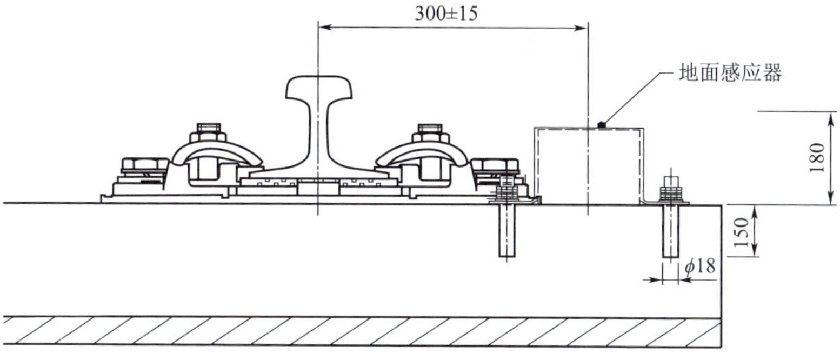

图 2-9-9　地面感应器的测量示意(单位:mm)

3. 技术标准

(1)地面磁感应器设置符合设计要求,允许偏差±2 m 。

(2)地面磁感应器应安装牢固,完整无损,表面清洁。

(3)地面磁感应器的磁感应强度应大于 36 Gs。

三、常见缺陷与故障案例

(一)常见缺陷

1. 零部件松脱断,造成分相参数不标准、断线故障。
2. 分相绝缘器烧损、击穿。
3. 地面感应器、分相标志牌松脱、缺失。
4. 地面感应器磁感应强度不足 36 Gs。
5. 分相接触悬挂线索、零部件烧伤、烧损、断股。
6. 分相绝缘器状态不良打弓。

(二)故障案例

案例一:动车组带电过分相烧断分相接触线和承力索

1. 故障概况

2010 年 2 月 13 日,××高速铁路某区间下行分相非工作支承力索、接触线断线接地,造成某变电所 211、213 断路器跳闸,重合闸不成功;211 断路器强送成功,213 断路器强送不成功。停电 182 min,故障概况如图 2-9-10 所示。

(a) 接触线断点两边1 m范围内有明显的烧伤痕

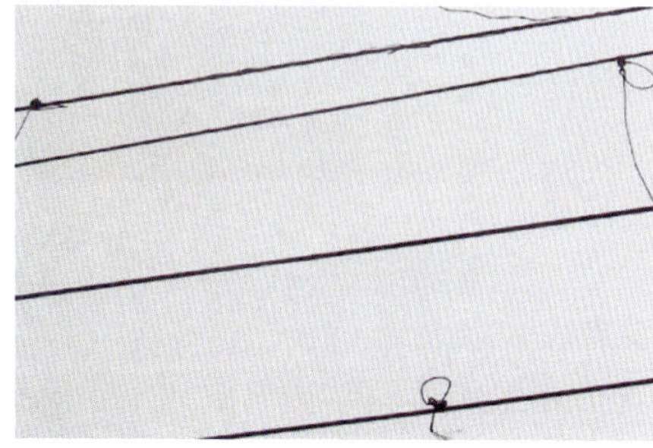

(b) 跨中承力索被烧断股一根吊弦从下部烧断

图　2-9-10

(c) 跨中承力索被烧断股

(d) 故障现场损坏全貌

图 2-9-10　故障概况

2. 故障原因

(1)根据跳闸数据及现场情况分析,判断为相间短路。

(2)通过对动车组过分相的主断分合的时间判断,动车组过分相时未断开主断路器。

(3)车载 ATP 中的分相数据与现场实际不一致。

案例二:接触网分相绝缘器打弓故障

1. 故障概况

2013 年 11 月 22 日,××线某站 14 道××下行货线接触线从分相绝缘器连接线夹处脱出,侵入受电弓动态包络线,打坏受电弓,造成弓网故障。

2. 故障原因

某站 12 号岔至 14 号岔间两分相绝缘件间接触线与南端分相绝缘器连接线夹紧固不到位,且未按工艺要求在接触线回头处安装 U 形螺栓固定,致使接触线从线夹中脱出,悬于空中,并侵入受电弓动态包络线打弓,如图 2-9-11 所示。

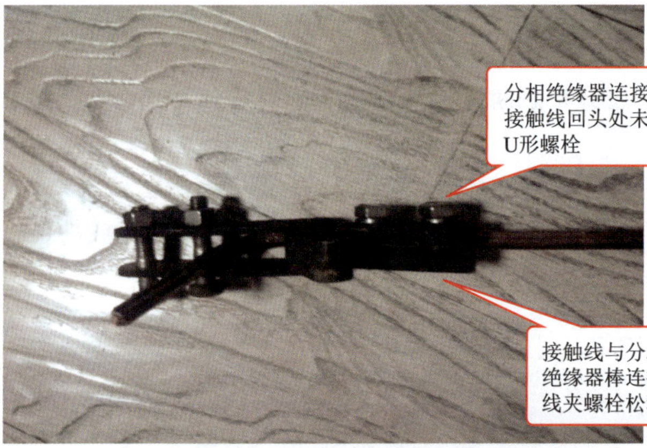

图 2-9-11　接触网分相绝缘器打弓故障

本节重点:

1. 掌握分相绝缘器的结构组成和工作原理。

2. 掌握关节式分相绝缘器、器件(元件)式分相绝缘器的特点。

3. 熟悉分相绝缘器的日常巡视重点和检修内容。

第十节　分段绝缘器

一、简　　介

（一）定义及其作用

分段绝缘器是接触网进行电分段时采用的一种绝缘设备，因其是衔接相邻两个馈电区段的架空接触式绝缘组件，故在结构上既要保证机车受电弓带电平滑通过，又要能满足两端接触网的电气隔离要求。

分段绝缘器的作用是对接触网进行电气隔离且方便供电设备检修及使用。分段绝缘器经常与隔离开关配合使用，通过隔离开关的开合使独立区段停电或带电。当某一接触网分段发生故障或因作业（施工）停电时，打开分段绝缘器处的隔离开关将该部分接触网断电，而其他部分能正常供电。分段绝缘器只适用于同相电分段。

分段绝缘器一般设在：(1)货物线及进行装卸作业的线路；(2)机车整备线的线路；(3)同一车站不同车场之间的分段；(4)上下行之间分区；(5)采用绝缘锚段关节有困难的车站正线及段管线等。这些处所由于受线路条件等因素的制约，难以布置绝缘锚段关节，因而设置分段绝缘器。

（二）结构及分类

分段绝缘器由导流滑道、绝缘部件、接头线夹和悬吊装置等零部件组成。目前常用的分段绝缘器主要有：

1. 菱形分段绝缘器

菱形分段绝缘器的最大优点是其采用整体式结构，因而结构紧凑，重量轻，便于安装和维护，使用寿命较长，且不易出现打弓现象，如图 2-10-1 所示。但因桥式绝缘子采用的是硅橡胶材料，容易老化和脆裂，所以绝缘子的寿命较短。后来把这种桥式硅橡胶绝缘子换成聚四氟乙烯护套绝缘子，大大地延长了它的使用寿命。

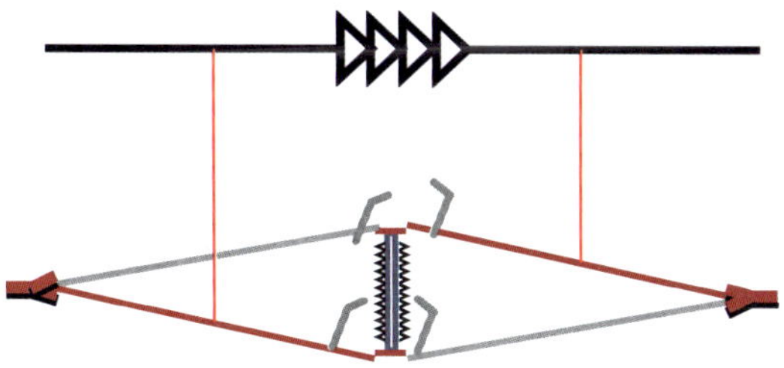

(a) 结构

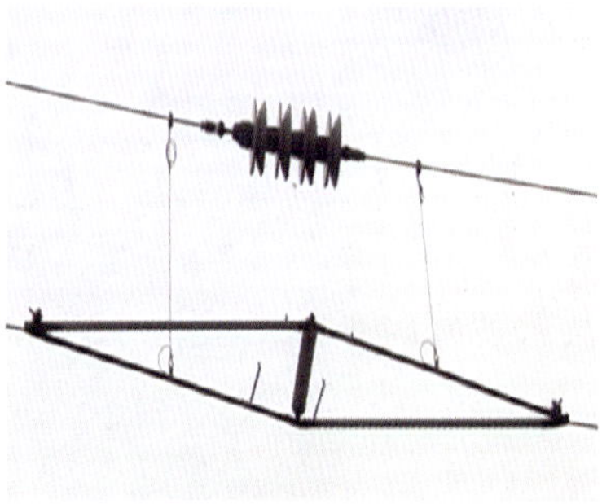

(b) 实物

图 2-10-1　菱形分段绝缘器示意

2. 消弧分段绝缘器

消弧分段绝缘器是一种复合分段绝缘器，它由绝缘棒、消弧角隙、滑道及相应配件、组件组成，具有重量轻、结构紧凑、绝缘性能好等优点，如图 2-10-2 所示。

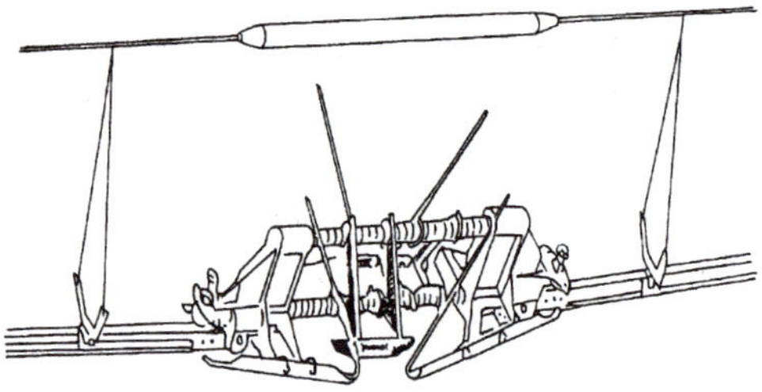

(a) 结构

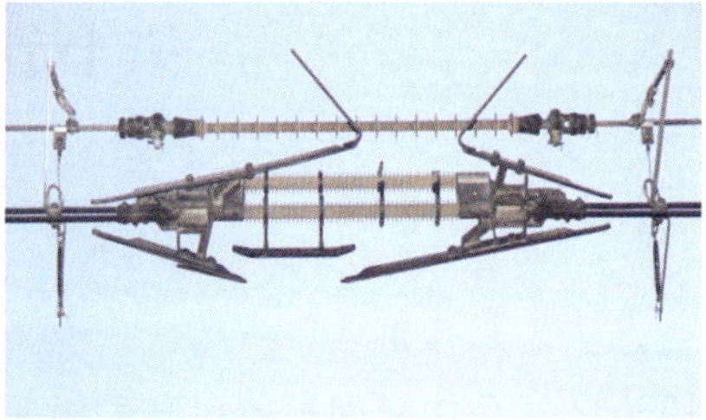

(b) 实物

图 2-10-2　消弧分段绝缘器示意

3. DXF-(1.6)型分段绝缘器

DXF-(1.6)型分段绝缘器分为 DXF-(1.6) Ⅰ 型、DXF-(1.6) Ⅱ 型两种。

(1) DXF-(1.6) Ⅰ 型分段绝缘器是一种新型电分段绝缘器，它能有效地避免对绝缘部件、接触线、承力索、金属构件的烧伤及烧坏。其结构特点是，它的两端在电气上是完全绝缘的，中间通过绝缘杆件连接在一起，其导流滑杆是固定于绝缘杆件上的，爬距达 1 600 mm，具有消弧角隙(长 200 mm)。因此，它具有良好的耐压强度，全波脉冲电压达 160 kV。同时，具有较好的机械强度，破坏荷载达 64～75 kN。

该分段绝缘器与国内外同类型产品相比，具有结构简单、重量轻、机械及电气性能好、安装及维护方便的特点，在受电弓通过时具有良好的平稳性。由于具有较好的消弧性能，不仅安全可靠，而且能有效延长绝缘器检修周期和使用寿命。

(2)DXF-(1.6) Ⅱ 型分段绝缘器是在 DXF-(1.6) Ⅰ 型的基础上，结合当前电气化铁路发展的技术特点对其薄弱环节进行改进、补强，贯彻"免维修少维护、分段绝缘器强受电弓弱、良好的弓网匹配"三大理念而研制，如图 2-10-3 所示。

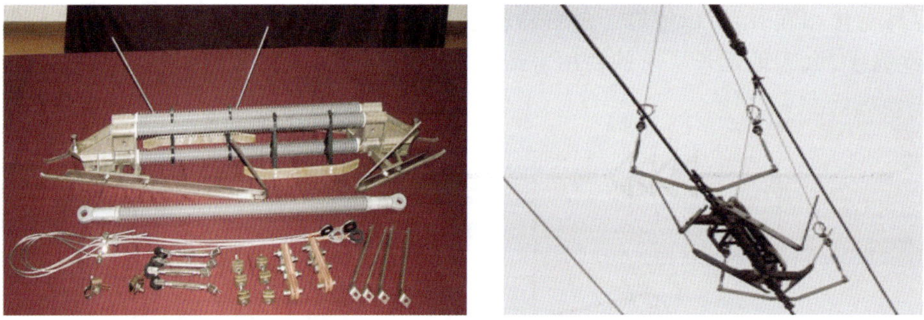

图 2-10-3　DXF-(1.6) Ⅱ 型分段绝缘器

DXF-(1.6) Ⅱ 型分段绝缘器主体采用锚头与三根绝缘棒的一体化结构，增强了整体的刚性，克服平面结构易产生挠度的缺点，且主绝缘棒与受电弓为非接触式，在主绝缘棒两侧有相对斜边对称的金属滑道与辅助绝缘滑道构成一个底部平面，与电力机车(动车组)受电弓平滑接触、过渡。本体通过接触线夹与接触线连接，每侧两金属滑道间有消弧棒，以便两端有电位差时进行消弧，防止主绝缘件的烧损，两侧相对的金属滑道间有一个重叠区，保证供电的连续性。

4. 瑞士 AF 分段绝缘器

(1) AF 分段绝缘器

AF 分段绝缘器突出的优点就是灭弧率高。AF 分段绝缘器通常可用于 300～500 V 电位差处，电流可达 2 000 A；特殊情况时两端电位差也可以达到 5～7 kV。目前，在我国 AF 分段绝缘器实现了国产化（XTK 消弧分段绝缘器）并且得到了广泛应用，该型分段绝缘器如图 2-10-4 所示。

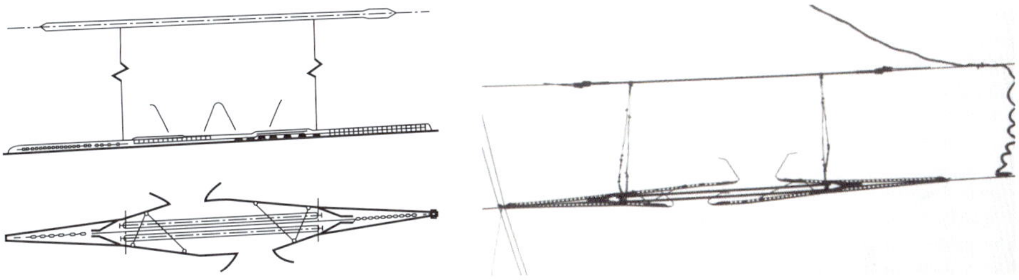

（a）结构　　（b）实物

图 2-10-4　XTK 消弧分段绝缘器

(2)进口 SIEMENS(类似 AF 结构) 双绝缘棒(单接触线形式)的轻型分段绝缘器

京津、武广等高速铁路使用 SIEMENS(类似 AF 结构)公司进口分段器，价格贵。该轻型分段绝缘器如图 2-10-5 所示。

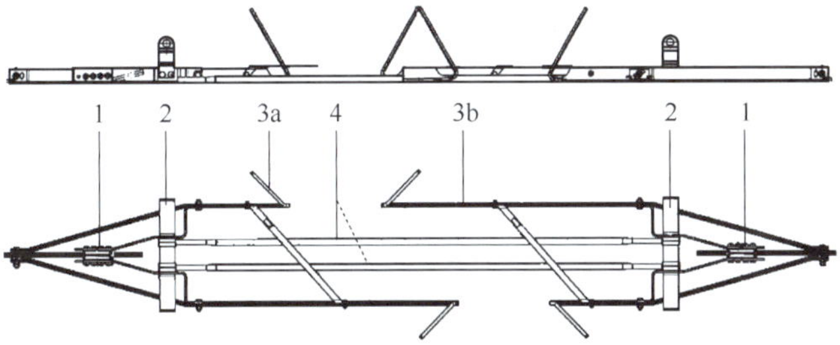

1—导线终端线夹；2—悬挂板；3a—带消弧角的滑板(短)；3b—带消弧角的滑板(长)；4—绝缘棒。

(a)结构

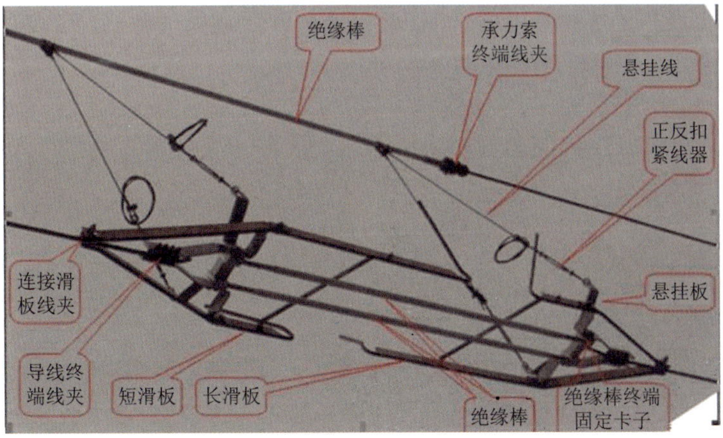

(b)实物

图 2-10-5　轻型分段绝缘器

绝缘棒与接触线必须安装水平，以便不对分段绝缘器产生挠矩，受电弓可以顺利通过。由于它的模块化设计和采用的拼接方法，使零件更换简单快捷。

5. XFHP-(1.6)T 27.5 kV RKD22000 型分段绝缘器

RKD22000 型分段绝缘器(图 2-10-6)是在引进、吸收消化法国吉斯玛公司 JG1759 消弧分段绝缘器技术，通过该产品在我国南昆、京郑、沪昆等线运用的基础上，针对我国铁路运营的实际情况，开发研制并获得专利的具有良好绝缘性能、高速通过能力的新一代消弧型分段绝缘器。

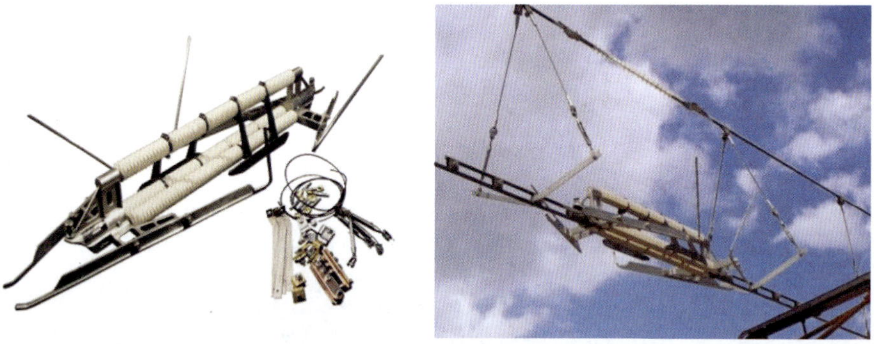

图 2-10-6　RKD22000 型分段绝缘器

该分段绝缘器与目前国内使用的分段绝缘器相比具有以下特点：良好的消弧性能，结构紧凑，安装维护方便，高速通过能力，优良的绝缘性能，采用新工艺和装备。

6. 陕西兴盛 FYFH-2.0AT 型分段绝缘器

为适应高速电气化铁路接触网大张力、高速度的要求，在原来生产分段绝缘器经验基础上，研制出新一代 FYFH-2.0AT(空气绝缘间隙≥300 mm)-Ⅰ型分段绝缘器，如图 2-10-7 所示。该分段绝缘器主绝缘与受电弓采用非直接接触式，能避免受电弓碳滑板污染主绝缘，主体采用三角形结构，刚性大，抗弯效果好，引弧角处过渡平滑，绝缘刮板强度高，整个结构对绝缘子芯棒无破坏，零部件制造无铸造工艺，特别是导线接头处采用螺栓紧固和锥套自锁方式，可保证线断不滑，安全性能提高，在替换既有分段绝缘器时安装节省时间等特点，总之该分段绝缘器保留了目前吉斯玛分段绝缘器的优点，克服了其设计存在的缺陷，达到了运行安全可靠、免维修少维护的要求，工作张力可达 25 kN，可适用普速及高速铁路，是目前国内性能优良、比较可靠的一种分段绝缘器。

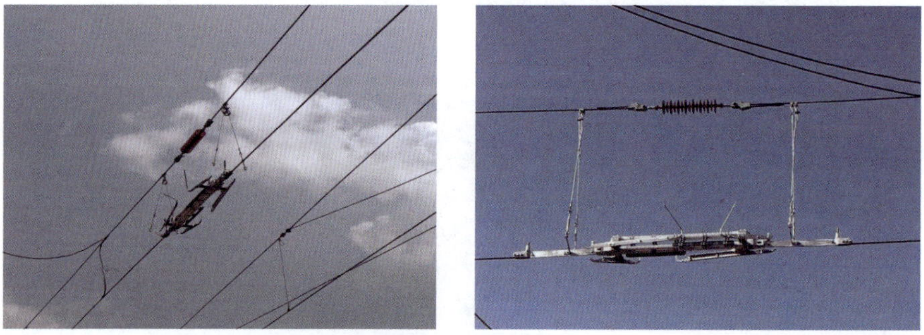

(a)　　　　(b)

图 2-10-7　FYFH-2.0AT(空气绝缘间隙≥300 mm)-Ⅰ分段绝缘器

FYFH-2.0AT 型分段绝缘器的特点：

(1)分段绝缘器导线接头处通过三根 M12 螺栓和自锁型锥套及楔子锚固接触导线，可保证线断不滑，可靠性增强，同时避免了接头处连接螺栓及止动垫圈过多安装费时的缺陷。

(2)8.5～25 kN 的工作张力下具有良好的可靠性和稳定性。

(3)分段本体绝缘子爬电距离≥2 000 mm，耐污能力强，在 0.4 mg/cm^2(等值附盐密度)及 2.0 mg/cm^2(灰份)的情况下，耐污电压超过 37 kV，适用于重污区。

(4)引弧能力强，引弧角隙≥300 mm，适用于接触网 V 形天窗停电作业方式，确保作业人员人身安全。

(5)使用寿命强。正常情况下使用寿命为 5～8 年，潮湿和污染严重的情况下使用寿命相应减少；具体根据使用环境、过车频率、过车速度、双单弓、电压差及安装调试情况等对分段绝缘器的使用寿命实施差异化管理，对状态不好的及时检修、更换。

(6)为非绝缘接触式分段绝缘器，硅橡胶复合绝缘子不与受电弓相磨。金属滑道、绝缘辅助滑道与接触线在同一平面，硬点小，磨耗小，过渡平滑。

(7)安装、调整方便。分段绝缘器主体在工厂进行了全面的调整，现场无需调整金属滑道，只需通过四根吊弦调整与钢轨平行即可。更换一台分段绝缘器仅需 20 min 左右，且不会对接触网整体结构造成影响。

(8)重量轻、左右对称，安装调整负弛度，接触压力较均匀，避免硬点，满足高速列车运行的需要。

(9)列车通过速度高，双向通行，整个分段绝缘器与机车受电弓的接触面由于有辅助绝缘滑道的作用，通过是平滑的，不会造成离线。电气分段处金属滑道间有重叠区，使得分段绝缘器和受电弓之间没有任何断点，不会产生断电现象。

(10)绝缘性能良好，绝缘子爬距大于 2 000 mm，即使在一侧长期停电或接地时，也可避免分段绝缘器的烧损和击穿。

(三)线别设备介绍

以上几种设备均在广州局集团公司管内使用，具体分布见表 2-10-1。

表 2-10-1　分段绝缘器使用分布

序　　号	线路类别	铁路名称	设备名称
1	普速铁路	京广铁路	菱形分段绝缘器、消弧分段绝缘器
2		沪昆铁路	菱形分段绝缘器、消弧分段绝缘器
3		焦柳铁路	菱形分段绝缘器、消弧分段绝缘器
4		渝怀铁路	菱形分段绝缘器、消弧分段绝缘器
5		京九铁路	菱形分段绝缘器、消弧分段绝缘器
6		广深铁路	菱形分段绝缘器、消弧分段绝缘器
7		广石铁路	消弧分段绝缘器
8		石长铁路	消弧分段绝缘器
9		赣韶铁路	菱形分段绝缘器、消弧分段绝缘器
10		衡茶吉铁路	菱形分段绝缘器、消弧分段绝缘器
11		广珠铁路	菱形分段绝缘器、消弧分段绝缘器
12		南沙港铁路	消弧分段绝缘器

续上表

序　号	线路类别	铁路名称	设备名称
13	城际铁路	广肇城际铁路	消弧分段绝缘器
14		广珠城际铁路	消弧分段绝缘器
15		珠机城际铁路	消弧分段绝缘器
16		广惠城际铁路	消弧式分段绝缘器
17		梅汕铁路	消弧分段绝缘器
18		穗深城际铁路	消弧分段绝缘器
19		长株潭城际铁路	消弧分段绝缘器
20	高速铁路	京广高速铁路	SIEMENS 轻型分段绝缘器
21		广深港高速铁路	SIEMENS 轻型分段绝缘器、消弧分段绝缘器
22		杭深铁路	消弧分段绝缘器
23		衡柳铁路	消弧分段绝缘器
24		海南东环铁路	消弧分段绝缘器
25		沪昆高速铁路	消弧分段绝缘器
26		贵广高速铁路	消弧分段绝缘器
27		南广铁路	消弧分段绝缘器
28		海南西环铁路	消弧分段绝缘器
29		娄邵铁路	消弧分段绝缘器
30		张吉怀高速铁路	消弧分段绝缘器
31		怀衡铁路	消弧分段绝缘器
32		黔常铁路	消弧分段绝缘器
33		深湛铁路	消弧分段绝缘器
34		赣深高速铁路	消弧分段绝缘器
35		广汕高速铁路	消弧分段绝缘器
36		渝厦高速铁路	消弧分段绝缘器

二、日常维护

(一)巡视

人员行走至分段绝缘器安装处或其附近,从不同角度观察分段绝缘器安装及其运行状态,内容如下:

1. 观察框架整体是否水平(相对于轨面而言),绝缘部件、导电部件有无烧伤,绝缘部件、导电部件与受电弓接触部位有无严重磨损情况及永久变形情况。连接部位过渡是否平滑。目测灭弧间隙间距是否符合要求并同时观察其有无严重烧伤及永久性变形情况。

2. 观察接头位置处线夹及接触线,有无烧伤及严重磨损情况,过渡是否平滑,各部螺栓是否齐全、紧固。

3. 观察四角吊弦受力是否良好,状态是否良好。观察承力索上绝缘子串或绝缘棒状态是否符合技术要求。

4. 目测分段绝缘器安装高度是否符合要求。

5. 观察分段绝缘器时，同时观察其附属隔离开关及电连接线安装及运行状态。

（二）检修

1. 检修周期：6 个月。特殊地段和情况下缩短检修和绝缘清扫周期。枢纽地区、机务段、折返段、客技站等机车（动车组）运行频繁的分段绝缘器检修周期为 3 个月。

2. 检修内容：

(1)消弧型分段绝缘器

①清扫绝缘棒。检查分段绝缘器的整体磨耗情况。

②检查绝缘有无烧伤、破损、裂纹和老化现象，若有缺陷，则进行更换。检查绝缘棒磨耗情况，若绝缘磨耗高度接近或达到 2 mm 时，将其旋转 1/5 圈，若已旋转 4～5 次，则将其更换。

③用水平仪（尺）测量检查长、短滑板工作面与轨面连线是否平行，若不符合要求，则用四角调节螺栓调整。

④测量、调整绝缘器工作面高度值，使其比两定位点处接触线高度高 50～70 mm。

⑤调整灭弧角间距，使其为 250 mm。

⑥检查绝缘器与接触线连接是否牢固、过渡是否平滑，各接头线夹有无裂纹和烧伤、腐蚀现象。若有缺陷，则视情况处理。

⑦检查吊挂线的调节螺栓是否锈蚀、软吊线有无断股现象，检查吊挂线受力状态、工作状态是否符合要求。若有缺陷，则进行调整或更换。

⑧清扫承力索绝缘棒，检查是否有裂纹、破损、烧伤、老化现象。若有缺陷，则进行更换。

⑨检查逆旋螺母、齿纹螺母及普通螺栓状态是否良好、有油。

(2)菱形分段绝缘器

①清扫主绝缘污秽。检查分段绝缘器整体磨耗情况。

②检查主绝缘有无烧伤、破损、裂纹和老化现象。如有缺陷，则视情况处理或更换。

③检查框架是否平稳，有无塌腰和剐弓现象。检查两绝缘滑板的工作面与轨面是否平行，导流板与主绝缘衔接处过渡是否平滑。若有缺陷，则视情况处理。

④检查绝缘器与接触线的连接是否可靠，过渡是否平滑，接头线夹有无裂纹和腐蚀现象，若有缺陷，则视情况处理。

⑤测量检查两支防闪络角隙的空气绝缘间隙是否为 200 mm。若不符合要求，视情况调整。

⑥检查分段绝缘器上部（即承力索上）的绝缘子串有无裂纹、破损、烧伤和铁件松动现象，检查瓷釉剥落面积是否大于 300 mm^2。若有缺陷，视情况处理或更换。

⑦检查人形吊弦受力状态是否良好，有无烧伤及严重磨损现象。若有缺陷，则视情况调整或更换。

⑧检查各部螺栓紧固状态是否良好有油，销钉是否齐全完好。

⑨测量检查分段绝缘器的工作面高度。分段绝缘器的工作面高度应比安装跨距两定位点接触线高度高 20～30 mm。

(3)SIEMENS（类似 AF 结构）轻型分段绝缘器

①分段绝缘器安装高度和拉出值是否符合要求。

②两滑板是否与轨面平行。

③各部件螺栓扭矩是否符合要求。

④两端连接线夹是否平顺、滑板是否打弓。

⑤吊索检查，正、反索紧扣是否松动、螺帽是否紧固，对锈蚀铁丝进行更换；承力索绝缘棒处吊索是否滑动，若滑动将吊索调整为与绝缘棒垂直。

⑥磨耗检查，用游标卡尺测量滑板及绝缘棒磨耗；

⑦用水平尺调整滑板平行于线路。在一个螺栓线夹处，两个滑板与接触线在同一个水平线上。两个长滑板安装在绝缘器中间并低于绝缘杆下方 2～5 mm 处。两个短滑板的安装高度和长滑板一样。

⑧检查方法与标准：首先用激光测量仪测量分段绝缘器的负弛度、四个滑板与轨平面的高差、终端金具与滑板的高差（也可上网测量）是否符合标准，然后外观检查分段绝缘器各零部件有无异常情况（如烧伤、不正常的磨损等），根据测量的具体数据及检查情况对照标准进行调整处理。

a. 承力索、接触线应在同一垂直平面内，并位于线路轨平面中心垂直位置，横向允许误差±50 mm。

b. 接触线应平直，不得有任何弯曲扭面现象。

c. 分段绝缘器安装后，应保证吊弦、定位器偏移值及坠砣 b 值等原参数不变。

d. 分段绝缘器滑轨固定线夹的螺栓应装在长孔中。

e. 滑轨下缘应低于绝缘棒终端金具下缘 2～3.5 mm（渡线分段为 4 mm），以保证接触线到滑轨和从滑轨到绝缘棒的平稳过渡，受电弓不应与滑轨端部发生撞击。同时，受电弓滑板至少与一个滑轨始终接触。

f. 受电弓与分段绝缘器的接触面应与轨面平行，安装高度比相邻悬挂点高 10～20 mm。

g. 绝缘棒磨损大于 2～5 mm 时则必须转动绝缘棒 90°，可以转动 3 次。绝缘棒末端线夹力矩为 80 N · m。

（三）广州局集团公司管内分段绝缘器技术标准

1. 普速铁路

（1）绝缘器的主绝缘应完好，其表面放电痕迹应不超过有效绝缘长度的 20%。主绝缘严重磨损应及时更换。

（2）绝缘器应位于受电弓中心，一般情况下误差不超过 100 mm。

（3）滑道应平行于轨面，最大误差不超过 10 mm。

（4）绝缘器相对于两侧的吊弦点具有 5～15 mm 的负弛度。

（5）绝缘器导线接头处过渡平滑。

（6）不应长时间处于对地耐压状态，尤其在雾、雨、雪等恶劣天气时，应尽量缩短其对地的耐压时间，即当作业结束后应尽快合上隔离开关，恢复正常运行。

2. 高速铁路

（1）分段绝缘器的主绝缘应完好，其表面放电痕迹应不超过有效绝缘长度的 20%。主绝缘严重磨损应及时更换。

（2）分段绝缘器应位于受电弓中心，一般情况下偏差不超过 100 mm。

（3）分段绝缘器安装平面平行于轨面连线，最大误差不超过 10 mm。安装高度，按设计行车速度所要求的抬升力，用钢尺测取所安装的高度值，允许偏差为±5 mm（安装高度允许比相邻悬挂点高 10～20 mm)。

(4)绝缘器导线接头处过渡平滑。分段绝缘器的安装和维护标准应符合产品使用说明书的要求。

(5)绝缘器不应长时间处于对地耐压状态,尤其在雾、雨、雪等恶劣天气时,应尽量缩短其对地的耐压时间,即当作业结束后应尽快合上隔离开关,恢复正常运行。

三、常见故障与故障案例

案例一

1. 事故概况

2013 年 1 月 3 日 21:17,某变电所 214DL 跳闸,故标 7.57 km,I=3 250 A,U=10 710 V,因大修车间在该站下行(变电所 213 馈线)进行 V 形天窗作业,214 重合闸撤除;21:20,某网工区副工长反映,在该站Ⅰ道作业时听见车站南头传来一声巨响,并有火光出现,网工区人员立即下杆巡视设备,经作业人员检查发现,该站 8 道货物线 68 号处的分段绝缘器被击穿。段调度接到信息后马上通知大修车间作业人员立即下杆,停止作业,撤除地线。21:33—21:57 设备属地网工区利用行车间隙点停电对击穿的分段绝缘器进行了更换,22:00 恢复正常供电行车,不设行车限制。

2. 事故原因

该站 8 道货物线 68 号隔离开关在无作业的情况下仍处于常开状态,违反了当时铁运〔2007〕69 号《接触网安全工作规程》第 97 条和《接触网运行检修规程》第 113 条规定。隔离开关长时间处于分位,使分段绝缘器长时间处于对地耐压状态,当天天窗作业前天气为小雨,在分段绝缘器绝缘性能降低的同时加上空气湿度大,造成分段绝缘器闪络、击穿故障。

案例二

1. 事故概况

2007 年 3 月 1 日 12:09,某网工区接触网工巡视发现管内某枢纽北机走线进北Ⅰ场间的分段绝缘器(北机走线 1～2 号杆)绝缘滑板严重烧伤,立即按规定进行汇报,并申请北机走线至北Ⅰ场间禁止电力机车(动车组)通过。经行车调度批准,12:43—13:17 网工区利用行车间隙点停电对烧伤的分段绝缘器进行了更换,13:20 恢复正常供电行车。

2. 事故原因

经检查,该分段绝缘器绝缘滑板开裂且严重烧伤。该分段绝缘器为 2005 年 6 月 4 日安装,型号为 XTK-1-2;该厂家生产的该型号分段绝缘器在枢纽发生过多次烧伤击穿情况,现已停止使用,并对既有该类型分段绝缘器进行了部分更换。网工区 2006 年 9 月 18 日对该分段绝缘器进行了检修维护。综上情况,该枢纽地区北机走线进北Ⅰ场 1～2 号杆间的分段绝缘器烧伤原因为绝缘滑板条开裂,受电力机车(动车组)取流通过影响烧伤。

本节重点:

1. 掌握分段绝缘器的作用及用途。
2. 掌握分段绝缘器的结构组成及类型。
3. 熟悉分段绝缘器的日常巡视重点和检修内容。

第十一节　线　　岔

一、简　　介

（一）定义及其作用

在线路道岔区上空，接触网有两组或两组以上的悬挂交会组成一定的空间结构，以确保受电弓在各组悬挂间安全过渡，这样的空间结构称为接触网线岔。

线岔的主要作用是保证受电弓由一股道上空的接触线平滑、安全地过渡到另一条股道上空的接触线上，从而完成转换线路运行的目的。

（二）结构及分类

线岔有交叉线岔和无交叉线岔两类。

1. 交叉线岔

交叉线岔的结构是用一根限制管将相交的接触线相互贴近，限制管的两端用定位线夹固定在下面的接触线上，并能保证上面的接触线在限制管与下面的接触线所形成的间隙内自由活动，如图 2-11-1 所示。

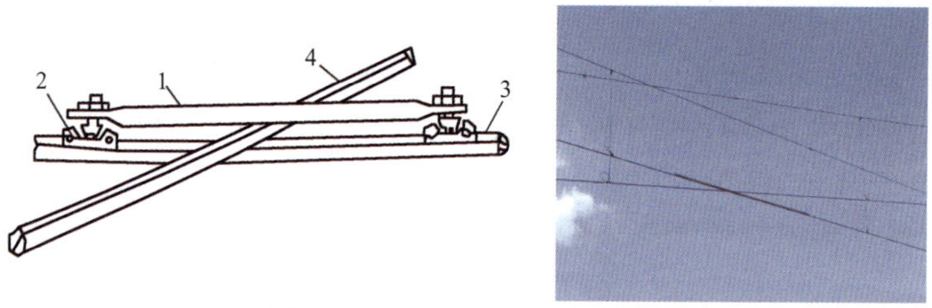

（a）结构　　（b）实物

1—限制管；2—定位线夹；3—正线接触线；4—侧线接触线。

图 2-11-1　交叉线岔示意

2. 无交叉线岔

无交叉线岔的两组或两组以上接触悬挂在空间上不发生交叉，而是通过道岔定位柱实现各组悬挂在空间上的平行布置，形成类似锚段关节的一种结构。主要有 18 号、42 号、50 号道岔形成的线岔，如图 2-11-2～图 2-11-4 所示。

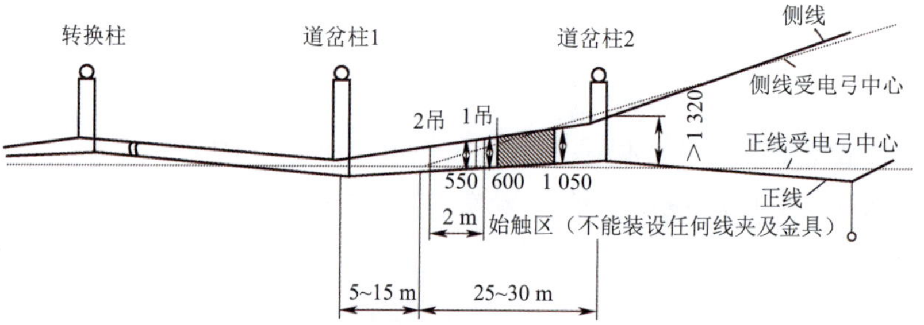

（a）结构（单位：mm）

图　2-11-2

(b) 实物

图 2-11-2　18 号道岔无交叉线岔示意

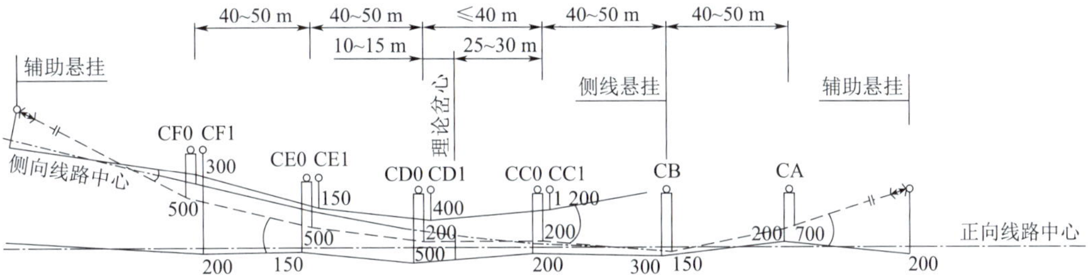

图 2-11-3　42 号道岔无交叉线岔示意(单位:mm)

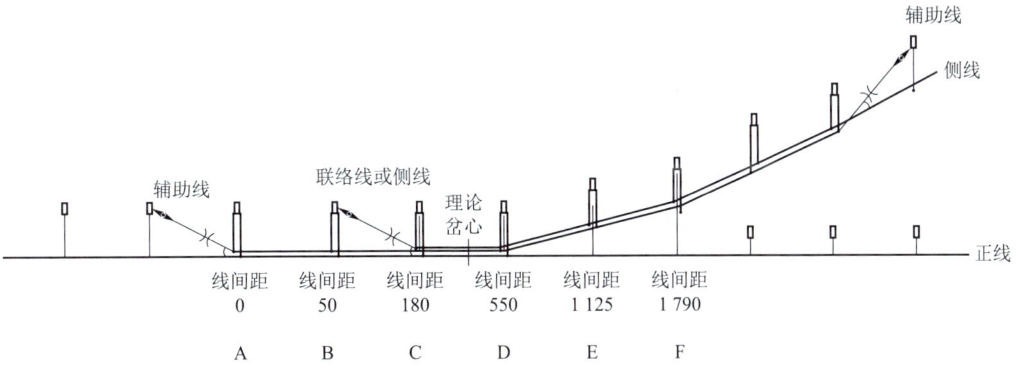

图 2-11-4　50 号道岔无交叉线岔示意(单位:mm)

3. 交叉线岔与无交叉线岔的区别

交叉线岔与无交叉线岔都能满足列车高速运行的要求,但是无交叉线岔平面布置简单,对侧线没有特殊要求,列车正线通过时不与侧线接触,弹性良好,没有硬点,更适合高速列车运行的需要。因此,在新建高速电气化铁路时,优先采用无交叉线岔。

交叉线岔与无交叉线岔在工作原理上各有其特点,首先,机车在高速通过正线时,交叉线岔与侧线接触，并有相当长的一段始触区，如果调整不当，容易产生硬点及发生钻弓事故，而无交叉线岔由于受电弓始终不与侧线接触，不会产生此问题；其次，机车由侧线进入正线时，交叉线岔利用始触区侧线、正线同时抬高顺利完成过渡；无交叉线岔时，机车由侧线进入正线，正线接触线则利用受电弓导角的弧度强行上滑到受电弓接触面，这就要求两线的高度调整必须精确，否则极易发生钻弓事故。

（三）线别设备介绍

广州局集团公司管内，交叉线岔与无交叉线岔都有使用，见表 2-11-1。

表 2-11-1 线岔使用情况分布

序　　号	线路类别	铁路名称	设备名称
1	普速铁路	京广铁路	无交叉线岔，交叉线岔
2		沪昆铁路	交叉线岔
3		焦柳铁路	交叉线岔
4		渝怀铁路	交叉线岔
5		京九铁路	交叉线岔
6		广深铁路	无交叉线岔，交叉线岔
7		广石铁路	无交叉线岔，交叉线岔
8		石长铁路	交叉线岔
9		赣韶铁路	交叉线岔
10		衡茶吉铁路	交叉线岔
11		广珠铁路	交叉线岔
12		南沙港铁路	无交叉线岔，交叉线岔
13	城际铁路	广肇城际铁路	无交叉线岔，交叉线岔
14		广珠城际铁路	无交叉线岔，交叉线岔
15		珠机城际铁路	无交叉线岔，交叉线岔
16		广惠城际铁路	交叉线岔，无交叉线岔
17		梅汕铁路	无交叉线岔，交叉线岔
18		穗深城际铁路	交叉线岔，无交叉线叉
19		长株潭城际铁路	无交叉线岔，交叉线岔
20	高速铁路	京广高速铁路	无交叉线岔，交叉线岔
21		广深港高速铁路	无交叉线岔，交叉线岔
22		杭深铁路	无交叉线岔，交叉线岔
23		衡柳铁路	无交叉线岔，交叉线岔
24		海南东环铁路	交叉线岔
25		沪昆高速铁路	无交叉线岔，交叉线岔
26		贵广高速铁路	无交叉线岔，交叉线岔
27		南广铁路	无交叉线岔，交叉线岔
28		海南西环铁路	交叉线岔
29		娄邵铁路	交叉线岔

续上表

序　　号	线路类别	铁路名称	设备名称
30	高速铁路	张吉怀高速铁路	无交叉线岔,交叉线岔
31		怀衡铁路	交叉线岔
32		黔常铁路	无交叉线岔,交叉线岔
33		深湛铁路	无交叉线岔,交叉线岔
34		赣深高速铁路	无交叉线岔,交叉线岔
35		广汕高速铁路	无交叉线岔,交叉线岔

二、日常维护

(一)巡视

1. 行走至线岔交叉点或其附近,从不同角度观察限制管偏移方向是否正确、限制管的安装状态是否良好,观察固定限制管的定位线夹是否有偏斜、变形、螺母松动或脱落等现象,观察接触线在限制管内是否有卡滞现象,观察交叉点及其附近接触线有无损伤痕迹。

2. 观察电连接、交叉吊弦状态有无缺陷,观察道岔柱、定位柱、软横跨处定位状态有无缺陷。

3. 观察线岔所在跨距内接触线有无损伤、明显的硬点及被受电弓剐伤等现象。

(二)检修

1. 检修周期:6 个月。

2. 检修内容:

(1)测量、调整线交叉点的投影位置。

(2)测量、调整接触线相距 500 mm 两工作支接触线水平、非工作支接触线抬高值。

(3)测量、调整道岔柱定位点拉出值。

(4)检查、调整限制管安装位置及两接触线的间隙。

(5)检查、紧固各部线夹及防松垫片。

(6)检查、调整电连接线的状态及电连接线夹是否紧固。

(7)检查、调整交叉吊弦状态及吊弦线夹情况。

(三)技术标准

1. 普速铁路

(1)由正线与侧线组成的交叉线岔,正线接触线位于侧线接触线的下方;由侧线和侧线组成的交叉线岔,距中心锚结较近的接触线位于下方。

(2)单开、对称(双开)道岔的交叉线岔:

①道岔定位支柱位置应符合设计。

②线岔交叉点两侧定位点拉出值满足设计要求,并应保证两接触线交叉点位于规定范围内,任何情况下线岔定位拉出值不大于 450 mm。

③交叉点位置。

标准值:横向距两线路任一线路中心不大 350 mm,纵向距道岔定位大于 2.5 m。

标准状态:交叉点位于道岔导曲线两内轨距 735～1 050 mm 范围的横向中间位置。允许偏差±50 mm。

警示值：同标准状态。

限界值：交叉点位于道岔导曲线两内轨距 630～1 085 mm 范围的横向中间位置。允许偏差±50 mm。

④两接触线高差。

标准值：当两支接触线均为工作支时，两线相距 500 mm、800 mm 处，正线线岔的侧线接触线比正线接触线高 20 mm，侧线线岔两接触线等高；当一支为非工作支时，距线路中心 800 mm 处，非工作支接触线比工作支接触线抬高 80 mm，并向下锚方向均匀抬升。

标准状态：当两支接触线均为工作支时，两线相距 500 mm、800 mm 处，正线线岔侧线接触线比正线接触线高 15～25 mm，侧线线岔两接触线高差不大于 20 mm；当一支为非工作支时，其距线路中心 800 mm 处，非工作支接触线比工作支接触线抬高 60～90 mm，并向下锚方向均匀抬升。

警示值：同标准状态。

限界值：当两支接触线均为工作支时，两线相距 500 mm、800 mm 处，正线线岔侧线接触线比正线接触线高 10～30 mm，侧线线岔两接触线高差不大于 30 mm；当一支为非工作支时，其距线路中心 800 mm 处，非工作支接触线比工作支接触线抬高 50～100 mm，并向下锚方向均匀抬升。

⑤限制管。

限制管长度符合设计要求，安装牢固，并使两接触线有一定的活动间隙，保证接触线自由伸缩。

⑥始触区。

线岔两工作支中，任一工作支的垂直投影距另一股道线路中心 600～1 050 mm 的范围内，不得安装任何线夹。

⑦道岔定位器支座、软横跨定位立柱不得侵入本线及邻线受电弓动态包络线。

⑧道岔开口方向、道岔定位后的第一个悬挂点设在线间距大于等于 1 220 mm 处，并应保证两线接触悬挂的任一接触线分别与相邻线路中心的距离不小于 1 220 mm。

⑨当非工作支下锚偏角大于 10°时，非工作支应延长一跨并适当抬高后下锚。

⑩两支承力索交叉处，垂直间距不应小于 60 mm。

(3)复式交分和交叉渡线道岔的交叉线岔：

①复式交分道岔两接触线相交于中轴支距中点；交叉渡线道岔两接触线相交于两渡线中心线交点处。

标准值：0 mm。

标准状态：±50 mm。

警示值：±100 mm。

限界值：±150 mm。

②两接触线高差、限制管和始触区等，同单开道岔的线岔要求。

(4)无交叉线岔：

①岔心两端的定位柱距岔心距离符合设计规定。

②岔区腕臂顺线路偏移应符合设计要求，允许偏差±20 mm。

③两承力索垂直间距不应小于 60 mm。

④道岔柱处接触线高度应符合设计要求，两接触线之间的距离、任一接触线距离另一线路中心的距离应符合设计要求。任何情况下工作支拉出值不大于 450 mm。

⑤正线接触线距侧线线路中心，侧线接触线距正线线路中心水平投影 600～1 050 mm 范围为始触区。始触区不得安装除吊弦线夹以外的任何线夹类金具。

⑥对于 38 号及以上道岔，在正线接触线距侧线线路中心、侧线接触线距正线线路中心水平投影大于 850 mm 处，各增设一根吊弦，接触线吊弦线夹螺栓从两接触线间向外穿。

⑦对于带辅助悬挂的无交叉线岔，三支接触线的拉出值、定位点的抬升符合设计要求；电力机车（动车组）在不同径路运行时受电弓的动态包络线应符合要求。

(5)交叉吊弦：

①交叉吊弦应安装在正线接触线距侧线线路中心线、侧线接触线距正线线路中心线水平投影 550～600 mm 的范围内，两交叉吊弦间距一般为 2 m。交叉吊弦与其他吊弦间距（始触区反侧）不大于 6～8 m。

②交叉吊弦的安装顺序应保证在受电弓从道岔开口方向进入时，先经过侧线承力索与正线接触线间的吊弦。

③交叉吊弦的承力索端采用滑动吊弦线夹时，绝缘垫块应安装正确，保证滑动灵活；交叉吊弦接触线端的吊弦线夹螺栓及载流环应朝向远离另一支接触线的方向，线夹倾斜角最大不得超过 15°。

(6)线岔的编号应以其所在的道岔编号命名。

2. 高速铁路

(1)单开和对称（双开）交叉线岔：

①由正线与侧线组成的交叉线岔，正线接触线位于侧线接触线的下方；由侧线和侧线组成的线岔，距中心锚结较近的接触线位于下方。

②道岔定位支柱位置应符合设计。

③线岔交叉点两侧定位点拉出值满足设计要求，并应保证两接触线交叉点位于规定范围内，任何情况下线岔定位拉出值不大于 450 mm。

④交叉点位置。

标准值：横向距两线路任一线路中心不大 350 mm，纵向距道岔定位柱大于 2.5 m。

标准状态：交叉点位于道岔导曲线两内轨距 735～1 050 mm 范围内的横向中间位置，允许偏差±50 mm。

警示值：同标准状态。

限界值：交叉点位于道岔导曲线两内轨距 630～1 085 mm 范围外的横向中间位置，允许偏差±50 mm。

⑤两接触线相距 500 mm 处的高差。

标准值：当两支均为工作支时，正线线岔的侧线接触线比正线接触线高 20 mm，侧线线岔两接触线等高。当一支为非工作支时，非工作支接触线比工作支接触线高 80～100 mm 并按设计要求延长一跨抬高 350～500 mm 后下锚。

标准状态：当两支均为工作支时，正线线岔侧线接触线比正线接触线高 10～30 mm；侧线线岔两接触线高差不大于 30 mm。当一支为非工作支时，非工作支接触线比工作支接触线抬高 50～100 mm，并延长一跨抬高 350～500 mm 后下锚。

警示值：同标准状态。

限界值：同警示值。

⑥限制管长度符合设计要求，安装牢固，并使两接触线有一定的活动间隙，保证接触线自由伸缩。

⑦始触区。线岔两工作支中，任一工作支的垂直投影距另一股道线路中心 600～1 050 mm 的区域内不得安装除吊弦线夹(必需时)外的其他线夹。

在始触区至接触线交叉点处，正线和侧线接触线应位于受电弓中心的同一侧。

⑧道岔定位器支座、软横跨定位立柱不得侵入本线及邻线受电弓动态包络线。

⑨道岔开口方向、道岔定位后的第一个悬挂点设在线间距大于等于 1 220 mm 处，并应保证两线接触悬挂的任一接触线分别与相邻线路中心距离不小于 1 220 mm。

⑩当非工作支下锚偏角大于 8°时，非工作支应延长一跨并适当抬高后下锚。

⑪两支承力索垂直间距不应小于 60 mm。

⑫岔区腕臂顺线路偏移量符合设计要求，允许偏差±20 mm。

(2)复式交分和交叉渡线线岔：

①复式交分道岔两接触线相交于中轴支距中点；交叉渡线道岔两接触线相交于两渡线中心线交点处。

标准值：0 mm。

标准状态：50 mm。

警示值：100 mm。

限界值：150 mm。

②两接触线高差、限制管和始触区等，同单开道岔的线岔要求。

(3)无交叉线岔：

①岔心两端的定位柱距岔心距离符合设计规定。

②岔区腕臂顺线路偏移应符合设计要求，允许偏差±20 mm。

③两承力索垂直间距不应小于 60 mm。

④道岔柱处接触线高度应符合设计要求，任何情况下拉出值不大于 450 mm。

⑤正线接触线距侧线线路中心，侧线接触线距正线线路中心水平投影 600～1 050 mm 范围为始触区。始触区不允许安装除吊弦线夹以外的任何线夹类金具。

⑥交叉吊弦。

a. 交叉吊弦应安装在正线接触线距侧线线路中心线，侧线接触线距正线线路中心线水平投影 550～600 mm 的范围内，两交叉吊弦间距一般为 2 m。交叉吊弦与其他吊弦间距(始触区反侧)不大于 6～8 m。

b. 交叉吊弦的安装顺序应保证在受电弓从道岔开口方向进入时，先经过侧线承力索与正线接触线间的吊弦。

c. 交叉吊弦的承力索端采用滑动吊弦线夹时，绝缘垫块应安装正确，保证滑动灵活；交叉吊弦接触线端的吊弦线夹螺栓及载流环应朝向远离另一支接触线的方向，线夹倾斜角最大不得超过 15°。

⑦对于 38 号及以上道岔，在正线接触线距侧线线路中心、侧线接触线距正线线路中心水平投影大于 850 mm 处，各增设一根吊弦。接触线吊弦线夹螺栓从两接触线间向外穿。

⑧带辅助悬挂的无交叉线岔。

a. 在开口方向第一根道岔柱处，侧线定位点距离正线(直股)线路中心大于 1 250 mm。

b. 第二根道岔柱处侧线抬高 80～120 mm。

c. 在线路中心间距为 720 mm 处，正线与侧线接触线间距应小于 1 200 mm。

d. 300 km/h 以上线路的线岔，第二根道岔柱侧线定位点距离正线(直股)的线路中心应在 1 250～1 350 mm 间。

(4)线岔的编号应以其所在道岔编号命名。

三、常见缺陷与故障案例

(一)常见缺陷

1. 交叉吊弦严重松弛(图 2-11-5)。

2. 交叉吊弦螺栓穿反(图 2-11-6)。

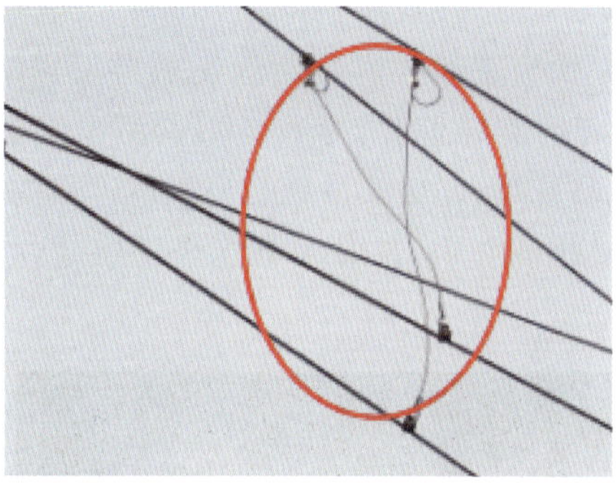

图 2-11-5　交叉吊弦严重松弛

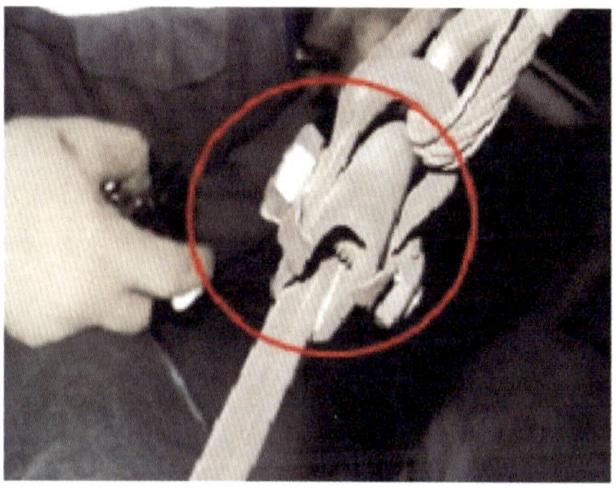

图 2-11-6　交叉吊弦螺栓穿反

3. 交叉吊弦烧伤痕迹(图 2-11-7)。

4. 导线偏移过大(图 2-11-8)。

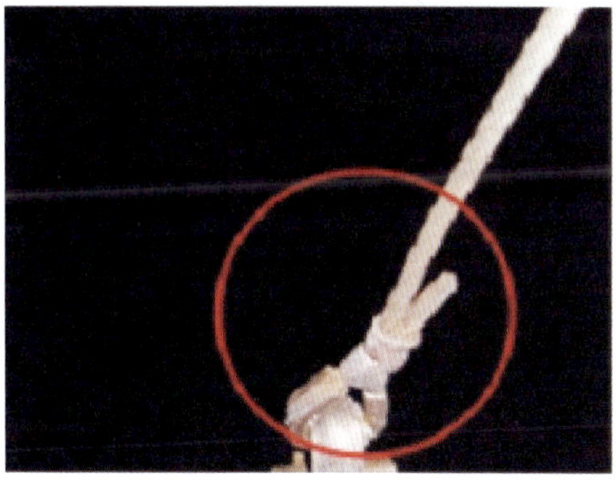

图 2-11-7　交叉吊弦烧伤痕迹

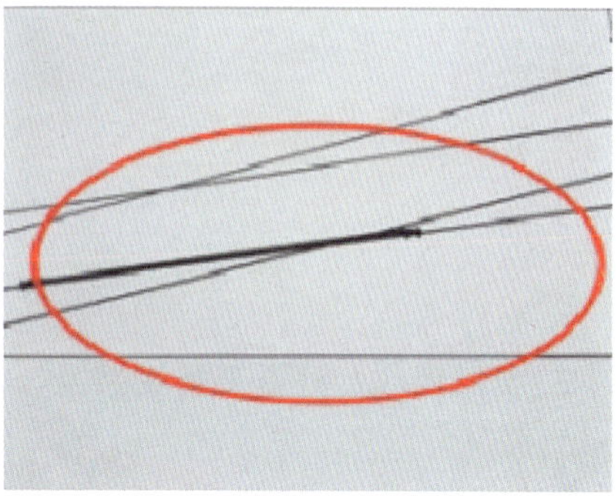

图 2-11-8　导线偏移过大

(二)故障案例

案例一

1. 事故概况

2003 年 11 月 18 日，K48 次在××线某站南头 60 号柱 18 号线岔处刮弓，60 号柱 18 号线岔处非工作支南头第一根吊弦脱落，非工作支定位器挤弯，非工作支接触线在限制管北端卡死，受电弓刮坏，再运行至该站北头 12～16 号柱间刮网。12～16 号柱间的吊弦被受电弓刮断 9 根，13～16 号柱间分段绝缘器吊弦断 1 根，12～14 号间跨中承力索断股 12 根，14 号柱棒式绝缘子折断，定位管及腕臂拉弯，定位器脱落。

2. 事故原因

因 18 号线岔非工作支第一吊弦接触线线夹松动，由于气温骤变，在张力作用下，将非工作支吊弦拉脱，使非工作支抬高不够引起打弓，损坏的弓运行到北头线岔时刮网。

案例二

1. 事故概况

2010 年 1 月 25 日，××高铁某站 151 号柱上行方向第一根交叉吊弦烧断，动车组通过时造成某变电所 213、214 馈线跳闸，重合成功；1 h 后，该站 61 号柱北京方向第二根交叉吊弦烧断，动车组通过时造成某变电所 213、214 馈线第二次跳闸，重合成功。两根吊弦均为侧线承力索与正线接触线悬挂的交叉吊弦。

2. 事故原因

被烧断的吊弦为无交叉线岔交叉吊弦(悬吊方式为正线接触线对侧线承力索)，电连接安装在线岔的闭口侧，由于承力索固定端 C 形绝缘滑块旋转偏移，导致承力索吊弦线夹与承力索接触，绝缘滑块功能失效，当该供电臂有动车组取流时，此交叉吊弦相当于电连接的作用，因其属于非固定的接触，且吊弦截面积远小于电连接线截面积，长时间电气烧伤熔断，故障照片如图 2-11-9 所示。

(a) 吊弦烧断　　(b) 吊弦线夹烧伤

图 2-11-9　故障照片

案例三：接触网线岔处交叉吊弦断脱

1. 事故概况

2022 年 2 月 8 日，D××××次运行至××高铁某站下行出站 K1259 处自动降弓停车，供电人员现场检查确认该站下行 49～51 号支柱间 8 号道岔上方接触线交叉吊弦侧线接触线线夹脱落，击打受电弓导致自动降弓。

2. 事故原因

现场分析该交叉吊弦松脱主要是气温变化较大导致接触线向中心锚结偏移，正线与侧线的中心锚结分别在交叉吊弦的两侧，导致交叉吊弦张力变大，同时又因为接触线向吊弦受力侧扭面，从而导致吊弦脱落。

案例四：接触网线岔处交叉吊弦断脱

1. 事故概况

2022年8月12日，××城际××城际场至××城际场C166～168号杆间，接触网交叉吊弦烧断，造成D××××次、D××××次多列动车组受电弓羊角被击打变形。

2. 事故原因

交叉吊弦存在分流情况，长期运行后交叉吊弦烧损、断脱。

案例五：接触网线岔处交叉吊弦断脱

1. 事故概况

2022年1月12日，××线××××次运行至××至××区间K56+043处刮弓停车。供电人员现场巡视发现××至××区间上行346号柱至348号柱跨中（K54+737）线岔限制管脱落，对线岔及前后接触网设备上网检查未发现异常，现场补装线岔限制管1根。

2. 事故原因

该处线岔采用自重较重的T形截面限制导管，但未按照标准安装吊弦，限制管自重全部作用到接触线上，造成接触线处接触压力大，在受电弓长期冲击下，线岔限制管西端线夹松动，引起线岔限制管西端螺栓脱落、限制管西端偏斜低头，××××次机车通过时，击打××××次本务机车受电弓（有划痕），刮坏受电弓（受损严重），限制管脱落。

本节重点：

1. 掌握线岔的作用及安装处所。
2. 掌握无交叉线岔和交叉线岔的技术标准。
3. 熟悉线岔的日常巡视重点和检修内容。

第三章　接触网相关设备

第一节　隔离开关

一、简　　介

(一)定义及其作用

隔离开关是一种没有熄弧装置的开关电气设备,作用是检修时隔离电源,使检修设备与带电设备之间有明显的断开点。在绝缘锚段关节处、分相绝缘处、供电线上网处、车站联络线及专用线、电气列车库线、机车整备线等处,凡需要进行电分段的地方(除上、下行渡线外)都应设置隔离开关。

(二)结构及分类

隔离开关主要由绝缘部分、导电部分、支持底座或框架、传动机构和操作机构等组成,如图 3-1-1 所示。

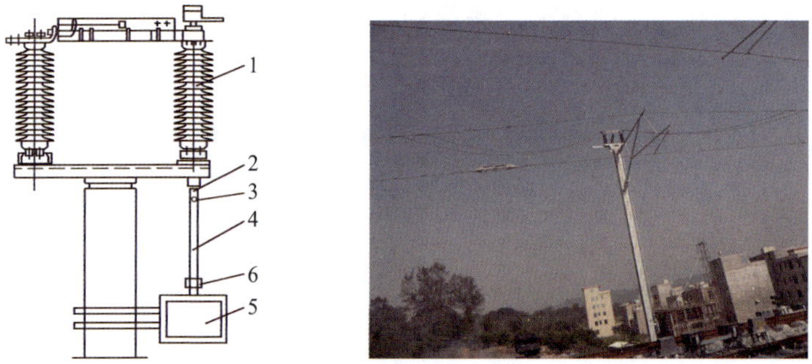

(a) 结构　　　　(b) 实物

1 -开关本体;2—开关输出轴接头;3—弹性圆柱销;4—传动杆;5—操作机构;6—连接法兰。

图 3-1-1　隔离开关示意

隔离开关可按不同的原则进行不同形式的分类,按照单一的标准主要有以下分类:

1. 按绝缘支柱数目可分为单柱式隔离开关、双柱式隔离开关、多柱式隔离开关、V 形隔离开关。目前接触网上均使用双柱式隔离开关。

2. 按闸刀(不带接地闸刀的隔离开关按闸刀,带接地闸刀的隔离开关按主闸刀)的运行方式可分为水平旋转式隔离开关、垂直旋转式隔离开关、摆动式隔离开关、插入式隔离开关。目前应用到接触网上的一般都是水平旋转式隔离开关和垂直旋转式隔离开关。

例如,户外高压交流隔离开关(图 3-1-2)为双柱垂直开断式结构,可附装接地开关。单极隔离开关由基座、两个支柱绝缘子、一个操作绝缘子、上导电部分及操作机构组成。支柱绝缘子安装在基座上,上导电部分安装在支柱绝缘子的上方,操作绝缘子上安装孔连接导电臂,下安装孔连接操作拐臂,操作拐臂与操作杆相连。操作机构通过操作杆带动操作拐臂,操作拐臂带动操作绝缘子上下运动,从而完成隔离开关分、合闸。

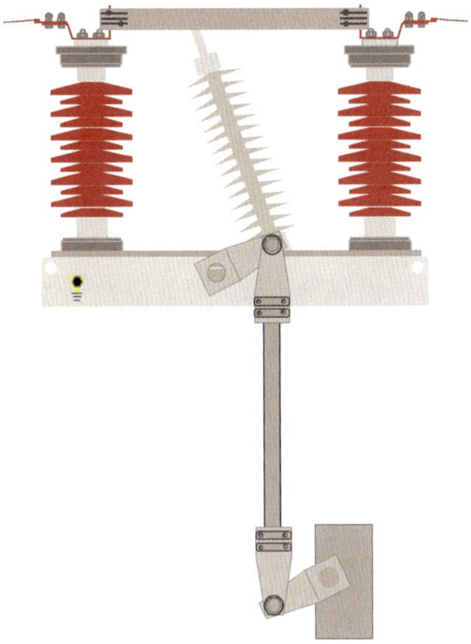

图 3-1-2　双柱垂直开断式隔离开关

3. 按有无接地闸刀可分为带接地闸刀隔离开关、无接地闸刀隔离开关,如图 3-1-3、图 3-1-4 所示。

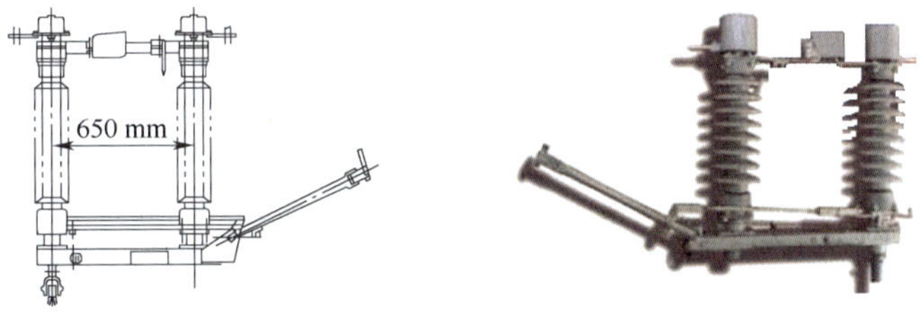

图 3-1-3　带接地闸刀隔离开关

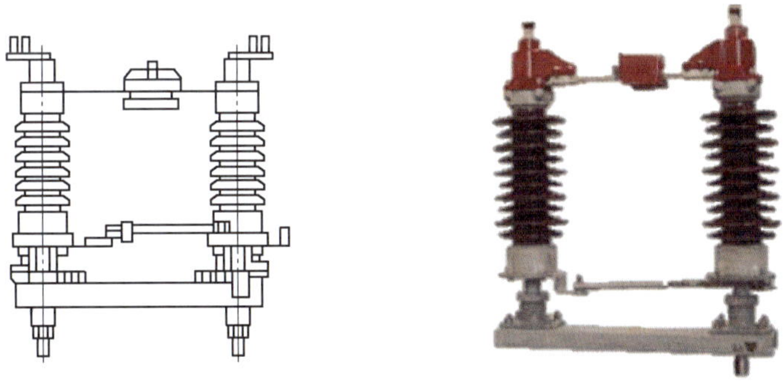

图 3-1-4　无接地闸刀隔离开关

带接地闸刀隔闸开关的主闸刀与接地闸刀间的运动联系又有联锁和联动之分。一般地,这种联锁或联动的实现是以机械操作控制的,因此称之为机械联锁装置。主闸刀与接地闸刀实行联锁的目的是防止误将带电的出线端接地,亦即隔离开关的动作程序应该是主分→地合或地分→主合。

这两种隔离开关在接触网上都有应用。在车站的货物线、电力机车(动车组)折返段的整备线等需经常进行停电作业的地方使用带接地闸刀隔离开关;在车站两端四跨电分段、分相电分段、馈电线、捷接线、并联线等不需经常操作的处所安装无接地闸刀隔离开关。

4. 按操作机构不同,根据管内目前使用可分为手动隔离开关、电动隔离开关。

电动隔离开关的操作控制又分为当地和远动两种,现在使用的隔离开关往往同时具备手动和电动两种操作机构。

5. 按其装设地点的不同分为户内隔离开关、户外隔离开关。

安装于房屋里面的隔离开关称为户内隔离开关,此种隔离开关只有牵引变电所内才有;而接触网是露天架设的,其上全部是户外隔离开关。

6. 能切断一定负荷的隔离开关称为负荷隔离开关,简称负荷开关。

隔离开关的代号表示由字母和数字两部分组成,其具体表示及其意义如图 3-1-5 所示。

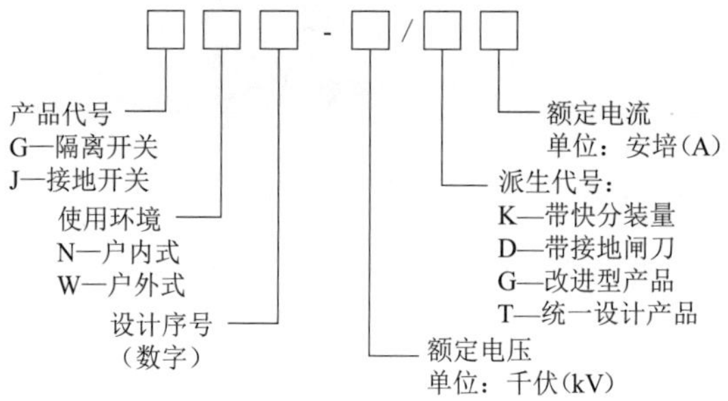

图 3-1-5　隔离开关的型号表示构成

代号中,设计序号为数字,额定电压和额定电流是数值,其单位省略不写,产品代号、使用环境和派生代号均为字母符号,其派生代号一栏可以是多个字母。

例如,GW4-27.5D /630 表示设计序号为 4,额定电压 27.5 kV,额定电流 630 A 的带接地闸刀户外隔离开关。

(三)线别设备介绍

以上几种设备均在广州局集团公司管内使用,具体分布见表 3-1-1。

表 3-1-1　隔离开关使用情况分布

序　　号	线路类别	铁路名称	设备名称
1	普速铁路	京广铁路	手动隔离开关、电动隔离开关(负荷)
2		沪昆铁路	手动隔离开关、电动隔离开关
3		焦柳铁路	手动隔离开关
4		渝怀铁路	手动隔离开关
5		京九铁路	手动隔离开关、电动隔离开关
6		广深铁路	手动隔离开关、电动隔离开关(负荷)
7		广石铁路	手动隔离开关、电动隔离开关(负荷)
8		石长铁路	手动隔离开关、电动隔离开关(负荷)
9		赣韶铁路	手动隔离开关、电动隔离开关

续上表

序　号	线路类别	铁路名称	设备名称
10	普速铁路	衡茶吉铁路	手动隔离开关、电动隔离开关
11		广珠铁路	手动隔离开关、电动隔离开关
12		南沙港铁路	手动隔离开关、电动隔离开关
13	城际铁路	广肇城际铁路	手动隔离开关、电动隔离开关(负荷)
14		广珠城际铁路	手动隔离开关、电动隔离开关
15		珠机城际铁路	电动隔离开关
16		广惠城际铁路	电动隔离开关
17		梅汕铁路	手动隔离开关、电动隔离开关
18		穗深城际铁路	电动隔离开关、远动隔离开关
19		长株潭城际铁路	手动隔离开关、电动隔离开关
20	高速铁路	京广高速铁路	电动隔离开关
21		广深港高速铁路	手动隔离开关、电动隔离开关
22		杭深铁路	手动隔离开关、电动隔离开关
23		衡柳铁路	手动隔离开关、电动隔离开关
24		海南东环铁路	手动隔离开关、电动隔离开关
25		沪昆高速铁路	手动隔离开关、电动隔离开关
26		贵广高速铁路	手动隔离开关、电动隔离开关
27		南广铁路	电动隔离开关
28		海南西环铁路	电动隔离开关
29		娄邵铁路	电动隔离开关
30		张吉怀高速铁路	电动隔离开关
31		怀衡铁路	电动隔离开关
32		黔常铁路	电动隔离开关
33		深湛铁路	电动隔离开关
34		赣深高速铁路	单极电动隔离开关、双极电动隔离开关
35		广汕高速铁路	单极电动隔离开关、双极电动隔离开关
36		渝厦高速铁路	手动隔离开关、电动隔离开关

二、日常维护

(一)巡视

步行巡视隔离开关时,应按以下方法进行:

1. 人员行走至隔离开关安装处时,从不同角度对隔离开关的安装及运行状态进行地面观察,项目为:

(1)观察隔离开关的瓷柱是否清洁,有无油污、破损及放电现象,瓷釉剥落面积是否超过 300 mm^2,铁件防腐层是否完好。

(2)在合闸状态时,观察合闸角度是否符合要求(即两闸刀中心线是否在同一直线上);在分闸状态时，观察分闸角度是否符合要求(即 90°+1°)。若合闸或分闸角度不符合要求，视情况向供电调度报告或申请停电天窗进行处理。

在观察隔离开关分、合闸状态时，同时还应观察闸刀及其触头运行状态，即有无烧伤现象。如因合闸角度不符合要求导致闸刀或触头间有放电(如触头未接触或似接非接等)现象或烧伤情况，则向供电调度报告并申请停电天窗进行处理。

2. 观察隔离开关电连接、各部线夹运行状态，即观察电连接线有无断股、烧伤现象，观察各部线夹的连接固定状态是否良好、有无烧伤现象，各部螺栓是否紧固。

进行以上观察时，同时观察电连接线弛度，即观察电连接线是否出现无弛度现象(对隔离开关瓷柱的拉力大)或弛度过大现象(对地或其他位置绝缘距离小)。如有缺陷，视情况报告供电调度或申请停电天窗处理。

3. 观察操作机构状态及其机械闭锁情况，同时观察各部件是否齐全，是否加锁。

(二)检修

1. 检修周期：6～12 个月。

常动隔离开关(含操作机构及远动操作试验)为半年检设备，周期为 6 个月；半年检规定之外的隔离开关为 12 个月。

2. 检修内容：

(1)检查绝缘瓷柱是否有破损、裂纹、放电痕迹，绝缘瓷柱转动是否灵活。

(2)用塞尺检查闸刀触头、设备线夹与隔离开关引线板接触是否密贴、良好。检查螺栓是否紧固、有油。

(3)打开隔离开关，测量主闸刀分闸角度、分闸止钉间隙，检查主闸刀触头有无烧伤、扭曲、麻点等。带接地闸刀的隔离开关，检查接地闸刀合闸状态是否符合要求。

(4)闭合隔离开关，检查是否有回弹现象，主闸刀触头接触压力是否均匀，合闸止钉间隙是否为 1～3 mm；检查两闸刀是否水平，中心线是否呈直线，合闸过程中是否旁击。带接地闸刀的隔离开关，检查接地闸刀分闸角度是否符合要求。

(5)检查双极隔离开关是否同步，闸刀位置是否一致。

(6)测量一次操作隔离开关在分闸过程中带电部分与接地部分任何一点空气间隙，均不得小于 400 mm。

(7)带接地闸刀的隔离开关，测量主闸刀与接地闸刀在联动过程中任何一点的瞬时空气间隙，均不得小于 400 mm。

(8)检查引线松紧是否适当，各处距离是否符合要求。

(9)检查操作机构转动是否灵活。检查带接地闸刀隔离开关操作机构的联动、闭锁是否正确、可靠。

(10)检查操作机构和隔离开关转动部位是否注润滑剂。

(11)检查各部螺栓是否有锈蚀、是否涂油，铁件是否有油漆剥落、锈蚀。

(三)技术标准

1. 普速铁路

(1)隔离开关应动作可靠、转动灵活，合闸时触头接触良好，引线和连接线的截面与开关的额定电流及所连接的接触网当量截面相适应，引线不得有接头。

(2)隔离开关的触头接触面应平整、光洁无损伤，并涂以导电介质。

(3)隔离开关的分闸角度及合闸状态应符合产品的技术要求。

(4)隔离开关操作机构应完好无损并加锁,转动部分注润滑油,操作时平稳正确无卡阻和冲击。

(5)引线及连接线应连接牢固接触良好,无破损和烧伤。引线距接地体的距离应不小于330 mm。引线的长度应保证当接触悬挂温度变化时有一定的活动余量并不得侵入限界,引线摆动到极限位置对接地体的距离符合规定。

(6)隔离开关支持绝缘子应清洁、无破损和放电痕迹,瓷釉剥落面积不超过300 mm^2。

(7)新安装的隔离开关在投入运行前应做交流耐压试验,运行中每年用2 500 V兆欧表测量一次绝缘电阻,与前一次测量结果相比不应有显著降低。

(8)负荷开关的技术状态应符合产品说明书的相关要求。

2. 高速铁路

(1)隔离(负荷)开关应动作可靠、转动灵活,合闸时触头接触良好,引线和连接线的截面与开关的额定电流及所连接的接触网当量截面相适应,引线不得有接头。

(2)隔离(负荷)开关的触头接触面应平整、光洁无损伤,并涂电力复合脂。

(3)隔离(负荷)开关的分闸角度及合闸状态应符合产品的技术要求。

(4)隔离(负荷)开关操作机构应完好无损并加锁,转动部分注润滑油,操作时平稳正确无卡阻和冲击。

(5)引线及连接线应连接牢固接触良好,无破损和烧伤,不得使用对接式的铜铝过渡线夹。引线的长度应保证当接触悬挂受温度变化偏移时有一定的活动余量并不得侵入限界,引线摆动到极限位置对接地体的距离不小于350 mm。

(6)支持绝缘子应清洁、无破损和放电痕迹,瓷釉剥落面积不超过300 mm^2。

(7)新安装的隔离(负荷)开关在投入运行前应做交流耐压试验,运行中每年用2 500 V兆欧表测量一次绝缘电阻,与前一次测量结果相比不应有显著降低。

(8)电动隔离开关操作机构应完好无损并加锁。传动杆与隔离开关操作机构紧密配合,符合产品说明书要求。隔离开关操作机构箱密封良好。

(9)驱动装置的电机转向正确,机械系统润滑良好,分、合闸指示器与开关实际位置相符合。驱动装置的电机和传动器的滑动离合器应符合技术要求。

(四)检修隔离开关的一般步骤

1. 将隔离开关倒至分闸位置,测量分闸角度、分闸止钉间隙及触头接触情况。带接地闸刀的隔离开关应检查接地闸刀接触情况。

2. 将隔离开关倒至合闸位置,检查合闸是否呈直线、合闸止钉间隙及触头密贴情况。

3. 测量一次操作的隔离开关在分、合闸过程中带电与接地部分的瞬时间隙。

4. 清扫支柱绝缘子,检查其绝缘状态,测量隔离开关引线与接地体距离。当隔离开关引线跨越某线路上空的接触悬挂时,测量该引线与被跨越接触悬挂间的距离。

5. 紧固各部螺栓及转动关节。

6. 检修测量完毕后,恢复隔离开关原运行状态并加锁。

(五)使用维护负荷开关时的注意事项

1. 手动操作时注意分、合闸位置指示到位,电动操作时只要按分、合闸按钮即可。

2. FW-27.5/1250单极、FW-55/27.5/1250双极负荷开关在规定的寿命周期内为不检修开关,但根据需要应定期对开关做如下维护和检查:

(1)擦拭绝缘瓷柱、瓷套上的污垢。

(2)检查压力表是否在规定值以内。

(3)检查合、分闸位置及闸刀打开距离。

(4)检查螺栓是否有松动,特别是操作机构内的辅助调节环顶丝是否松动。

(5)检查是否有人为破坏及损伤现象。

(六)隔离(负荷)开关损坏时的应急处理

1. 分段绝缘器处隔离开关损坏,则拆卸掉隔离开关引线与隔离开关的连接固定后,将引线临时绑固在承力索上(或将引线自接触网处一并完全拆卸);处理接触网损坏的其他设备;将安装分段绝缘器的线路封闭。

2. 吸流变压器处的双极 GW4-35/600 隔离开关损坏,则将隔离开关与接触网的引线拆卸后,将此隔离开关与吸流变压器一并解列退出运行(需同时拆卸吸流变压器次边与回流线的引线)。合上吸流变压器台上的 GW1-10/600 隔离开关和绝缘锚段关节的单极 GW4-35/600 隔离开关。

3. 安装吸流变压器锚段关节处的单极 GW4-35/600 隔离开关损坏,则将其与接触悬挂间的引线拆卸,保证吸流变压器在运行状态即可。

4. 普通绝缘锚段关节处的隔离开关、负荷开关损坏,拆卸隔离开关、负荷开关引线使其退出运行后,有两种方法使另一侧接触网受电。一种方法是预制一组电连接,安装在装设隔离开关、负荷开关的转换柱处,用以短接此转换柱处接触线和承力索上的分段悬式绝缘子串,此组电连接起着旁路隔离开关的作用,保证接触网在电路上不开断。另一种方法是将绝缘锚段关节调整至技术要求,采用越区供电的方式,使另一侧接触网受电。

三、常见缺陷与故障案例

(一)常见缺陷

1. 运行中的隔离开关可能出现的异常现象主要有:

(1)接触部分过热。由于拧紧部件松动,闸刀触头合得不严或接触不良,造成过热或闸刀触头熔焊。

(2)支柱绝缘子外伤、硬伤。

(3)在污秽严重或过电压情况下,发生闪络、放电、击穿接地现象,引起烧伤痕迹。严重时发生短路,造成支持绝缘子爆炸。

2. 如果隔离开关存在缺陷,那么将有可能造成以下后果(指 35 kV 电压等级的隔离开关):

(1)隔离开关的支柱绝缘子(即绝缘瓷柱)破损或脏污严重,当接触网上有过电压或环境潮湿时,会使支柱绝缘子闪络或击穿爆炸,从而造成接触网接地短路事故。

(2)隔离开关主闸刀触头之间、设备线夹与隔离开关引线板之间接触不良,会烧伤、烧毁闸刀触头或引线板,使隔离开关毁坏;烧毁设备线夹使隔离开关引线断落,造成接触网接地短路。

(3)合闸时两主闸刀触头旁击、闸刀间不水平或中心线不吻合,一方面合闸时会打坏主闸刀触头,另一方面造成接触不良或接触载流面不够,会使隔离开关烧毁。

(4)接触压力不符合要求,闸刀触头间接触不良或操作不灵活打坏闸刀触头。主闸刀合闸后回弹，会出现闸刀触头接触不良、接触载流面不够、闸刀触头处于未接触状态等情况，进而造成隔离开关烧毁。

(5)隔离开关分闸时，其分闸角度远小于 90°，一方面造成带电部分与接地部分距离不够，另一方面造成主闸刀、接地闸刀机械闭锁不可靠。

(6)双极隔离开关不同步，一方面会产生操作过电压，另一方面会打坏或烧毁一极闸刀触头。

(二)故障案例

案例一

1. 事故概况

2001 年 4 月 24 日，在×××折返段Ⅱ道区分绝缘器处，电力机车 A 停在×××折返段Ⅱ道区分绝缘器内准备进行整备作业，电力机车 B 也进入Ⅱ道，与电力机车 A 相距 10 m 处停下，升双弓试验电气设备部分，一个弓头在分段绝缘器内，另一个弓头在分段绝缘器外。A 车司机拉开联动隔离开关时，主闸刀分开，接地闸刀自动合上瞬间，某折返段馈线跳闸，重合闸失败，并将Ⅱ道接触线烧断。

2. 事故原因

电力机车 B 所停位置错误，不应停于分段绝缘器下并升双弓。电力机车 A 司机操作隔离开关时，距电力机车 B 仅 10 m，但 A 车司机与监护人均未观察电力机车 B 所停位置及升双弓情况，在拉开主闸刀、接地闸刀自动合上瞬间，短路电流经分段绝缘器内侧接地，由于是永久性短路，某开闭所开关跳闸后重合送电，烧断了接触线。

案例二

1. 事故概况

2002 年 12 月 23 日，某站 6 道 46 号杆定位附近分段绝缘器处。某变电所 212 跳闸，重合闸不成功，故标显示为某站附近。某网工区立即出动到故标显示附近巡视，发现某站六道货物装卸专用线 62 号隔离开关故障，临时要点将 62 号隔离开关合闸到位后恢复供电。

2. 事故原因

由于该站 6 道为货物装卸专用线，装卸作业频繁。而该道 62 号隔离开关为带接地闸刀隔离开关，因车站作业需要使该开关长期处于分闸状态，分段绝缘器因长时间承受高电压加速了老化过程，加之该段时间天气恶劣(一直为雨雪天气)，该装卸线一直进行水泥和煤的装卸，工作环境污染较严重，导致最终击穿后通过无电侧的接地闸刀接地引起跳闸。

本节重点：

1. 掌握各种隔离开关的特点及安装处所。
2. 掌握隔离开关的检查标准。

第二节　避雷器

一、简　　介

(一)定义及其作用

避雷器是当雷击或电路开闭等原因引起的过电压幅值超过某一值时，通过放电限制过电压，保护电气设备的绝缘，并且短时间遮断续流，使系统正常状态不被打乱，拥有自我恢复机能的装置。

避雷器连接在导线(接触网)与大地之间,通常与被保护设备并联。当被保护设备在正常工作电压下运行时,避雷器不会产生作用,对大地来说视为断路。一旦出现高电压,且危及被保护设备绝缘时,避雷器立即动作,将高电压冲击电流导向大地,从而限制电压幅值,保护电气设备绝缘。当过电压消失后,避雷器恢复原状,使系统能够正常供电。避雷器电气原理示意如图 3-2-1 所示。

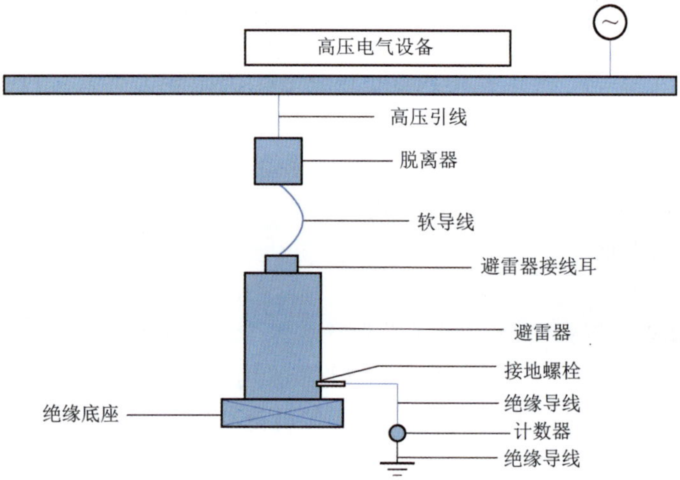

图 3-2-1　避雷器电气原理示意

(二)结构及分类

为提高接触网供电的可靠性,加强接触网防雷电侵害能力,在供电线上网点、雷害多发地区正线锚段关节处、电分相关节处、长大桥梁处、长大隧道口、高架站房、封顶式雨棚站区的两端重点位置需设置避雷器。

如今,在现场运用的主要有管型避雷器、氧化锌避雷器两种,尤其是氧化锌避雷器应用越来越多。

1. 管型避雷器,实质是一种较高熄弧能力的保护间隙,有两个相互串联的间隙,一个在大气称为外间隙 S_2,另一个间隙 S_1 在产气管内,称为内间隙或灭弧间隙。因其具有外间隙,受环境影响大。管型避雷器结构如图 3-2-2 所示。

2. 氧化锌避雷器是 20 世纪 70 年代初出现的一种新型避雷器。这种避雷器的阀片以氧化锌(ZnO)为主要原料,辅助以少量能产生非线性特性的金属氧化物,经混料、选粒、成型,在高温下烧结而成。氧化锌避雷器结构及实物如图 3-2-3 所示。

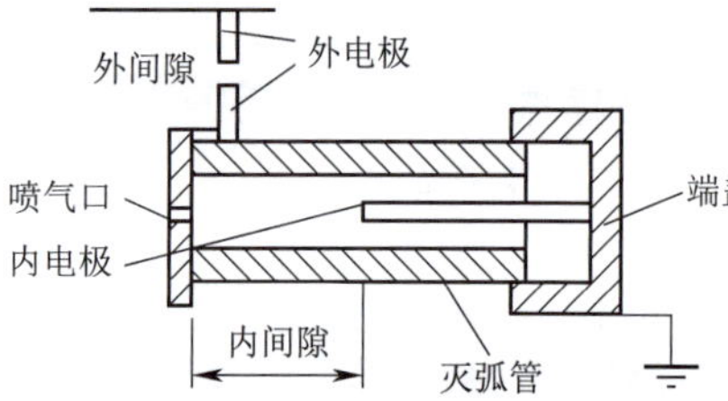

图 3-2-2　管型避雷器结构

线路上使用的复合外套金属氧化物避雷器生产厂商可能不同,安装方式有微小的区别,但主要的安装原则不变,就是避雷器的脱离器应安装于高压侧(接触网侧),目的是使脱离器发生脱离后,软铜线垂下悬吊于避雷器侧,不与高压侧发生接触,实现高压侧与避雷器完成脱离的目的。

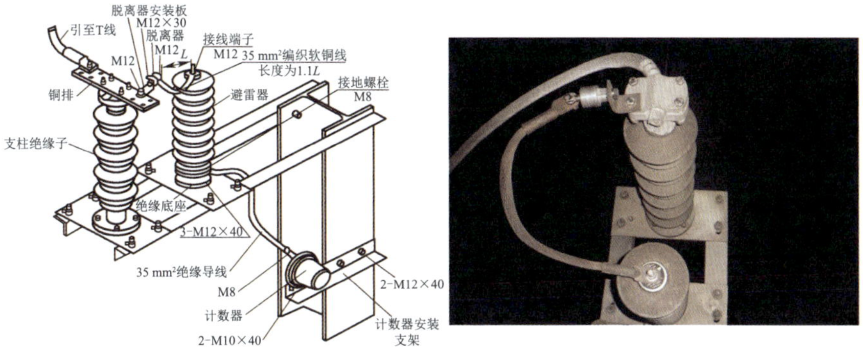

（a）结构　　（b）实物

图 3-2-3　氧化锌避雷器示意

（三）线别设备介绍

广州局集团公司管内避雷器使用分布情况见表 3-2-1。

表 3-2-1　避雷器使用分布

序　号	线路类别	铁路名称	设备名称
1	普速铁路	京广铁路	金属氧化锌避雷器、管型避雷器
2		沪昆铁路	金属氧化锌避雷器、管型避雷器
3		焦柳铁路	金属氧化锌避雷器
4		渝怀铁路	金属氧化锌避雷器
5		京九铁路	金属氧化锌避雷器
6		广深铁路	金属氧化锌避雷器
7		广石铁路	金属氧化锌避雷器
8		石长铁路	金属氧化锌避雷器
9		赣韶铁路	金属氧化锌避雷器
10		衡茶吉铁路	金属氧化锌避雷器
11		广珠铁路	金属氧化锌避雷器
12		南沙港铁路	金属氧化锌避雷器
13	城际铁路	广肇城际铁路	金属氧化锌避雷器
14		广珠城际铁路	金属氧化锌避雷器
15		珠机城际铁路	金属氧化锌避雷器
16		广惠城际铁路	金属氧化锌避雷器
17		梅汕铁路	金属氧化锌避雷器
18		穗深城际铁路	金属氧化锌避雷器
19		长株潭城际铁路	金属氧化锌避雷器
20	高速铁路	京广高速铁路	金属氧化锌避雷器
21		广深港高速铁路	金属氧化锌避雷器

续上表

序　号	线路类别	铁路名称	设备名称
22	高速铁路	杭深铁路	金属氧化锌避雷器
23		衡柳铁路	金属氧化锌避雷器
24		海南东环铁路	金属氧化锌避雷器
25		沪昆高速铁路	金属氧化锌避雷器
26		贵广高速铁路	金属氧化锌避雷器
27		南广铁路	金属氧化锌避雷器
28		海南西环铁路	金属氧化锌避雷器
29		娄邵铁路	金属氧化锌避雷器
30		张吉怀高速铁路	金属氧化锌避雷器
31		怀衡铁路	金属氧化锌避雷器
32		黔常铁路	金属氧化锌避雷器
33		深湛铁路	金属氧化锌避雷器
34		赣深高速铁路	金属氧化锌避雷器
35		广汕高速铁路	金属氧化锌避雷器

二、日常维护

（一）巡视

巡视检查避雷器的主要内容：读取计数器的读数，接地线与各部的连接情况，脱离器是否炸裂，引线是否松脱、弛度是否适中，避雷器及支持绝缘子的外观是否有破损、燃弧痕迹，绝缘层是否破损等。

（二）检修

1. 检修周期：12个月。

（1）高速铁路要求一般在每年1月底开始实施检修，海南、广东地区通常要求在2月底前完成，其他地区在3月底前完成。

（2）普速铁路要求在每年3月底前完成（监测发现有问题的，其整治工作也必须在3月底前完成）。

2. 检修内容：

（1）检查综合接地、计数器，测量接地电阻。

（2）检查紧固各螺栓。

（3）检查支持绝缘子和避雷器本体，清扫绝缘部分。

（4）检查脱离器本体及连接情况。

（5）检查软铜线及连接部件。

（6）检查引线有无断股和烧伤。

（三）技术标准

1. 普速铁路

（1）避雷器安装牢固、无损伤。

(2)瓷套无严重放电，动作计数器完好。

(3)避雷器等设备应单独设接地极。

(4)避雷器接地电阻值不应大于 10 Ω。

(5)避雷器的检修、试验按产品说明书的规定进行。

2. 高速铁路

(1)避雷器安装牢固、无损伤，绝缘护套无严重放电，动作计数器完好。

(2)避雷器绝缘子应呈竖直状态，倾斜角度不超过 2°。

(3)避雷器至高压侧的引线张力应适宜。极限条件下，高压侧引线对接地体之间距离大于 350 mm。

(4)避雷器需要单独接地时，接地电阻不大于 10 Ω。

(5)避雷器连接脱离器的引线应采用软铜绞线，脱离器在避雷器故障时能自动脱离。脱离器脱开后，极限条件下距离带电体有足够的安全距离，并不得侵入受电弓的工作范围。

(6)复合绝缘子套管避雷器表面应清洁、完整、无损伤，无环状或贯通性裂纹。

(7)避雷器的维护、试验按产品说明书的规定进行。

三、常见缺陷与故障案例

(一)常见缺陷

1. 避雷器高压侧引线过紧(图 3-2-4)。

2. 脱离器安装于非高压侧(图 3-2-5)。

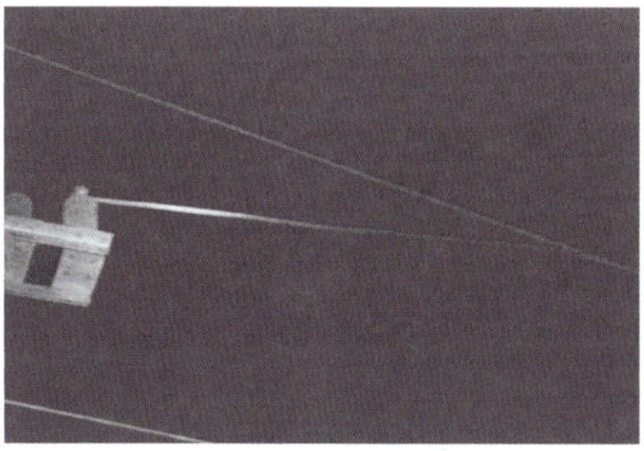

图 3-2-4　避雷器高压侧引线过紧

图 3-2-5　脱离器安装于非高压侧

3. 计数器损坏(图 3-2-6)。

4. 脱扣器开裂(图 3-2-7)。

图 3-2-6　计数器损坏

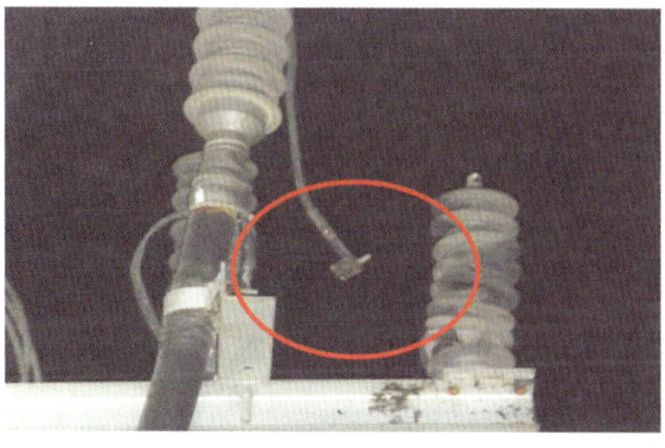

图 3-2-7　脱扣器开裂

5. 避雷器引线脱落(图 3-2-8)。

图 3-2-8　避雷器引线脱落

(二)故障案例

案例一

1. 事故概况

2007 年 8 月 15 日,某区间 221 号支柱避雷器被雷击击穿(图 3-2-9),造成跳闸故障,影响该下行线供电中断 68 min。

2. 事故原因

221 号支柱安装的避雷器为 HY5WTc-42/120L 型无间隙金属氧化物避雷器,因 HY5WTc-42/120L 型避雷器用在重雷区地段时的抗雷容量不能满足要求。该下行 221 号支柱正处在重雷区,在长期运行过程中,该避雷器不断受强雷冲击,致使避雷器内部抗雷强度逐步衰减,当抗雷强度降到临界点后,在雷电的冲击下击穿避雷器,从而造成短路跳闸。

(a)　(b)　(c)

图 3-2-9　避雷器被雷击击穿

案例二

1. 事故概况

2011 年 2 月 10 日,某变电所 214 断路器跳闸重合不成功,强送不成功。现场抢修人员对变电所 214 号 AF 线上网点进行拆除,甩开该变电所 214 号 AF 线后送电成功。

经现场天窗排查发现某区间 2118 号上网隔离开关 F 线避雷器炸裂,脱离器完好,F 线避雷器计数器读数动作 32 次,T 线 0 次,其他设备未见异常,作业人员在天窗时间内对该避雷器进行了拆除、更换。

2. 事故原因

某区间 2118 号上网隔离开关 F 线避雷器炸裂是引起本次跳闸的直接原因。后经变电所电能质量检测分析，具体原因是新型 CRH380A 动车组上线运行，变流器 53 次谐波振荡引起避雷器炸裂。

案例三

1. 事故概况

2020 年 3 月 18 日，某区间上下行线接触网跳闸，同时下行线 1137G 持续红光带、上行线 1162G 闪红光带。现场检查 1926 号接触网支柱处，避雷线在悬挂点 1 m 位置断开，1926～1928 号支柱间避雷线断开后弹落到上行接触线及下行钢轨上，短接接触线及下行钢轨，造成钢轨有三处灼伤，正馈线引下线烧伤 。

2. 事故原因

特殊位置避雷线安装工况考虑不足，缺少细部设计方案。运营数据显示，近些年，接触网附加线索包括隔离开关引线等，因引接方案、安装固定、线索弛度等问题造成的故障多发，需重点关注特殊位置安装方案的审查和施工安装盯控。

本节重点：

1. 掌握氧化锌避雷器脱扣器的安装方式。

2. 掌握避雷器的检查标准。

第三节　附 加 悬 挂

一、简　　介

(一)定义及其作用

附加悬挂又称附加导线，系指牵引网中接触悬挂以外的架空导线，包括供电线、加强线、正馈线、回流线、保护线、架空地线等。附加导线因供电方式的不同以不同组合形式出现。

附加导线主要是为了完善牵引网，同时提高供电质量和减少对邻近系统的不良影响而设置的，是保证供电系统可靠运行和维持良好的供电质量不可缺少的组成部分。

(二)结构及分类

1. 馈电线(F 线)

馈电线有时又称供电线，在现场也称为上网线，它是牵引变电所、分区亭、开闭所与接触网连接的线路。其作用是将牵引变电所的电能送到接触网上，一般送至接触网电分相两侧。供电线悬挂如图 3-3-1 所示。

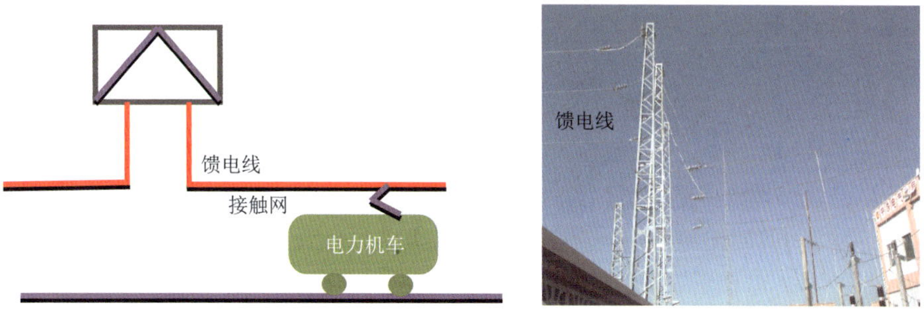

(a) 结构　　(b) 实物

图 3-3-1　供电线悬挂

2. 正馈线(AF 线)

正馈线用于 AT 供电区段,AT 供电方式的一个特点是有一根与接触网电压相同的正馈线。利用正馈线将自耦变压器并联在接触悬挂上,即正馈线与自耦变压器绕组的一侧端头相连,接触线与自耦变压器绕组的另一侧端头相连。正馈线悬挂如图 3-3-2 所示。

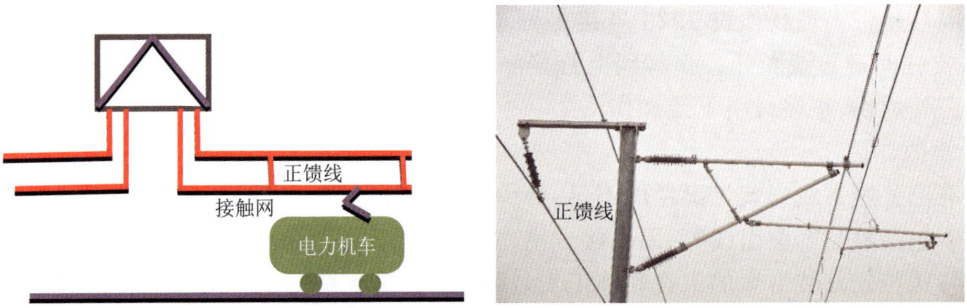

(a) 结构　(b) 实物

图 3-3-2　正馈线悬挂

3. 保护线(PW 线)

保护线用于 AT 供电区段,保护线经保护跳线与接触网绝缘子接地端相连,因此当绝缘子发生闪络或击穿时,保护线会给短路电流提供一个良好的金属通路,使变电所继电保护装置迅速动作,达到及时反映和排除故障的目的。保护线悬挂如图 3-3-3 所示。

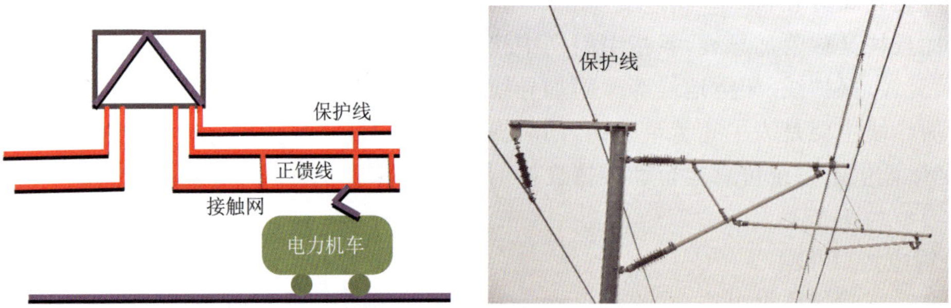

(a) 结构　(b) 实物

图 3-3-3　保护线悬挂

4. 回流线(NF 线)

回流线是牵引电流流经电力机车(动车组)后,通过吸上线返回牵引变电所的电流通路。回流线悬挂如图 3-3-4 所示。

5. 架空地线(GW 线)

连接站场金属支柱(或硬横梁)的架空导线称为架空地线。架空地线两端接接地极,并通过保安器与保护线(或回流线)相连通。当架空地线连接的物体受到闪络冲击时,架空地线对保护线(或回流线)的电位升高,使保安器放电,闪络电流经保护线(或回流线)流回牵引变电所,使继电保护装置动作,同时通过接地极对地短路,进一步提高继电保护的准确性,保证了接触网设施的安全、可靠。架空地线悬挂如图 3-3-5 所示。

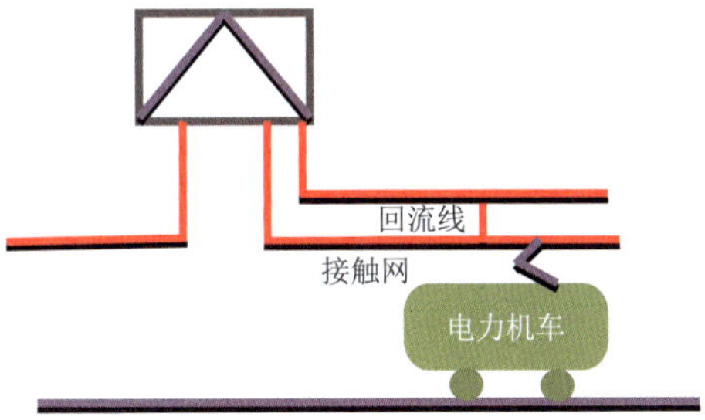

（a）结构

（b）实物

图 3-3-4　回流线悬挂

6. 跳线

在每根支柱上安装跳线，用它将双重绝缘子靠支柱侧串接起来，再接到保护线(回流线)上，当绝缘子闪络或击穿时，短路电流经跳线流进保护线。跳线悬挂如图 3-3-6 所示。

图 3-3-5　架空地线悬挂

图 3-3-6　跳线悬挂

（三）线别设备介绍

广州局集团公司管内，以上的附加悬挂都有使用，具体使用分布情况见表 3-3-1。

表 3-3-1　附加导线使用分布

序　号	线路类别	铁路名称	设备名称
1	普速铁路	京广铁路	供电线、回流线、架空地线、避雷线
2		沪昆铁路	供电线、回流线、架空地线
3		焦柳铁路	供电线、回流线、架空地线
4		渝怀铁路	供电线、回流线、架空地线
5		京九铁路	供电线、回流线、架空地线
6		广深铁路	供电线、回流线、架空地线
7		广石铁路	供电线、回流线、架空地线、避雷线
8		石长铁路	供电线、回流线、架空地线
9		赣韶铁路	供电线、回流线、架空地线
10		衡茶吉铁路	供电线、回流线、架空地线
11		广珠铁路	供电线、回流线、架空地线
12		南沙港铁路	供电线、回流线、架空地线

续上表

序　号	线路类别	铁路名称	设备名称
13	城际铁路	广肇城际铁路	供电线、回流线、架空地线、避雷线
14		广珠城际铁路	供电线、回流线、架空地线
15		珠机城际铁路	供电线、保护线、架空地线、避雷线
16		广惠城际铁路	避雷线、回流线、架空地线
17		梅汕铁路	供电线、正馈线、保护线、架空地线、避雷线
18		穗深城际铁路	回流线、避雷线、架空地线
19		长株潭城际铁路	供电线、回流线、架空地线
20	高速铁路	京广高速铁路	供电线、正馈线、保护线、架空地线、避雷线
21		广深港高速铁路	供电线、正馈线、保护线、架空地线
22		杭深铁路	供电线、正馈线、保护线、架空地线
23		衡柳铁路	供电线、回流线、架空地线
24		海南东环铁路	供电线、回流线、架空地线
25		沪昆高速铁路	供电线、正馈线、保护线、架空地线
26		贵广高速铁路	供电线、正馈线、保护线、架空地线、避雷线
27		南广铁路	供电线、正馈线、保护线、架空地线、避雷线
28		海南西环铁路	供电线、回流线、架空地线
29		娄邵铁路	供电线、回流线、架空地线
30		张吉怀高速铁路	供电线、回流线、架空地线
31		怀衡铁路	供电线、回流线、架空地线
32		黔常铁路	供电线、回流线、架空地线
33		深湛铁路	供电线、保护线、架空地线、避雷线
34		赣深高速铁路	供电线、正馈线、保护线、架空地线，避雷线
35		广汕高速铁路	供电线、正馈线、保护线、架空地线、避雷线
36		渝厦高速铁路	供电线、正馈线、保护线、架空地线

二、日常维护

(一)巡视

1. 行走至附加悬挂导线附近，应目测检查附加导线有无断股、散股及连接状态。

2. 观察与附加悬挂相连的绝缘子有无损伤、破损，是否脏污。

3. 观察附加导线两悬挂点及跨中的弛度是否符合标准。

(二)检修

1. 全面检查周期:36 个月。

2. 检修内容：

(1)检查附加导线有无断股、散股，连接是否牢固，一个跨距内一根导线的接头不得超过1个。

(2)检查紧固附加导线相连线夹有无锈蚀、裂纹、电烧伤，螺杆、螺帽及垫片数量是否齐全，型号是否与供电线线径相匹配。

(3)测量、调整附加导线两悬挂点及跨中的弛度是否符合标准。

(4)测量、调整附加导线对地面及相互间的绝缘距离。

(5)检查与附加悬挂相连的绝缘子有无损伤,是否脏污。

(6)检查附加导线与其他线索间的间隙,观察是否相磨。

(7)检查附加导线肩架、支架有无锈蚀、变形、松脱现象。

(三)技术标准

1. 附加导线的材质和截面积应满足通过的最大电流和规定的机械强度安全系数。

2. 张力和弛度标准:

标准值:符合安装曲线的要求。

标准状态:标准值±6%(普速铁路),±8%(高速铁路)。

警示值:标准值±8%。

限界值:标准值±10%。支柱同一侧悬挂为不同线径及材质的导线时,导线的弛度应以其中较大的导线为准。

3. 跨越铁路和一、二级公路及重要的通航河流时,导线不得有接头。不同金属、不同规格、不同绞制方向的导线严禁在跨距内接头。

4. 一个耐张段内接头不得超过 1 个。耐张段长度不超过 150 m 时,严禁接头;超过 500 m 时,接头距悬挂点的距离应大于 500 mm。

(1)一个耐张段内接头、断股和补强线段的总数量不得超过下列规定:

标准值:0 处。

标准状态:0 处。

警示值:2 处。

限界值:4 处。

(2)附加导线不得跨越屋顶为易燃材料的建筑物;对耐火屋顶的建筑物也要尽量避免跨越,若必须跨越时,其距建筑物的距离要符合附加导线技术标准的规定,且跨越的跨距内不得有接头、断股和补强。

(3)附加导线不得散股,损伤、断股标准如下:

标准值:无损伤。

标准状态:无损伤。

警示值:无断股。

限界值:断股。

高速铁路:铝导线断 3 股及以下时,可用预绞丝接续条或铝绑线绑扎补强,缠绕方向与被接续导线外层绞向一致,绑扎长度超出缺陷部分 30～50 mm;断 3 股以上时,应重新制作接头或更换。

普速铁路:铝绞线和钢芯铝绞线的铝线断股、损伤 3 股及以下时,可用预绞丝接续条或铝绑线绑扎补强,缠绕方向与被接续导线外层绞向一致,绑扎长度超出缺陷部分 30～50 mm;当断股、损伤 3 股以上、7 股以下时,应采用同材质导线进行补强;当断股、损伤 7 股及以上时,应重新制作接头或更换。

钢芯铝绞线的钢芯断股或损伤时应重新制作接头或更换。钢芯铝绞线与绝缘子或金具的固定处缠绕铝包带时，应密贴缠绕，不得重叠，绕向与导线绕向一致，绑扎长度为 200 mm。

5. 附加导线在接头、下锚和补强处所采用预绞丝护线条时，预绞丝护线条的型号、规格应与附加导线材质相匹配，缠绕方向与附加导线绞向一致。接续时，其缠绕长度、机械性能符合设计要求，接续点处导电性能不低于被接续导线。

6. 附加导线与接触网同杆合架时，正馈线、保护线安装位置应符合设计要求。正馈线带电部分与支柱边沿的距离应不小于 1 m。当附加导线与接触网分杆架设时，应符合电业部门架空输电线路有关规定。

7. 附加导线对地面及相互间的距离在任何情况下不应小于规定的数值，表 3-3-2。

表 3-2-2　附加导线对地面及相互间的距离(单位：mm)

序　号	有关情况		供电线、正馈线、加强线	保护线、回流线、架空地线
1	导线在最大弛度时距地面高度	居民区及车站站台处	7 000	6 000
		非居民区	6 000	5 000
		车辆、农业机械不能到达的山坡、峭壁和岩石	5 000	4 000
2	导线距离峭壁挡土墙和岩石	无风时	1 000	500
		计算最大风偏时	300	75
3	导线跨越铁路时	跨越非电化股道(对轨面)	7 500	7 500
		跨越不同回路电化股道(对承力索或无承力索时对接触线)	3 000	2 000
4	不同相或不同供电分段两导线悬挂点间距离	两线水平排列	2 400	—
		导线垂直排列，上方为供电线，下方为供电线或回流线	2 000	—
5	与建筑物间的最小距离	最大弛度时最小垂直距离	4 000	2 500
		边导线最大风速时最小水平距离	3 000	1 000

8. 附加导线与接触网同杆合架时，正馈线、保护线安装位置应符合设计要求。正馈线带电部分与支柱边沿的距离应不小于 1 m。当附加导线与接触网分杆架设时，应符合电业部门架空输电线路有关规定。

9. 肩架安装位置正确、安装牢固、呈水平状态，肩架位置的误差为＋50 mm。肩架采用方(槽)钢方式时，端头应封堵。

三、常见缺陷与故障案例

(一)常见缺陷

1. 供电线、回流线烧伤、断股等造成线索断线。

2. 正馈线与保护线绝缘距离不够，在风摆下造成拉弧放电，严重时引起跳闸。

3. 附加导线线夹连接紧固不到位造成线夹烧损、烧断线。

4. 附加导线线夹型号与被连接线索的线径不匹配，使线索与线夹接触不良，烧损线索造成断线。

5. 正馈线绝缘套管移位，螺母松动、缺螺栓、绝缘子缺 M 销。

常见缺陷照片如图 3-3-7 所示。

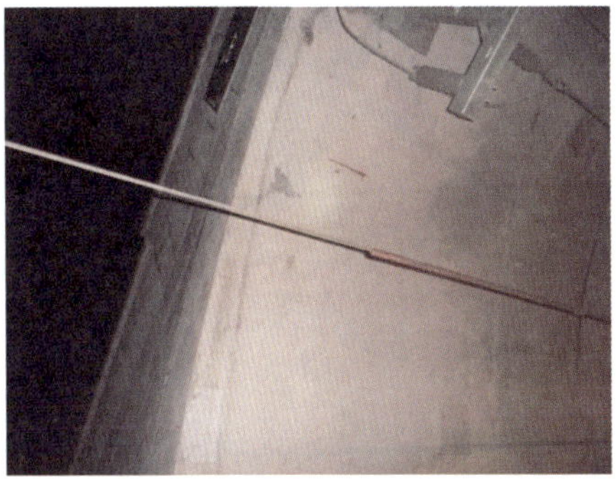

(a) 隧道口正馈线绝缘套管移位

(b) 正馈线线夹缺螺栓

(c) 正馈线绝缘子与肩架连接处无开口销螺母松脱

图 3-3-7　常见缺陷照片

(二)故障案例

案例一

1. 事故概况

2004 年 6 月 16 日,××线某变电所 1 号馈线跳闸,因供电线接头并沟线夹处烧损,供电线在张力作用下拉断线,造成接触网设备中断上行供电 84 min,中断下行供电 24 min,影响客车 7 列,货车 10 列。

2. 事故原因

供电线的接头安装不符合工艺要求:接头只使用了一个 JB-4 型并沟线夹,并沟线夹内导线未包扎铝包带,线夹内导线散股,且线夹紧固螺栓未安装平垫及弹垫,造成紧固不到位,接触电阻增大,随着大负荷电流长期运行,供电线接头位置处发热严重。

案例二

1. 事故概况

2010 年 1 月 5 日,××高速铁路某变电所 213、214 断路器先后连续跳闸 6 次,故标均显示在 25.9 km 处。其中 213 断路器跳闸 5 次重合闸不成功,强送成功;214 断路器跳闸 4 次,3 次重合闸成功,1 次强送成功。

2. 事故原因

故障点处于桥头风口位置,加之 AF 线覆冰过重,AF 线弛度增大,在大风的作用下摆动,导致 AF 线与 PW 线安全距离不够,造成间歇性短路放电,引起跳闸。

本节重点：

1. 掌握各种附加悬挂的作用。
2. 掌握各种附加悬挂对地及相互之间的绝缘要求。

第四节　27.5 kV 单芯电缆及其附件

一、简　　介

(一)定义及其作用

27.5 kV 单芯电缆主要用于牵引所内的牵引变压器或自耦变压器与 27.5 kV GIS 开关柜间连接,以及由牵引所向接触网提供电源的 27.5 kV 馈出线。当牵引负荷较大时,为满足载流需要,每回路 27.5 kV 电缆采用多根并联运行。

电缆线路指由电缆本体、电缆附件和附属设施所组成的整个系统。

电缆附件指安装在电缆上,实现电缆供电功能的附属设备,包括电缆中间头、电缆终端头、电缆分支箱、接地装置、护层保护器等。

电缆附属设施指与电缆、电缆附件一起形成完整电缆线路的土建设施,包括电缆沟、电缆井、电缆强排井及强排井设备、户外电缆供电铁塔及供电铁塔防护设施、电缆指示桩、电缆绝缘胶垫、电缆支架、电缆抱箍、电缆标志牌等。

(二)结构及分类

铝丝铠装结构示意如图 3-4-1 所示,双铝带铠装结构示意如图 3-4-2 所示。

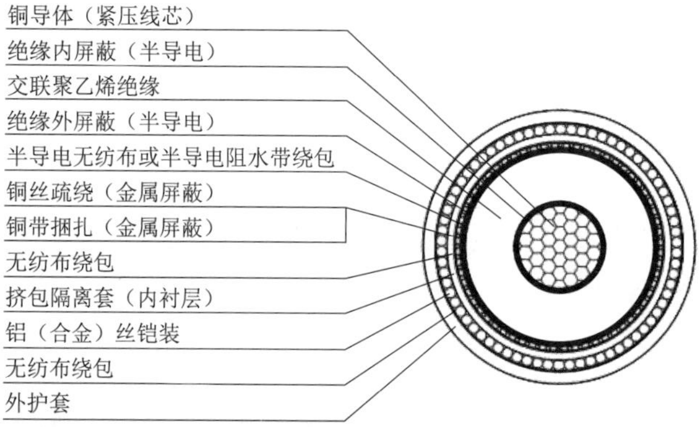

图 3-4-1　铝丝铠装结构示意

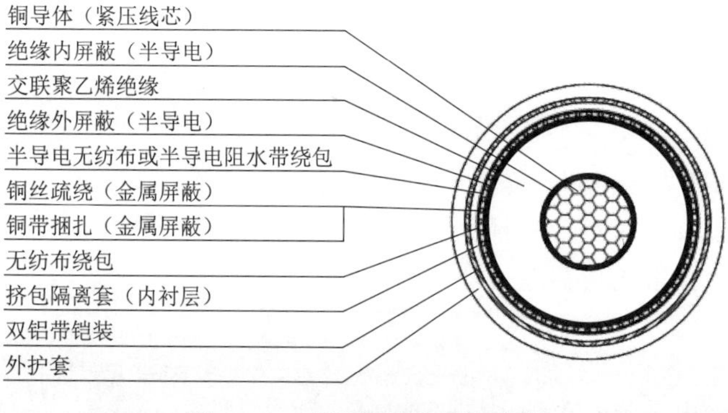

图 3-4-2　双铝带铠装结构示意

1. 导体为紧压圆形绞合铜导体，符合 GB/T 3956—2008 中第 2 种导体的规定。

2. 绝缘内屏蔽(导体屏蔽)采用超光滑交联型半导电屏蔽料挤包在导体上。

3. 绝缘采用进口超净交联聚乙烯绝缘料挤包在导体屏蔽上，绝缘标称厚度为 12.0 mm。

4. 绝缘屏蔽采用超光滑交联型半导电不可剥离型屏蔽料挤包在绝缘上。

以上 2、3、4 项采取 CVV 三层共挤式干法交联生产线共挤。化学交联一次性生产完成。

5. 所有型号及规格的电缆都有径向阻水性能。需要同时具有纵向阻水性能时，阻水层采用半导电阻水带绕包在外屏蔽与径向防水层（隔离套，又称内衬层)之间来实现。

6. 金属屏蔽层采用软铜丝疏绕和铜带反向捆扎绕包组成，它与绝缘屏蔽互为有机的整体。铜丝屏蔽标称截面视具体规格而定，也可根据使用的短路电流要求设计成不同截面的金属屏蔽层。

7. 包带绕包，挤包阻水性能好的聚乙烯隔离套(内衬层)。

8. 金属铠装层采用非磁性双铝带铠装或铝丝铠装。

9. 外护套采用聚氯乙烯、阻燃聚氯乙烯、黑色线性低密度聚乙烯。黑色耐环境开裂线低密度聚乙烯，黑色中、高密度聚乙烯或无卤低烟聚烯烃等护套料挤包，具体护套材料视温度、耐火、阻燃、低毒、防鼠防蚁等使用环境或客户要求而定。

二、主要技术标准

(一)检查周期

1. 高压电缆及附件设备检查周期：每 12 个月检查 1 次。

2. 电缆终端步行巡视检查周期：防护栏内区间一般不进行步行巡视。车站、动车所巡视周期：3 个月，隧道内巡视周期：12 个月，防护栏外巡视周期：3 个月。利用紫外成像仪每 12 个月 1 次监测电缆终端或中间接头状态(有条件时)，或利用地面监测装置(6C)检查电缆终端或中间接头等有无过热现象。

(二)各部件检查标准

1. 电缆

(1)电缆本体各部分无机械损伤，无过热变色、变形、开裂、放电现象。

(2)电缆及电缆终端的固定处必须采用专用的铝制或非磁性材料抱箍，并加装保护垫。

(3)电缆固定支架无松动、严重锈蚀或变形，电缆悬挂钢索和挂钩无严重锈蚀或脱落。

(4)高压电缆绝缘测试周期为 36 个月，电缆铠装层、屏蔽层及电缆导体之间均应可靠绝缘。测量电缆铠装层、屏蔽层及电缆主绝缘之间的绝缘电阻值与历次数据比较，不应有显著变化。

(5)电缆上网点宜设置隔离开关并纳入远动控制。

2. 电缆终端

(1)电缆终端表面干燥、清洁、密封良好，无渗漏水、裂纹、老化、破损等。

(2)电缆终端应保证竖直向上，不得出现偏转、扭曲变形，伞裙不得挤压变形，最大偏移角度不得大于 30°。

(3)电缆终端母排及零部件应与大地、接地钢构、固定抱箍等保持足够的绝缘距离。顶部端子对地空气绝缘距离不小于 450 mm，电缆终端应力锥对地空气绝缘距离不小于 35 mm，多个电缆终端并联时，其间空气绝缘距离不小于 35 mm。

(4)电缆终端应固定牢固,金属端子不得承受拉力,应力锥无受力变形。电缆终端固定夹持部位距离冷缩地线管下端大于 100 mm,不得夹持在电缆终端锥体表面,并与接地线保证 50 mm 以上的距离。

电缆及电缆终端投运前应按照《电气化铁路 27.5 kV 单相交流交联聚乙烯绝缘电缆及附件》(GB/T 28427—2012)有关标准进行试验,试验合格后方可投入运行。

3. 电缆接地

(1)电缆长度小于 100 m 时,电缆终端应一端直接接地,另一端可不接地。长度 100 m 及以上时,宜每隔 400 m(直供方式)或 800 m(AT 供电方式)划分区段且在每个区段应实施接地绝缘分隔。电缆终端应一端铠装层、屏蔽层直接接地,另一端铠装层、屏蔽层通过护层保护器分开接地。

(2)电缆终端接地线及端子应采取绝缘包扎并固定在电缆上,不得与金属构架直接接触。

(3)电缆终端接地线无破损现象,受损股数不得超过总数的 20%。

(4)27.5 kV 电缆接地电阻值不应大于 10 Ω。

4. 电缆敷设

(1)电缆采用地面敷设时须单独设置电缆沟槽,按规定设置地面电缆标识桩。同沟(槽)敷设 2 根以上电缆时,每隔 30 m 分别标识。

(2)电缆应作波浪形敷设,在敷设过程中,不应出现铠装压扁、电缆绞拧、护套折裂破损等现象,电缆弯曲半径不小于电缆外径的 20 倍。电缆终端(上支柱、上桥等)处,电缆应预留不小于 5 m。

(3)电缆上、下行间敷设应无交叉,供电线、正馈线电缆间无交叉(特殊区段用绝缘板做隔离),并按规定采取隔热及阻燃防护措施。

(4)当电缆穿管敷设时,保护管长度、内径应符合要求;当采用磁性保护管防护时,应顺向切割开缝,防止构成闭合磁路。

(5)当电缆直埋敷设时,电缆表面距地面不应小于 0.7 m,穿越农田时不应小于 1 m;其径路应避开使电缆受到机械损伤、化学或地下电流腐蚀、振动、热影响、虫鼠等危害地段。困难情况下应设置电缆槽、沟,并采取必要的防护措施。电缆过轨时应加装防护套管,埋深低于轨面不少于 1 m。

(6)直埋或以直埋电缆槽方式敷设的电缆,敷设后应及时填埋电缆沟,并采取减振、阻燃、阻断鼠道措施。同路径并排展放的多根电缆,相邻两根之间应有隔离措施。

(7)电缆标桩埋设应清晰显示出路径状态,直线地段每 35~50 m 设置一根电缆标桩,在出所位置、电缆转弯处以及和其他管、线、路交叉处,可增加标桩数量。电缆标桩上字样由各铁路局集团公司自定。

(8)电缆上网处应自地面下 0.8 m 至地面以上 2 m,砌钢筋混凝土电缆槽或砖砌防护墙进行防护。

三、设备检查与维修

(一)设备检查

1. 高压电缆头

(1)电缆终端表面干燥、清洁、密封良好,无渗漏水、裂纹、老化、破损等。高压电缆头检修项目如图 3-4-3 所示。

图 3-4-3　高压电缆头检修项目

(2)电缆终端应保证竖直向上,不得出现偏转、扭曲变形,伞裙不得挤压变形,最大偏移角度不得大于 30°。

(3)电缆终端母排及零部件应与大地、接地钢构、固定抱箍等保持足够的绝缘距离。顶部端子对地空气绝缘距离不小于 450 mm,电缆终端应力锥对地空气绝缘距离不小于 35 mm,多个电缆终端并联时,其间空气绝缘距离不小于 35 mm。

电缆终端应固定牢固,金属端子不得承受拉力,应力锥无受力变形。电缆终端固定夹持部位距离冷缩地线管下端大于 100 mm,不得夹持在电缆终端锥体表面,并与接地线保证 50 mm 以上的距离。

(4)检查线鼻子与引线铜排接触是否紧密,不能松动;用扳手紧固松动螺栓。高压电缆故障如图 3-4-4 所示。

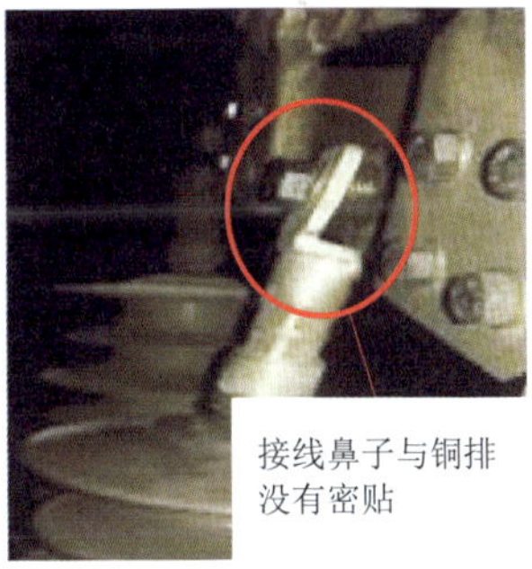

图 3-4-4　高压电缆故障

(5)电缆头线耳与母排应完全接触。检查端子、母排、线夹连接是否紧固,检查螺栓、垫片、弹垫是否与铜排孔位配套,是否存在生锈。高压部分与相邻设备距离是否大于 350 mm,无摆动、倾斜。高压电缆头检修项目如图 3-4-5 所示。

防治措施:电缆终端线耳与母排出现扭面时,电缆从下往上调整线耳与母排的接触面,确保电缆终端线耳与母排应完全接触。螺栓必须配套,若螺栓不紧固则紧固螺栓。螺栓、垫片、弹垫生锈,更换不锈钢带防松螺母(或不锈钢带双螺母)。

高压部分与相邻设备距离不足 350 mm 时,调整高压部分与相邻设备距离。

(6)外观检查电缆头顶部是否开裂,只要目视可见裂纹,应将该缺陷电缆头更换;当无法立即更换,则可临时用防水带包扎等防水措施保持密封。电缆头伞裙开裂如图 3-4-6 所示。

(7)外观检查电缆头伞裙不得有开裂、电弧灼伤等。

电缆头表面不能有划痕、裂痕等外力造成的明显损伤;电缆头不能有扭曲变形,伞裙不得有挤压变形、伞裙不得有破损现象;电缆线芯不得裸露。高压电缆电缆故障如图 3-4-7 所示。

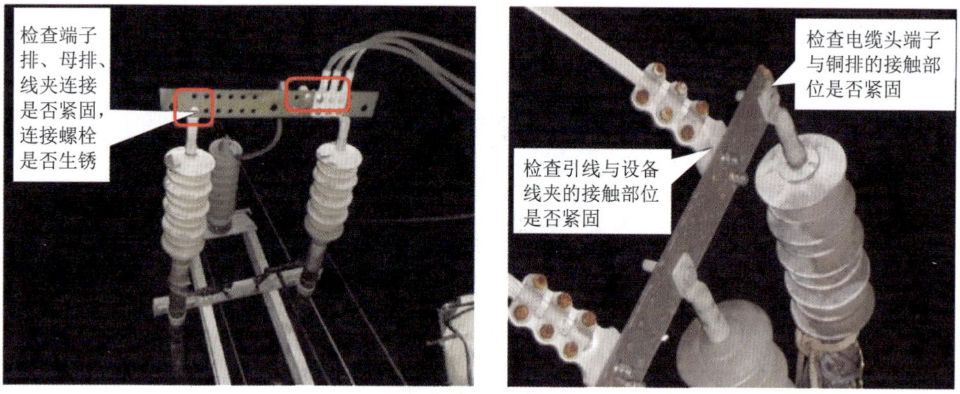

图 3-4-5　高压电缆头检修项目

图 3-4-6　电缆头伞裙开裂

图 3-4-7　高压电缆故障

按照制作标准，要求接线端子套在线芯上，端子下端的防雨帽要全部套住终端上部的小台阶，如图 3-4-8 所示。

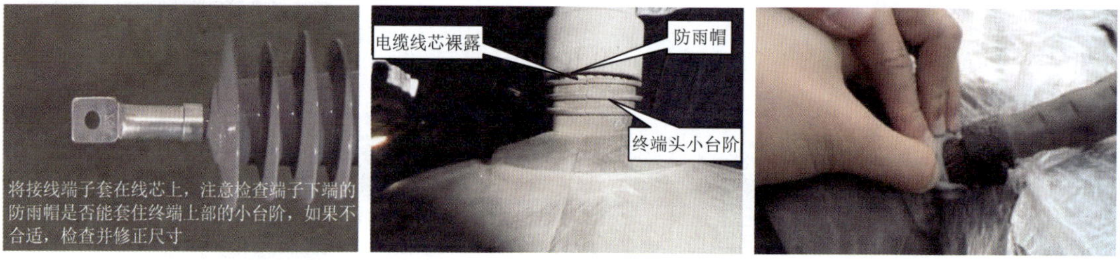

图 3-4-8　检查防雨帽

端子下端的防雨帽要全部套住终端上部的小台阶，为防止水汽从电缆终端渗入，对电缆终端包扎防水密封胶带，然后再包扎防水绝缘胶带，最后包扎电气绝缘胶带，如图 3-4-9 所示。

检查电缆头冷缩管位置，是否存在被电缆抱箍挤压；应力锥位置是否被抱箍挤压；冷缩管是否受挤压，是否破损，如图 3-4-10 所示。

防治措施：电缆抱箍夹住电缆终端头，把电缆抬升，若不能抬升安装电缆小支架固定(采用安装整套的电缆横担小支架)。对电缆终端破损处，用防水胶带包扎处理。若出现冷缩头破损严重，应及时汇报情况，核定后再进行下一步措施。

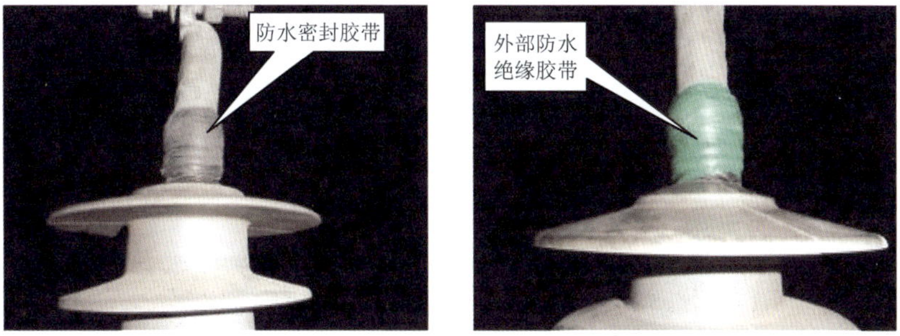

图 3-4-9　包扎防水胶带

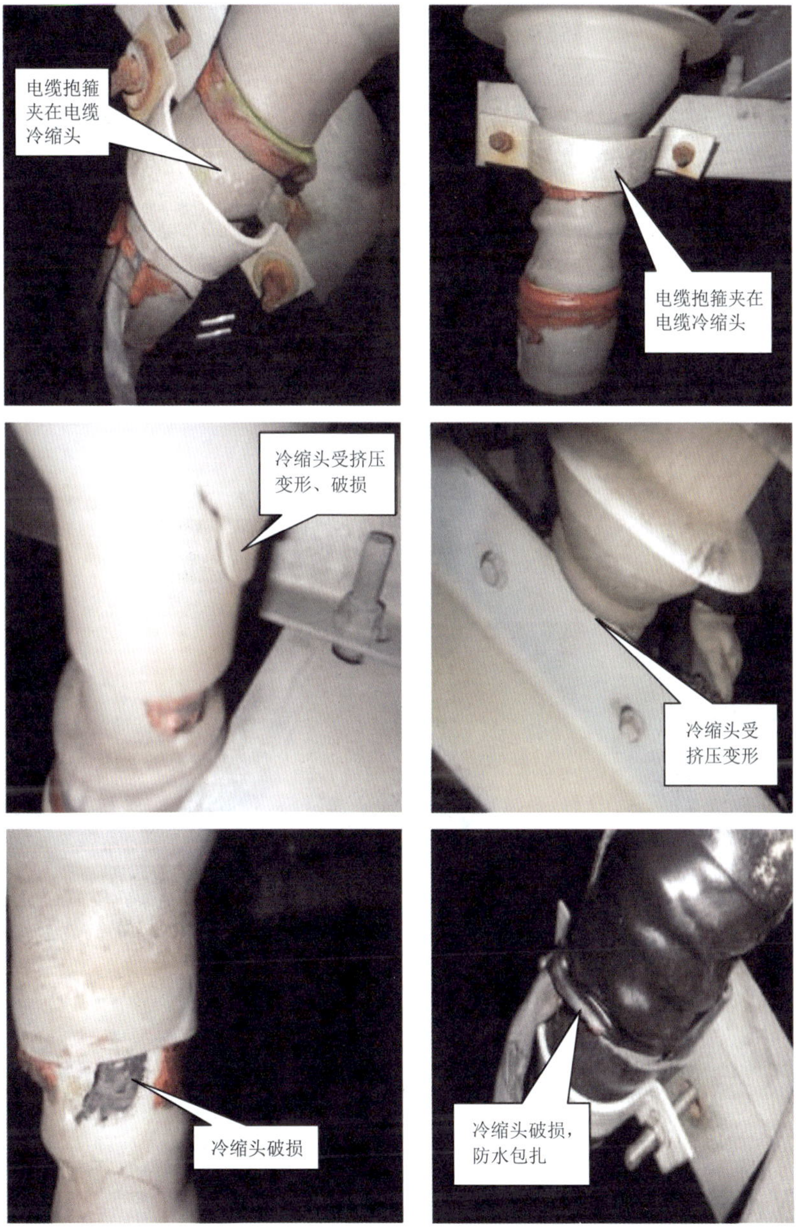

图 3-4-10　检查冷缩头

(8)电缆头固定方式检查：

固定抱箍要采用非导磁性材料，电缆应固定可靠，不得以铁线悬吊固定。电缆抱箍无开裂，电缆抱箍螺栓无生锈、松脱、断裂的情况。

电缆头抱箍夹持部位距离冷缩地线管下端保证 5～10 cm，不得夹持在橡胶材料表面，并与接地线保证 5 cm 以上的距离，如图 3-4-11 所示。

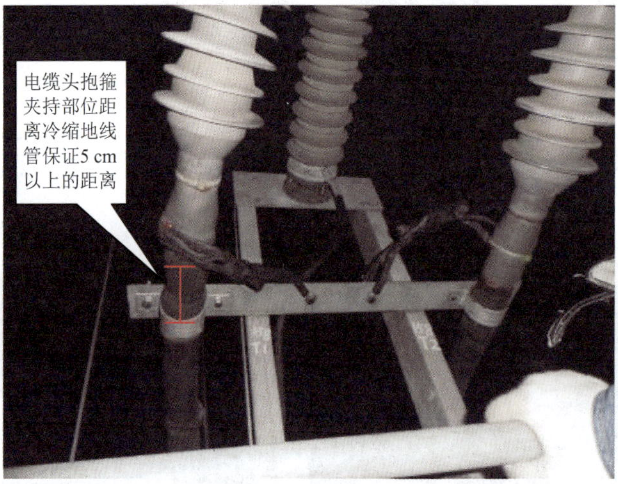

图 3-4-11　距离要求

由于施工原因，电缆长度不足，电缆头第一个固定抱箍直接夹在电缆冷缩头处；第一抱箍与电缆头距离不够造成电缆挤压破损；第一抱箍距离电缆冷缩头底部不足 5 cm，如图 3-4-12 所示。

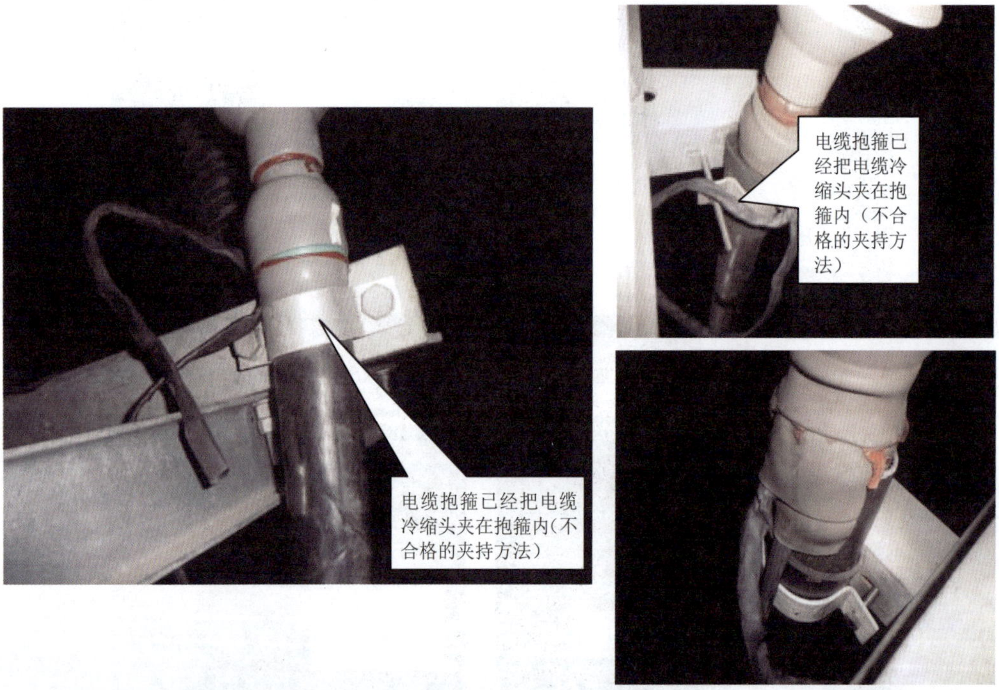

图 3-4-12　高压电缆头不合格工艺

防治措施：在安装电缆头第一抱箍角铁上加装电缆小支架，电缆小支架宽为 180 mm，长为 335 mm，设置三组间距为 60 mm、170 mm 的抱箍安装孔，可根据电缆头冷缩管的情况安装抱箍，在电缆无法提升的情况下降低第一抱箍安装位置，采用非磁性抱箍加装绝缘胶垫进行固定，避免抱箍损伤电缆终端头，如图 3-4-13 所示。

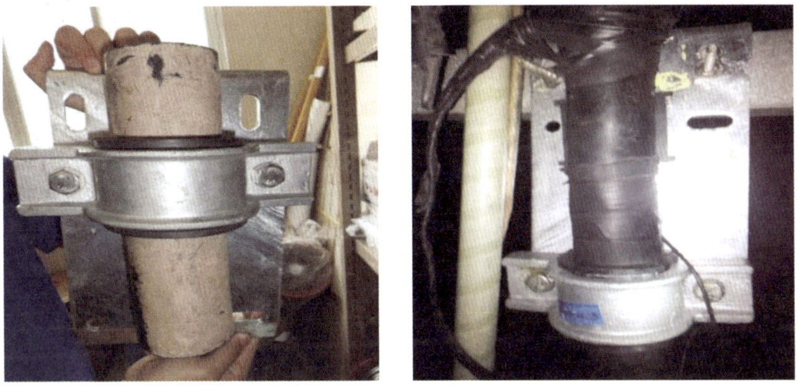

图 3-4-13　非磁性抱箍安装标准

电缆头应保证竖直向上，与垂直方向最大偏移角度不得大于 30°，如出现可以调整电缆最上端抱箍向下移动一段距离。

(9)缆头屏蔽、铠装层引线绝缘无破损。接地螺栓无锈蚀。手拽等方式检接地端螺栓无松动、放电烧损。手捏检查被热缩管套住的接地引线是否存在断损。对损伤的接地线鼻子重新压接，对接地线损伤严重的进行更换，必要时更换电缆头。电缆头接地线松动、螺栓锈蚀如图 3-4-14 所示。

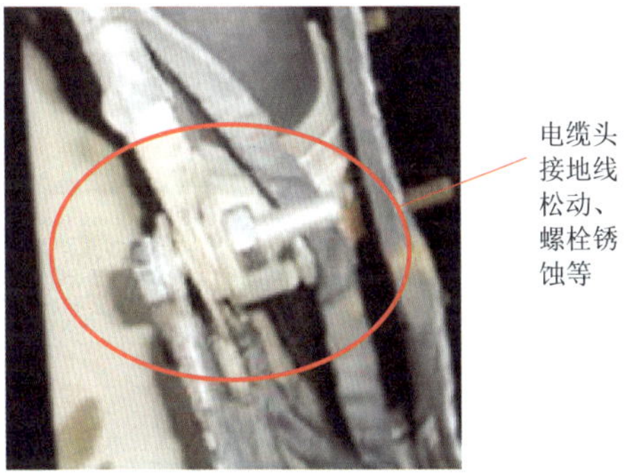

图 3-4-14　电缆头接地线松动、螺栓锈蚀

电缆头的铠装和屏蔽层接地线应连接良好，没有被压磨，接地侧接地紧固可靠，如图 3-4-15 所示。开展电缆接地检查必须对电缆的接地方式进行整体检查。

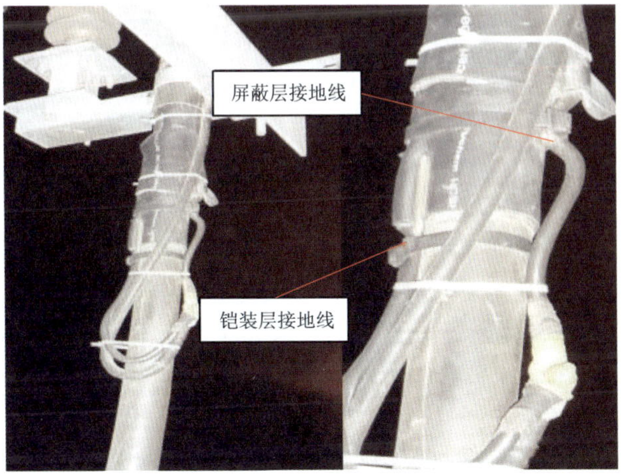

图 3-4-15　屏蔽层、铠装层接地线

电缆终端头接地应按规定连接。电缆头处的铠装和屏蔽层接地线应接地可靠、连接良好，不得出现不连接或者单根连接现象，电缆两端不得同时接地。高压电缆故障如图 3-4-16 所示。

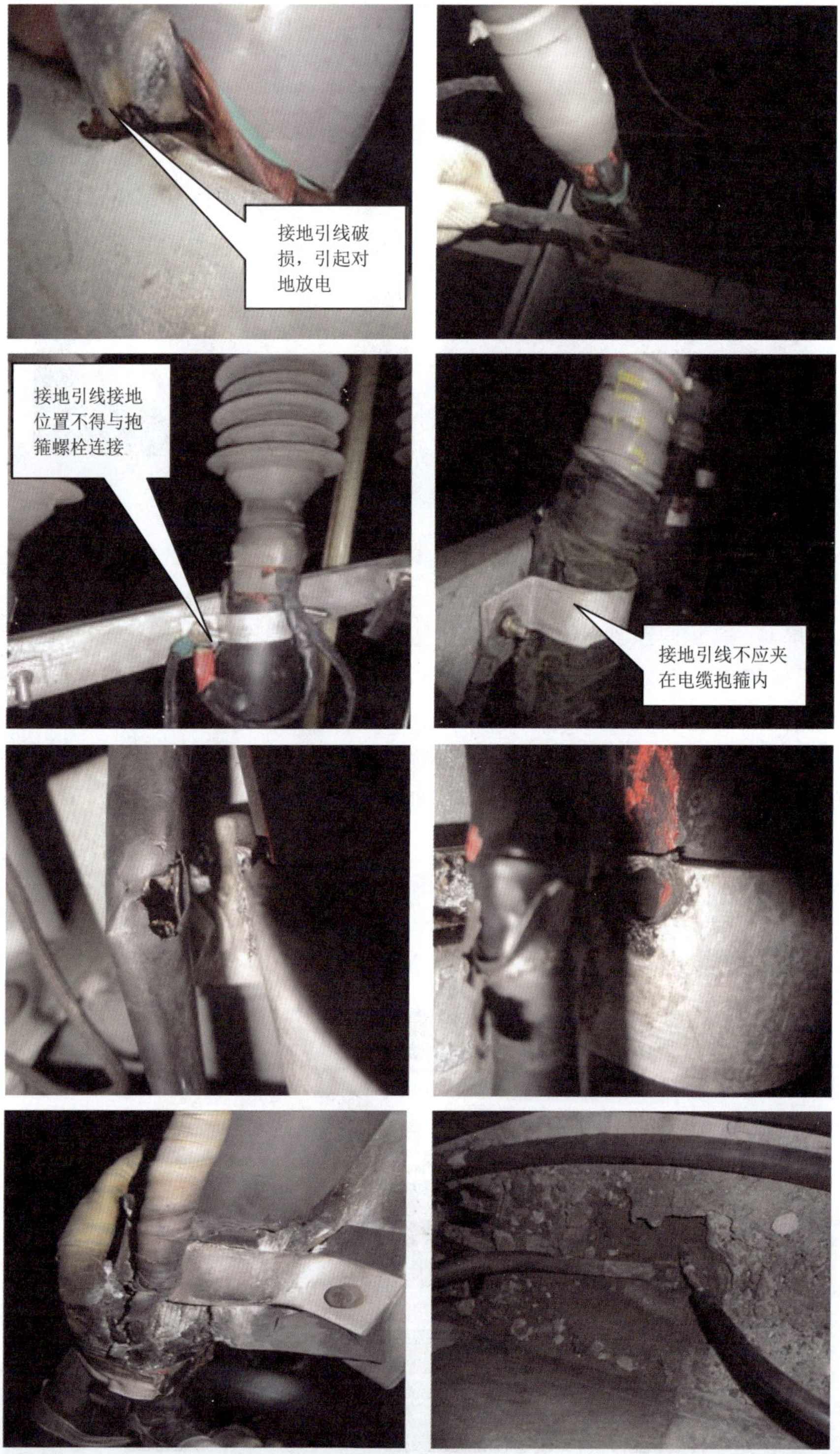

图 3-4-16　高压电缆故障

防治措施：户外电缆头都是采用铜丝屏蔽和金属铠装分开接地或将两根地线连接在一起共同接地。有条件的应采用分开接地。电缆接地引线绝缘破损，应及时绝缘包扎，防止接地不良引起电缆故障。电缆接地引线夹在电缆抱箍内，应把接地引线放出，若过长用扎带进行固定绑扎。电缆接地引线接地位置应单独接地，并紧固。接地引线未夹接地线耳，容易造成接地不良，应制作接地线耳。电缆故障修复对比如图 3-4-17 所示。

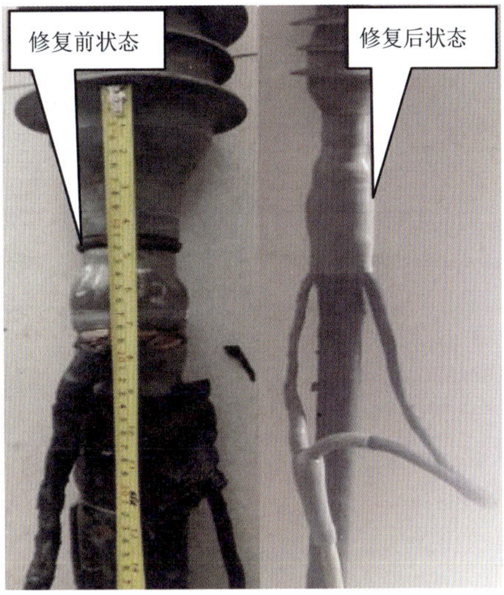

图 3-4-17　电缆故障修复对比

户外电缆头接地引线进行加强防护内容：

①采用冷缩管对户外电缆头尾裙与接地引线加强防护。

②对铠装层、屏蔽层与接地引线连接处采用不锈钢带双螺母固定，并对连接处采用冷缩管的方式加强防护，如图 3-4-18～图 3-4-20 所示。

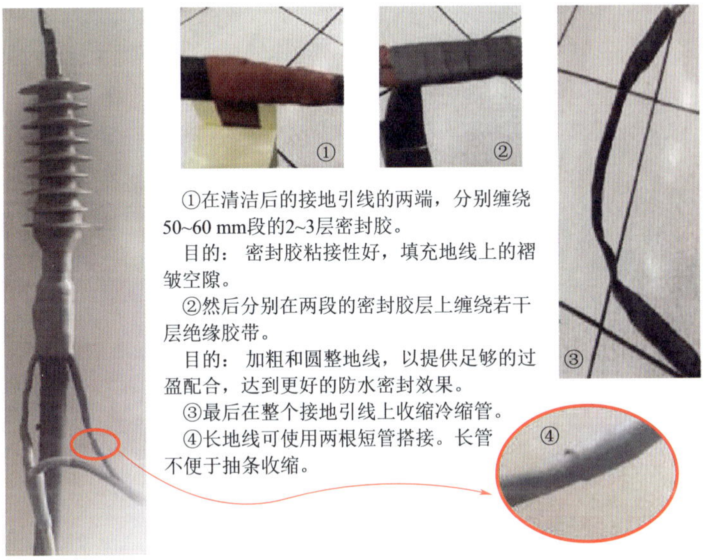

图 3-4-18　高压电缆接地引线加强防护作业流程

电缆头应保证竖直向上，测量其倾斜角度不得大于 30°。对电缆头倾斜不符合要求的，更改引线、抱箍安装位置等手段进行整改，如图 3-4-21 所示。

电缆头由于无支撑绝缘子的固定，造成电缆头整体扭曲，倾斜。电缆终端存在扭曲，应垂直向上，如图 3-4-22 所示。

防止措施：对存在电缆头倾斜、扭曲的电缆进行记录，后期加强跟进，加强盯控。若电缆头出现硬弯时，应及时汇报，进一步处理。

2. 电缆本体

(1)电缆本体各部分无机械损伤，无过热变色、变形、开裂、放电现象。

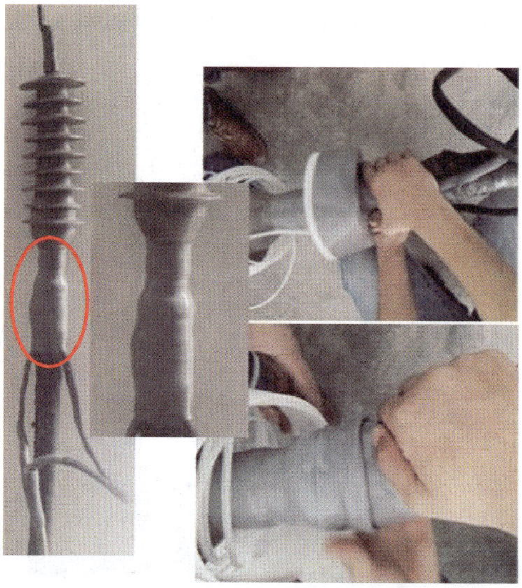

大径的冷缩管安装注意事项：

1.安装时要贴紧电缆，一圈圈地慢速抽取支撑条，并用手在后面辅助导向，在末段可能有小段皱缩，需要人力舒展。

2.由于扩张倍率较大，抽条过快，冷缩管会急速收缩，出现皱缩在一起的现象。

图 3-4-19　高压电缆冷缩管安装注意事项

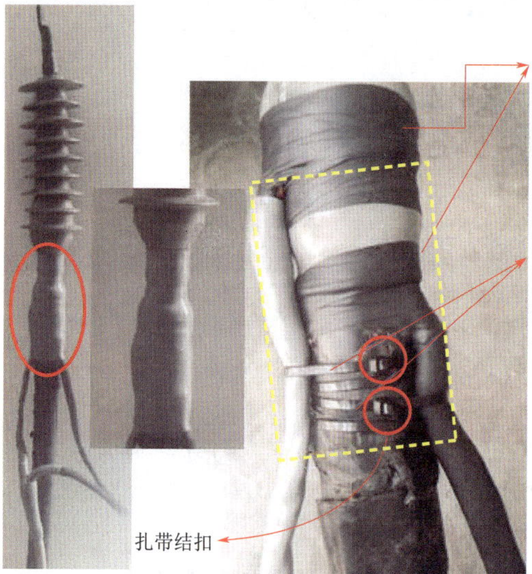

1.使用密封胶在接口处进行密封处理。细节：密封胶外缠一层绝缘胶带，起隔离作用，防止收缩冷缩管时粘连。

2.用两条扎带分别绑紧两地线。
①扎带结扣处应放置在地线侧边。
②不需要截断多余部分。
③用填充胶填充圆整两地线间的空隙，并用绝缘带隔离。均是为了避免扎带结扣处突出或尖角。

3.若要外形美观，需要用填充胶填充圆整两地线线间区域。如图中黄色虚线框所示区域。

图 3-4-20　高压电缆冷缩管安装注意事项

图 3-4-21　电缆头角度

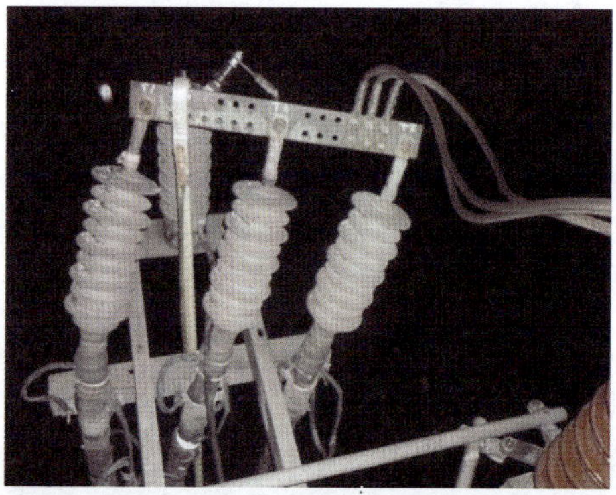

图 3-4-22　高压电缆安装标准

（2）电缆及电缆终端的固定处必须采用专用的铝制或非磁性材料抱箍，并加装保护垫。

（3）电缆固定支架无松动、严重锈蚀或变形，电缆悬挂钢索和挂钩无严重锈蚀或脱落。

（4）电缆铠装层、屏蔽层及电缆导体之间均应可靠绝缘。测量电缆铠装层、屏蔽层及电缆主绝缘之间的绝缘电阻值与历次数据比较，不应有显著变化。

（5）外观检查电缆表面应无划伤、砸伤等外力损伤，无开裂、放电痕迹。电缆外护层损伤如图 3-4-23 所示。电缆铜屏蔽及铠装绝缘（含引线绝缘）应大于 0.5 MΩ/km。

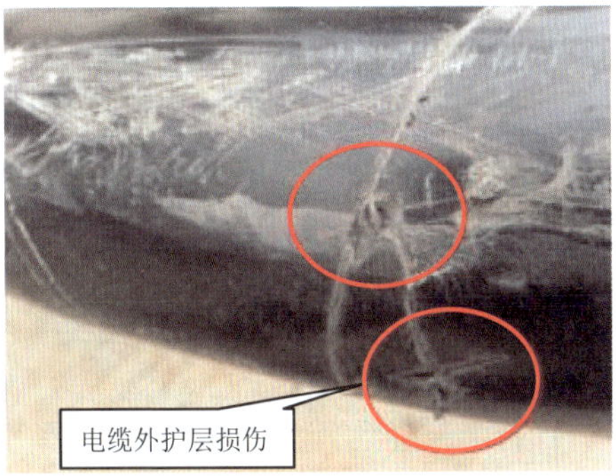

图 3-4-23　电缆外护层损伤

（6）用兆欧表对电缆外皮进行绝缘测试（含外护层、铠装绝缘引线），对划伤的进行修复；存在绝缘不符合要求，以及多点接地的外护层，应进行故障点探测并修复。

（7）电缆本体无破损、开裂，固定处没有受尖锐、重物压磨，没有被铁线绕。电缆标识应清晰可见。

防止措施：对破损电缆进行检查，采用防护包扎。清理对电缆造成破损的隐患，如图 3-4-24 所示。

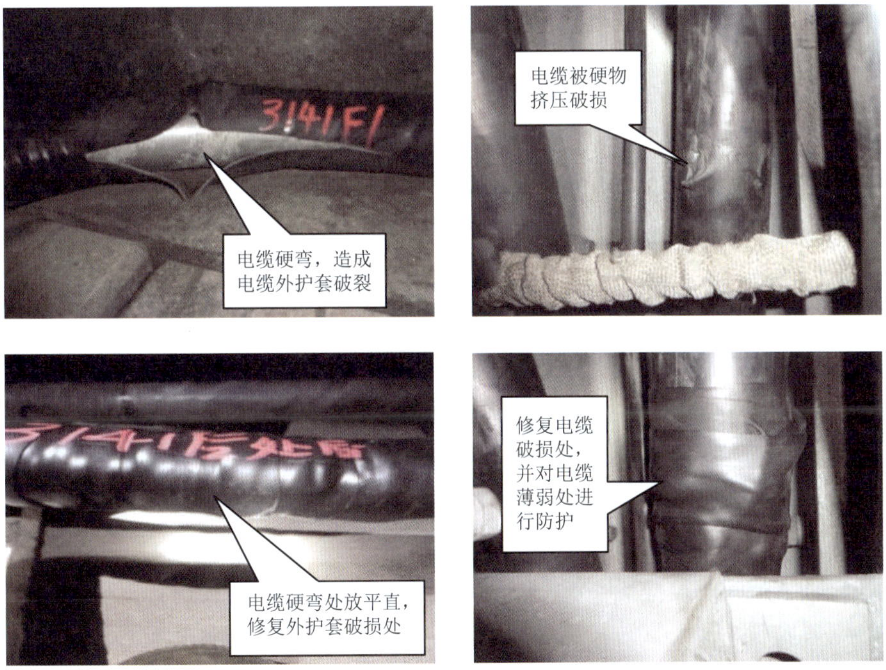

图 3-4-24　清理对电缆造成破损的隐患

3. 电缆接地

（1）电缆长度小于 100 m 时，电缆终端应一端直接接地，另一端可不接地。长度 100 m 及以上时，宜每隔 400 m（直供方式）或 800 m（AT 供电方式）划分区段且在每个区段应实施接地绝缘分隔。电缆终端应一端铠装层、屏蔽层直接接地，另一端铠装层、屏蔽层通过护层保护器分开接地。

(2)电缆终端接地线及端子应采取绝缘包扎并固定在电缆上,不得与金属构架直接接触。

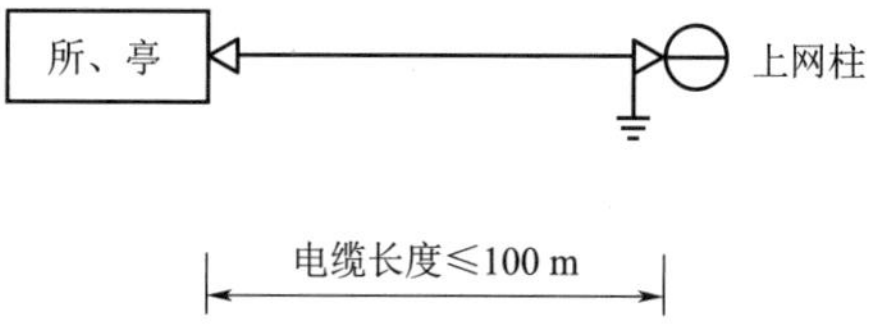

图 3-4-25　高压电缆接地示意

(3)电缆终端接地线无破损现象,受损股数不得超过总数的 20%。

①电缆长度小于 100 m 时,电缆终端应一端直接接地,另一端可不接地,如图 3-4-25 所示。

②长度 100 m 及以上时,宜每隔 400 m(直供方式)划分区段且在每个区段应实施接地绝缘分隔,如图 3-4-26 所示。

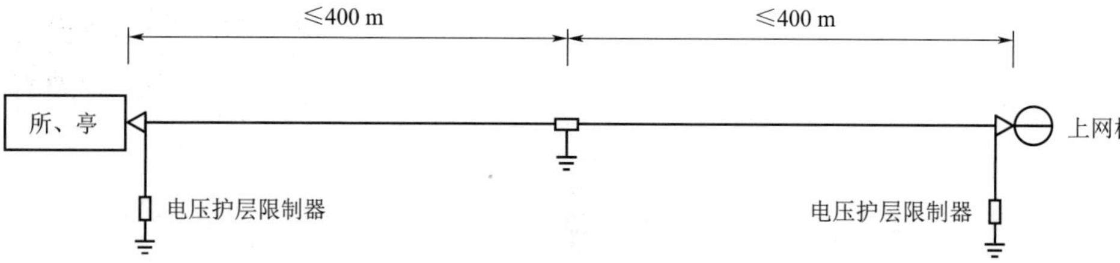

图 3-4-26　高压电缆接地示意

③长度 100 m 及以上时,宜每隔 800 m(AT 供电方式)划分区段且在每个区段应实施接地绝缘分隔,如图 3-4-27 所示。

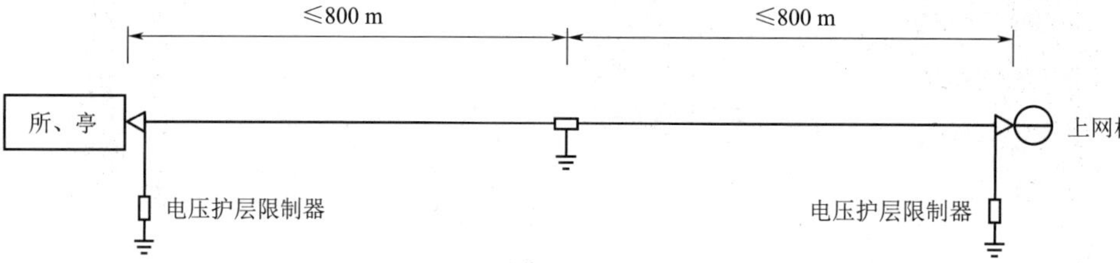

图 3-4-27　高压电缆接地示意

4. 电缆通道

(1)电缆采用地面敷设时须单独设置电缆沟槽,按规定设置地面电缆标识桩。同沟(槽)敷设 2 根以上电缆时,每隔 30 m 分别标识。

(2)电缆应作波浪形敷设,在敷设过程中,不应出现铠装压扁、电缆绞拧、护套折裂破损等现象,电缆弯曲半径不小于电缆外径的 20 倍。电缆终端(上支柱、上桥等)处,电缆应预留不小于 5 m。

(3)电缆上、下行间敷设应无交叉,供电线、正馈线电缆间无交叉(特殊区段用绝缘板做隔离),并按规定采取隔热及阻燃防护措施。

(4)当电缆穿管敷设时,保护管长度、内径应符合要求;当采用磁性保护管防护时,应顺向切割开缝,防止构成闭合磁路。

(5)当电缆直埋敷设时,电缆表面距地面不应小于 0.7 m,穿越农田时不应小于 1 m;其径路应避开使电缆受到机械损伤、化学或地下电流腐蚀、振动、热影响、虫鼠等危害地段。困难情况下应设置电缆槽、沟,并采取必要的防护措施。电缆过轨时应加装防护套管,埋深低于轨面不少于 1 m。

(6)直埋或以直埋电缆槽方式敷设的电缆,敷设后应及时填埋电缆沟,并采取减振、阻燃、阻断鼠道措施。同路径并排展放的多根电缆,相邻两根之间应有隔离措施。

(7)电缆标桩埋设应清晰显示出路径状态,直线地段每 35～50 m 设置一根电缆标桩,在出所位置、电缆转弯处以及和其他管、线、路交叉处,可增加标桩数量。电缆标桩上字样由各铁路局集团公司自定。

(8)电缆上网处应自地面下 0.8 m 至地面以上 2 m,砌钢筋混凝土电缆槽或砖砌防护墙进行防护。

(9)电缆通道巡检:在电缆沟检查电缆外皮是否完整,支撑是否牢固,接地是否良好,如图 3-4-28 所示。对沟内进行清洁,检查防洪情况。标准:无锈蚀、松动现象。检查标识及标示牌安装情况,缺失要补齐。

图 3-4-28　高压电缆通道巡检

(10)电缆应作波浪形敷设,在敷设过程中,不应出现铠装压扁、电缆绞拧、护套折裂破损等现象,电缆弯曲半径不小于电缆外径的 20 倍,如图 3-4-29 所示。标准:整齐、牢靠,且不受张力。

图 3-4-29　电缆波浪形敷设

(11)检查电缆下绝缘垫块是否缺损,及时补充,如图 3-4-30 所示。

图 3-4-30　绝缘垫块检查

(12)检查电缆沟、电缆井、电缆夹层应没有积水、淤泥、杂草等且干燥情况较好,没有鼠患虫害,如图 3-4-31 所示。如有问题,及时清除,做好相关防范措施。

图 3-4-31　高压电缆敷设走向

(13)检查直埋敷设的电缆时,标准是电缆表面距地面不应小于 0.7 m,穿越农田时不应小于 1 m,发现不足前述标准时,要及时处理。检查电缆避免受机械或人为损伤的地方、防护情况。检查直埋区段电缆标桩是否缺失,及时补设电缆标桩。

5. 护层保护器

(1)外观检查保护器及其引线无放电烧伤痕迹、炸裂、裂纹,如图 3-4-32 所示,更换缺陷护层保护器。

(2)用扳手检查接地螺栓应紧固,接地应牢靠。

6. 电缆夹具

外观检查应无开裂、松脱等,紧固螺栓应无锈蚀,如图 3-4-33 所示。更换不符合要求的抱箍、紧固螺栓。

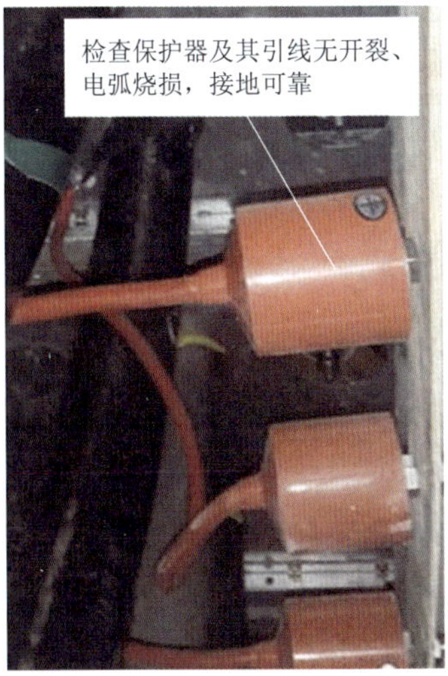

图 3-4-32　高压电缆护层保护器

图 3-4-33　高压电缆夹具

(二)设备维修

1. 电缆头更换

(1)电缆头状态不良时应及时进行更换,电缆头须由产品厂家专业人员制作。由检修人员负责制作过程质量卡控,对制作过程关键环节录像存档。

(2)27.5 kV 电缆及电缆终端投运前应按照《电气化铁路 27.5 kV 单相交流交联聚乙烯绝缘电缆及附件》(GB/T 28427—2012)有关标准进行绝缘和耐压试验，试验合格后方可投入运行。

2. 护层保护器更换

发现护层保护器爆裂后,应将其进行更换。

本节重点:

1. 掌握电缆的内部结构及巡视、检查方法。
2. 掌握电缆的接地要求。

第五节　绝缘、保护与接地

一、简　　介

1. 接触网绝缘是为保证接触网能安全、稳定、持续地向电力机车供电的重要组成部分,分为空气绝缘和固体绝缘。

空气绝缘:各线索之间通过空气阻隔电路而实现电气绝缘。空气绝缘被击穿后,一旦去掉外界因素(强电场)后即可自行恢复其固有的电气绝缘性能。

固体绝缘:接触网带电体与接地体通过固有绝缘介质(绝缘子)阻隔电路而实现电气绝缘。固体绝缘物质被击穿后,则不可逆地完全丧失了其电气绝缘性能。因此,电气线路与设备的绝缘选择必须与电压等级相配合,而且须与使用环境及运行条件相适应,以保证绝缘的安全作用。

2. 接触网接地是为保护接触网设备安全及实现安全供电的一种装置，分为工作接地和保护接地。

工作接地：为保证设备运行安全而设置的接地称为工作接地。如钢筋混凝土支柱、H形钢柱的接地及回流线的接地等。当较大的泄漏电流流经支柱时（如钢筋混凝土支柱），其内部金属部分的钢筋会发热，使金属软化造成支柱强度下降，严重时会折断支柱，危及设备安全。

保护接地：以安全防护为目的而设置的接地称为保护接地。如避雷器接地，站台上钢支柱双重接地及距离接触网设备 5 m 范围内的其他设施（桥梁栏杆、信号机、防护栅栏等）的接地。因绝缘元件老化、严重脏污、出现裂纹或浸水时，绝缘强度会下降，这时支柱的泄漏电流会增加，在支柱上形成较大的过电压，严重时会危及人身安全。

隔离开关、避雷器、吸上线（电缆）、回流电缆、双重绝缘跳线等列入接地装置管理。

二、结构及分类

（一）绝缘

1. 空气绝缘是以自然气体为绝缘介质的绝缘，如绝缘锚段关节、关节式分相是线间空气绝缘，管型避雷器、附加导线是导体对地的空气绝缘等。

2. 固体绝缘是以固有绝缘子为绝缘介质的绝缘。绝缘子是用以悬吊和支持接触悬挂并使带电体与接地体间保持电气绝缘的重要部件。按结构分类有：棒式绝缘子、针式绝缘子、悬式绝缘子。按材质分类有：瓷质绝缘子、钢化玻璃绝缘子、合成材料（硅橡胶）绝缘子。

（1）棒式绝缘子：棒式绝缘子多用于承受压力和弯矩的地方，常用于绝缘腕臂定位柱及隧道内等处，棒式绝缘子有普通型和防污型，如图 3-5-1 所示。

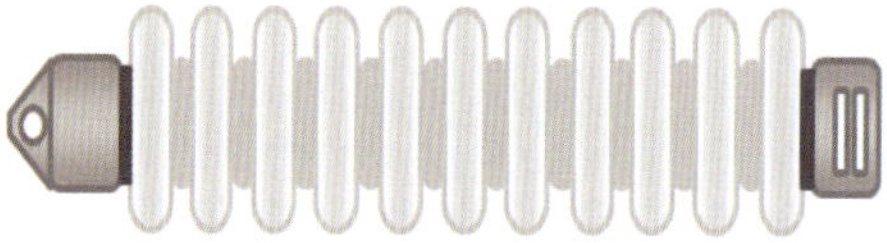

（a）瓷质结构

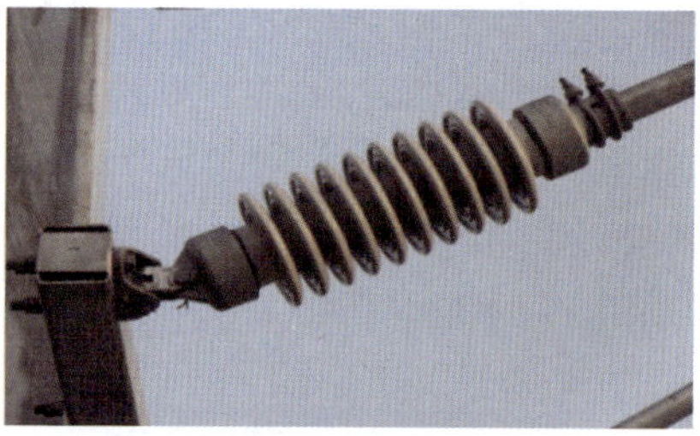

（b）瓷质实物

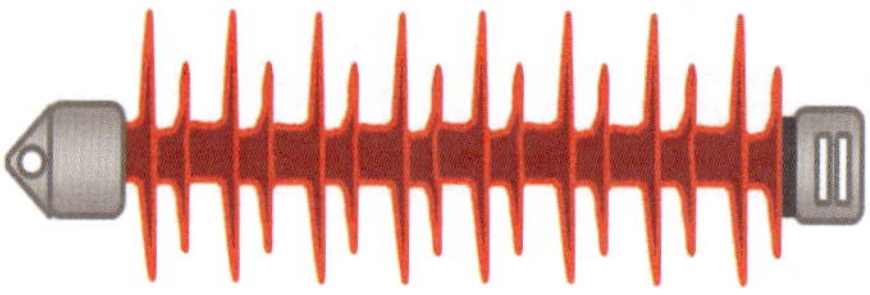

（c）合成材料结构

（d）合成材料实物

图 3-5-1　棒式绝缘子示意

(2)悬式绝缘子:常用于线索下锚处、软横跨、上下行分段绝缘、分相绝缘、水平拉杆、隧道内、正馈线、馈电线、并联线、捷接线、锚段关节等处与接地体绝缘。主要使用 40 kN 和 70 kN 级悬式绝缘子,根据连接形状分为:杵头式和耳环式,按表面长度分:普通型和防污型,如图 3-5-2 所示。

(a) 瓷质结构

(b) 瓷质实物

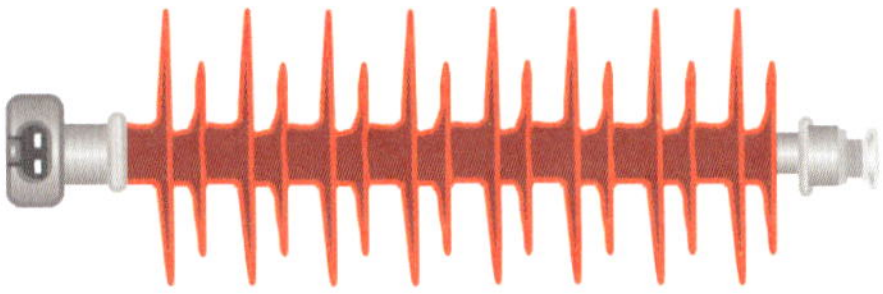

(c) 合成材料结构

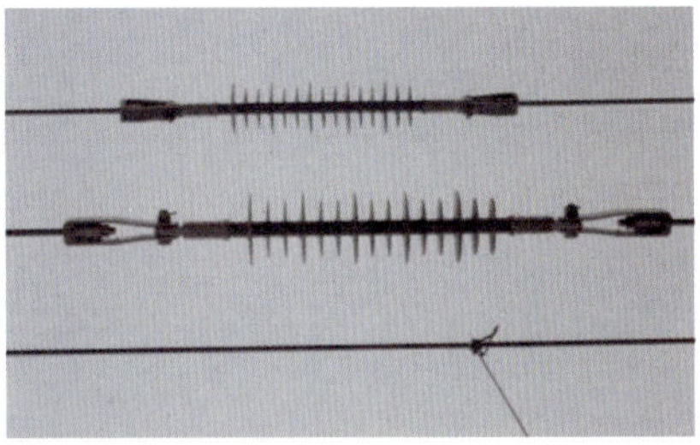

(d) 合成材料实物

图 3-5-2 悬式绝缘子示意

(3)针式绝缘子:针式绝缘子多用于回流线、保护线及接地跳线,它承受以上线索的不同方向负荷,对地起电气绝缘作用,如图 3-5-3 所示。

(a) 结构

(b) 实物

图 3-5-3 针式绝缘子示意

3. 绝缘子的性能

绝缘子的性能主要是它的电气性能和机械性能两方面的内容。

(1)绝缘子的电气性能

绝缘子的电气性能是用干闪电压、湿闪电压和击穿电压来表示的。

①干闪电压是指在电压的作用下,表面清洁、干燥绝缘子加在绝缘子两端的最低电压值。干闪电压只对室内绝缘子才有意义。

②湿闪电压是指在电压的作用下,表面清洁的绝缘子在下雨(或人工雨喷淋)方向与水平面成45°角淋于表面时,加在绝缘子两端的最低电压值。

③击穿电压是指绝缘子绝缘元件被击穿损坏而失去绝缘作用的最低电压值。

(2)绝缘子的机械性能

绝缘子的机械性能是指它所承受机械负荷的能力。为了确保接触网安全可靠工作,考虑到冰雪、风压、振动等因素,使用绝缘子时,一般安全系数规定为2.5～3,复合绝缘子安全系数为5.0。

(二)保护与接地

1. 钢筋混凝土支柱接地(普速铁路)

钢筋混凝土支柱接地装置分为上、中、下三部分。拉杆(或平腕臂)底座至斜腕臂底座为上部地线;斜腕臂底座至支柱底部为中部地线;支柱底部至钢轨为下部地线(注意:在接入钢轨前须在地线回路上接火花间隙),如图3-5-4所示。

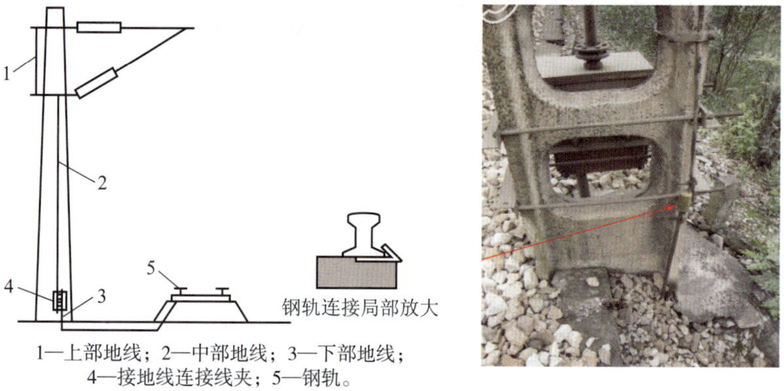

1—上部地线;2—中部地线;3—下部地线;
4—接地线连接线夹;5—钢轨。

(a)支柱接地结构　　(b)支柱接地实物

图3-5-4　普速铁路支柱接地结构

对于钢柱,地线接火花间隙后直接接在钢柱根部的螺栓孔上,另一端通过接地线夹固定在钢轨上。

在隧道中所有埋入杆件均需与地线连接,连接方式有两种:一种是每个悬挂点单独接地;另一种是分别将各悬挂点的地线都接在一根母线式的接地。

遇有避雷器、隔离开关等设备时,在对支柱进行接地外,还需要对设备单独设置一组接地,且通常下部地线不与钢轨连接,而是单独埋设一组接地极,即设置双接地。

2. H形支柱接地(高速铁路及新建线路)

H形支柱接地装置一般从支柱根部副角钢处的螺栓孔或基础的接地线引出端子处连接一条接地引线,接至布置于电缆沟内的综合地线的预留接地端子上,如图3-5-5所示。

遇有避雷器、隔离开关等设备时,在对H形支柱进行接地外,还需要对设备单独设置一组接地,并接至综合地线的预留接地端子上,即设置双接地。

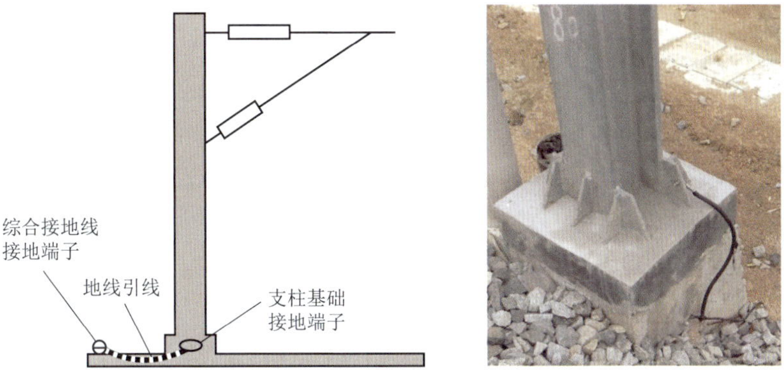

（a）支柱接地结构　　（b）支柱接地实物

图 3-5-5　H 形支柱接地示意

3. 双重绝缘方式

在支柱侧对悬式绝缘子串增加一个额定电压不低于 3 kV 的绝缘子(或一片悬式绝缘子),原绝缘子串称为主绝缘,而接地侧绝缘子称为辅助绝缘;双重绝缘的腕臂棒式绝缘子是特制的,也分为主绝缘和辅助绝缘两部分;在主绝缘和辅助绝缘之间用跳线与 PW 线(或回流线)连通,当主绝缘发生闪络或击穿时,短路电流可直接通过跳线经 PW 线(或回流线)回流到牵引变电所,使保护发生动作,如图 3-5-6～图 3-5-9 所示。

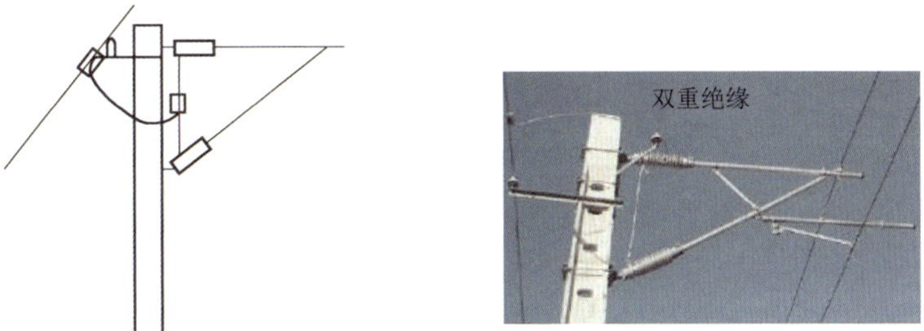

（a）钢筋混凝土支柱双重绝缘结构　　（b）钢筋混凝土支柱双重绝缘实物

图 3-5-6　钢筋混凝土支柱双重绝缘示意

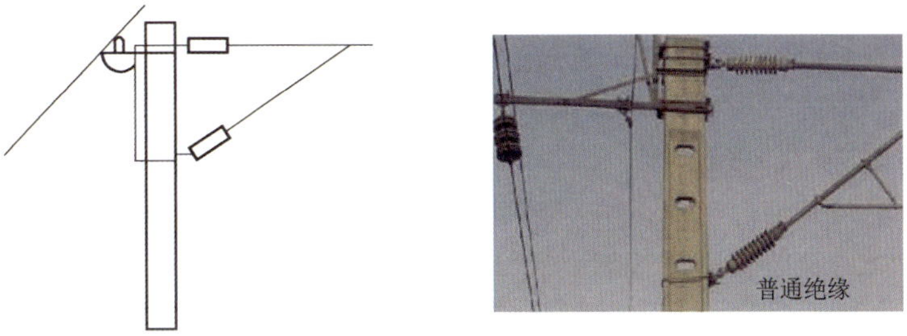

（a）钢筋混凝土支柱普通绝缘结构　　（b）钢筋混凝土支柱普通绝缘实物

图 3-5-7　钢筋混凝土支柱普通绝缘示意

（a）软横跨钢支柱双重绝缘结构

（b）软横跨钢支柱双重绝缘实物

图 3-5-8　软横跨钢支柱双重绝缘示意

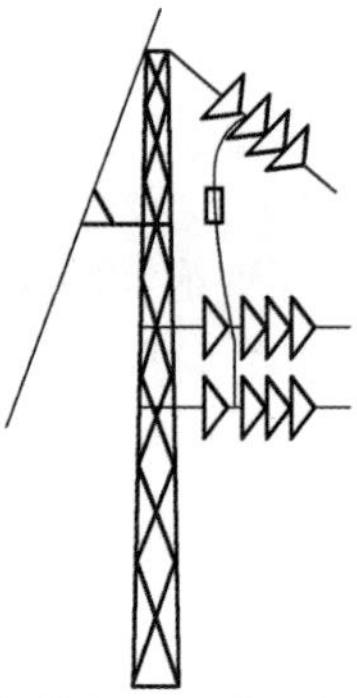

（a）软横跨钢支柱普通绝缘结构

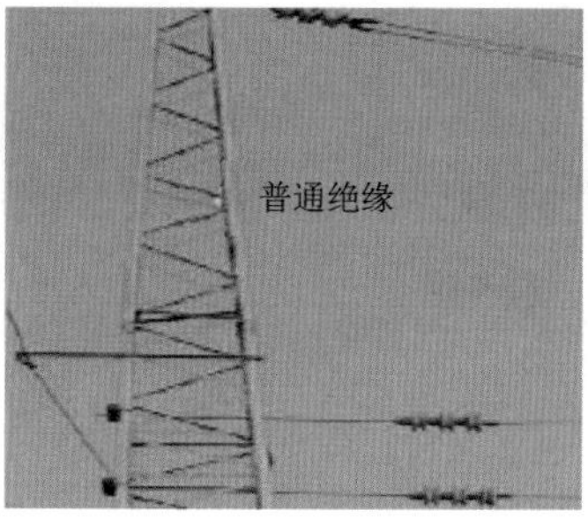

（b）软横跨钢支柱普通绝缘实物

图 3-5-9　软横跨钢支柱普通绝缘示意

4. 综合接地系统

随着高速铁路项目的建设，以往分散的接地方式已不能适应高速铁路发展的需要。在《高速铁路设计规范》(TB 10621)中，将综合接地作为独立一章重点描述，并将其确定为装备我国高速铁路的重要系统之一。综合接地系统的优势：

(1)综合接地充分利用沿线设施，可有效降低钢轨电位，保证人身和设备安全，降低铁路各子系统单独接地所需的工程投资。

(2)对于场坪面积条件有限或高土壤电阻率地区，采用综合接地优势特别突出，尤其是高铁的长大桥梁、隧道地段。

(3)铁路各子系统接地纳入综合接地系统后，在大大降低各子系统独立进行接地处理的实施难度的同时，可有效克服各系统设备之间的电位差。

综合接地系统的综合性表现在该系统提供了沿线建筑物、构筑物的防雷接地、强弱电设备的工作接地、保护接地、防过电压接地、防静电接地、屏蔽接地等，几乎涵盖了铁路沿线一定范围内所有的系统设备接地和防雷接地。所涉及的专业包括信号、通信、信息化、电气化、电力、机械、桥梁、隧道、路基、站场、无砟轨道、环工、给排水、房建等。

牵引供电系统接地：主要是为满足牵引供电系统设备接地的需要，包括以下主要部分：

(1)PW 线或 NF 线与轨道的连接必须通过扼流变压器或空芯线圈中性点连接。贯通地线与信号轨道电路完全横向连接线的连接点、PW 线或 NF 线的引下线与扼流变压器或空芯线圈中性点连接点宜在同一里程。

(2)牵引变电所采用不少于两回独立的架空回流线或回流绝缘电缆(线)经扼流变压器中性点与钢轨相连接,并将回流线引入牵引变电所。回流电缆(线)的截面应满足另一回电缆(线)故障情况下的最大载流量需要。

(3)牵引网中的防雷接地装置在贯通地线上的接入点与其他设备在贯通地线的接入不应共用同一接地端子。

(4)牵引变电所围墙内外的管道附属设备的金属外皮应与变电所地网相连,再就近接入综合接地系统。

电力设施接地:沿铁路线 20 m 范围内电力设施的接地应就近接入综合接地系统,包括以下主要内容:

(1)电力架空线及其支柱上的断路器、负荷开关、电容器等设备的接地装置。

(2)电力变压器的接地装置。

(3)电力电缆中间接头、终端头。

在综合接地系统中,建筑物、构筑物及设备在贯通地线接入处的接地电阻不应大于 1 Ω。

(三)线别设备介绍

广州局集团公司管内,以上的接地保护方式都有使用,具体使用分布情况见表 3-5-1。

表 3-5-1　附加导线使用分布

序　号	线路类别	铁路名称	设备名称
1	普速铁路	京广铁路	接触网接地装置
2		沪昆铁路	接触网接地装置
3		焦柳铁路	接触网接地装置
4		渝怀铁路	接触网接地装置
5		京九铁路	接触网接地装置
6		广深铁路	接触网接地装置
7		广石铁路	接触网接地装置
8		石长铁路	接触网接地装置
9		赣韶铁路	接触网接地装置
10		衡茶吉铁路	接触网接地装置
11		广珠铁路	接触网接地装置
12		南沙港铁路	接触网接地装置
13	城际铁路	广肇城际铁路	接触网接地装置
14		广珠城际铁路	综合接地、接触网接地装置
15		珠机城际铁路	综合接地、接触网接地装置
16		广惠城际铁路	综合接地、接触网接地装置
17		梅汕铁路	综合接地、接触网接地装置
18		穗深城际铁路	综合接地装置
19		长株潭城际铁路	综合接地、接触网接地装置

续上表

序　　号	线路类别	铁路名称	设备名称
20	高速铁路	京广高速铁路	综合接地、接触网接地装置
21		广深港高速铁路	综合接地、接触网接地装置
22		杭深铁路	综合接地、接触网接地装置
23		衡柳铁路	接触网接地装置
24		海南东环铁路	综合接地、接触网接地装置
25		沪昆高速铁路	综合接地、接触网接地装置
26		贵广高速铁路	综合接地、接触网接地装置
27		南广铁路	综合接地、接触网接地装置
28		海南西环铁路	综合接地、接触网接地装置
29		娄邵铁路	接触网接地装置
30		张吉怀高速铁路	综合接地、接触网接地装置
31		怀衡铁路	综合接地、接触网接地装置
32		黔常铁路	综合接地、接触网接地装置
33		深湛铁路	综合接地、接触网接地装置
34		赣深高速铁路	综合接地、接触网接地装置
35		广汕高速铁路	综合接地、接触网接地装置
36		渝厦高速铁路	综合接地、接触网接地装置

三、日常维护

（一）巡视

1. 接触网接地装置巡视检查按巡视方式分为步行、车梯、轨道车平台、添乘巡视四种方式，一般以步行巡视为主要手段；按设备是否带电分为停电巡视和带电巡视。高铁接触网还可以采取栏栅外巡视观察的方式掌握设备动态。

2. 步行巡视周期一般结合接触网的巡视一并纳入巡视，遇有避雷器动作、绝缘子闪络、接触网跳闸等异常情况时，巡视中要重点检查相应设备的接地装置情况。

3. 巡视的主要内容：

（1）观察绝缘子是否脏污、破损，是否有闪络放电痕迹。

（2）观察地线外观状态，有无松脱侵限的危险。

（3）观察连接于支柱底部的火花间隙是否爆裂，地线是否埋入道砟内，是否会翘起而侵入限界。

（4）观察吸上线与回流线及扼流变压器中性点的连接是否可靠。

（5）观察避雷器、隔离开关等设备的接地连接是否良好。

（二）检修

1. 检修周期：接地装置和绝缘子 12 个月，其中重污染区绝缘子 6 个月。

2. 检修内容：

(1)检查绝缘有无变色、闪络、放电的痕迹,有无扭曲变形、裂纹、破损。检查棒式绝缘子滴水孔是否朝下。

(2)检查并紧固上、中、下三部分地线的连接处。

(3)检查紧固火花间隙两端的连接,火花间隙爆裂时进行更换,紧固钢轨的接地线线夹,将露于地面的地线是埋入道砟内,防止地线翘起而侵入限界。

(4)检查紧固吸上线电缆与回流线(PW 线)及扼流变压器中性点的连接线夹、回流电缆与回流线(PW 线)的连接线夹;检查紧固吸上线电缆及回流电缆在支柱上的安装卡箍及双重绝缘的跳线与绝缘子及回流线(架空地线)的连接线夹。

(5)检查紧固避雷器、开关等设备的接地连接处,检查紧固避雷器的计数器安装及地线连接处。

(6)测量接地电阻并对接地电阻超标的进行处理整治。

注意:更换火花间隙时必须事先用短接线在火花间隙两头作短接措施。

(三)技术标准

1. 绝缘子技术标准

(1)接触网绝缘部件的泄漏距离:

普速铁路:绝缘部件的泄漏距离一般不应小于 1 200 mm;对隧道内及附加导线中的绝缘部件泄漏距离一般不应小于 1 400 mm;双线"V"形天窗作业区段上、下行线之间绝缘部件的泄漏距离一般不小于 1 600 mm。在海拔超过 1 000 m 的地区,上述泄漏距离应按规定增大。

高速铁路:接触网绝缘部件的泄漏距离≥1 400 mm。

(2)绝缘子表面应清洁、光滑无脏污、完整无破损、无破碎性裂纹,瓷釉剥落面积不大于 300 mm^2。

(3)绝缘子瓷质部分与铁件间密贴良好,无缝隙和开裂显现。

(4)绝缘子连接铁件与浇注部分间密贴良好、连接紧固。

(5)各悬式绝缘子间连接良好,弹簧销、开口销齐全。

(6)绝缘子本体线性良好,弯曲度不超过 1%。

(7)绝缘子表面无明显放电痕迹、无环状或贯通性裂纹。

(8)绝缘子裙边距接地体的距离应不小于表 3-5-2 中的规定。

表 3-5-2　绝缘子裙边距接地体的距离

绝缘子类型	距接地体距离/mm	
	正常值	困难值
瓷及钢化玻璃绝缘子	≥100	≥75
棒式及有机合成材料绝缘子	≥50	—

注:采用正常值确有困难时方可采用困难值。

(9)接触网带电部分距固定接地物、机车车辆装载货物的空气绝缘距离及电力机车受电弓上下左右摆动到极限位置,以及接触线抬高到最高位置距接地体的瞬时空气绝缘距离应符合表 3-5-3 的规定。

表 3-5-3　接触网空气绝缘间隙

项　　目	正常值/mm	困难值/mm
接触网带电部分距固定接地物	≥300	≥240
受电弓摆动到极限位置和接触线抬起到最高位置距接地体	≥200	≥160
接触线带电部分距机车车辆或装载货物	≥350	—
接触网带电部分距跨线建筑物底部的静态间隙	≥500	≥300

注：①表中的困难值系指在已建成的低净空隧道、跨线桥等建筑物范围内，采用正常值确有困难时方可采用，并应有相应的防护措施；

②在海拔超过 1 000 m 的地区，其绝缘距离应按规定增大。

2. 接地、保护装置技术标准(普速铁路)

(1)上、中、下三部分地线的连接处应紧固，地线在支柱上安装牢固。

(2)火花间隙两端的连接牢固，火花间隙无爆裂，钢轨处的接地线线夹安装紧固，地线是埋入石砟内，不得翘起而侵限。

(3)吸上线与回流线及扼流变压器中性点的连接线夹、回流电缆与回流线的连接线夹、双重绝缘的跳线与绝缘子及回流线(架空地线)的连接线夹等连接紧固，安装牢固。

(4)避雷器、开关等设备的接地连接处连接紧固，避雷器的计数器安装及地线连接处紧固及安装牢固。

(5)接地电阻不大于 10 Ω。

四、常见缺陷与故障案例

(一)常见缺陷

1. 地线各连接点处连接不良，导致过流不畅通。

2. 吸上线电缆、回流线电缆与回流线、扼流变压器中性点等连接不良，导致过流不畅通。

3. 避雷器计数器、火花间隙等连接不良，导致过流不畅通。

4. 地线在地面翘起而发生侵限。

5. 地线在接地极处连接不良。

(二)故障案例

案例一

1. 事故概况

2018 年×月×日 15 时 18 分，×变电所 212 断路器跳闸，重合闸不成功。15 时 23 分，供电调度远动操作×变电所 212 断路器试送成功。16 时 17 分，供电人员检查发现区间 0120 号支柱(K74＋700)斜腕臂底座断裂脱落、回流线肩架抱箍烧断悬在空中。供电抢修人员对 0120 号支柱斜腕臂底座进行加固后，17 时 26 分申请开通线路。17 时 31 分接触网送电成功。17 时 39 分，列车运行至该区间时，司机发现接触网部件脱落，立即施加紧急制动并降弓，停于 K72＋920 处。17 时 50 分，供电人员再次检查发现区间 0046 至 0054 号支柱(K72＋950—K73＋150)承力索断线、回流线断线、0050 及 0052 号支柱支撑定位装置损坏。

2. 事故原因

因×变电所供电系统主变压器 N 相(接地相)未与主地网连接，地网中的电流无回流通路，地网中电流只有窜入回流电缆最薄弱处所，回到主变压器 N 相形成回流通路。地网中电流长期在回流电缆最薄弱处窜入，逐步损伤回流电缆直至烧断，导致牵引回流通道断开、回流线电位升高，牵引回流经腕臂抱箍、支柱钢筋形成泄流通道，造成抱箍与支柱接触处高温熔断、脱落，引发弓网事故。

案例二

1. 事故概况

2010 年×月×日，某网工区职工在某区间天窗作业中发现 239 号腕臂底座连接地线断 4 股并进行临时补强处理。

2. 事故原因

施工原因导致并沟线夹连接不紧固，长期过流造成线索烧伤断股，如图 3-5-10 所示。

图 3-5-10　主导电回路故障

本节重点：

1. 掌握各种绝缘子的检查技术标准。
2. 掌握绝缘子的性能。
3. 掌握接触网设备的接地要求。

第六节　接触网标识、标志

与接触网运行有关的标志有分相处的“断”电标、“T断”标、“合” 电标、“动车合”标、“动集合”标、“禁止双弓” 标，故障或施工区段两端临时设置的“准备降弓”标、“降”标、“升”标，接触网终端设置的“接触网终点标”“安全作业标”“高压危险、禁止攀登”“高压危险”，V形“天窗”检修方式区段设置的“V停禁止攀登”，不同馈线同杆架设区段设置的“单一馈线停电，禁止登杆作业”及“V停有电”警告标等标志。

接触网标识、标志的种类及其作用：

一、电分相标识

电分相标识包括“断”电标、“T断”标、“合”电标、“动车合”标、“动集合”标、“禁止双弓”标等。

1. 用途：为了指示司机在电力机车（动车组）通过分相前提前操作断开机车主断路器，惰行通过分相后再重新合上断路器，恢复给机车供电，在分相两端设立“断”电标及“合”电标；为了防止机车升双弓通过电分相而误将电压带入中性区段，甚至造成相间短路，还需设立“禁止双弓”标。

2. 安装位置：在电气化区段分相中性区前方，分别设“断”电标（图3-6-1）、“禁止双弓”标（图3-6-2）。对于最高运行速度大于120 km/h的旅客列车、行邮列车及最高运行速度为120 km/h的货物列车、行包列车运行的线路，在断电标的前方增设特殊断电标（图3-6-3）。在分相中性区后方设“合”电标（图3-6-4），对图定开行时速200 km动车组列车的铁路，在分相中性区终止位置后400 m处增设“动车合”标（图3-6-5），对图定开行时速160 km动力集中型动车组的铁路，在分相中性区终止位置后510 m处增设“动集合”标（图3-6-6、图3-6-7、图3-6-8）。在双线电气化区段，在“合”“断”电标背面，可分别加装“断”“合”字标，作为反方向行车的“断”“合”标使用。

图3-6-1　“断”电标

图3-6-2　“禁止双弓”标

图 3-6-3　“T 断”标

图 3-6-4　“合”电标

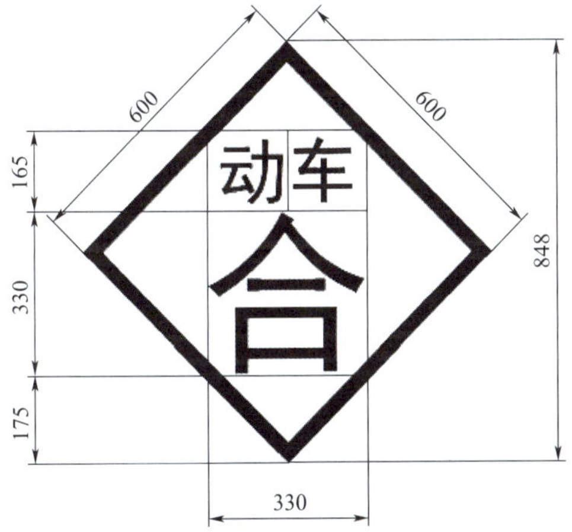

图 3-6-5　“动车合”标(单位:mm)

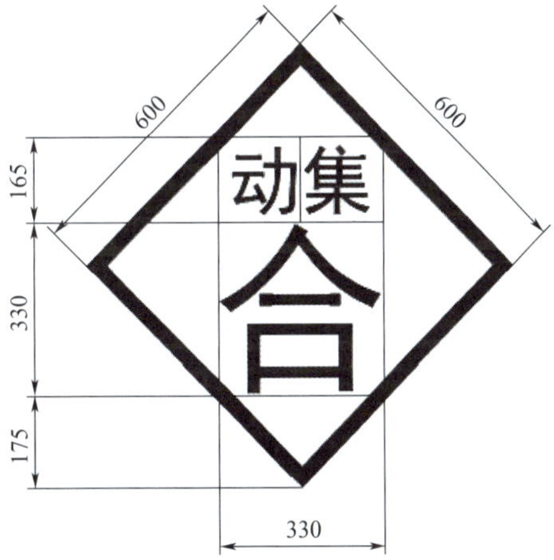

图 3-6-6　“动集合”标(单位:mm)

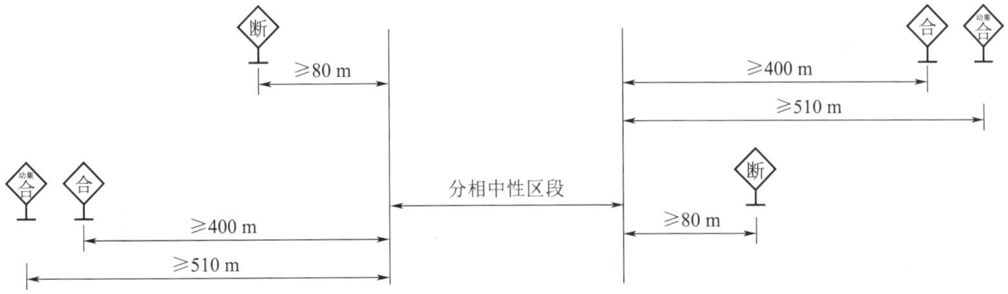

图 3-6-7　“动集合”“断”“合”标安装位置(高速)

3. 制作规格:“断”电标、“合”电标,标志牌尺寸 400 mm×400 mm,支柱直径 50 mm,长 1 800 mm;“动车合”标、“动集合”标尺寸如图 3-6-5 和图 3-6-6 所示。

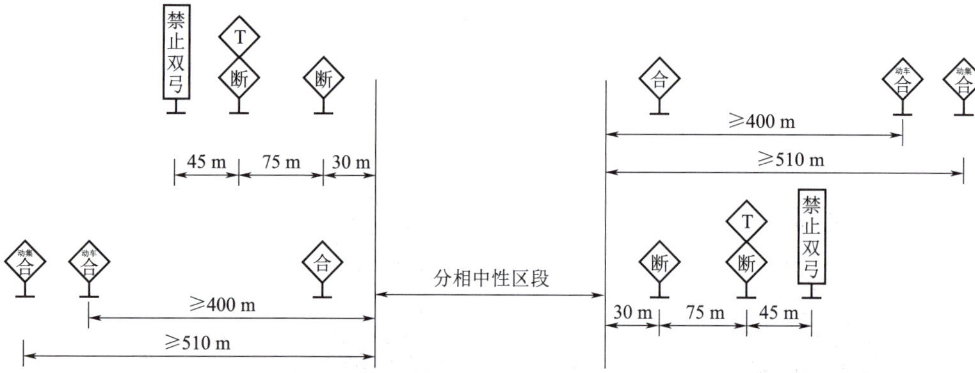

图 3-6-8　“动集合”“动车合”“禁止双弓”“T 断”“断”“合”标安装位置(普速)

4. 制作材质:铝合金(钢)板、钢管、反光油漆;色调:白色底、黑色字、黑色边框。

二、“准备降弓”标、“降”标、“升”标

1. 用途:当接触网发生临时故障或事故抢修后接触网暂时不允许机车受电弓通过时,可采取使机车降弓通过的办法维持列车运行,此时应在故障区段两端设置准备降下受电弓标、降下受电弓标及升起受电弓标,在列车运行方向的左侧,按“准备降弓”“降”“升”的顺序设置。

2. 安装位置:在普速铁路接触网故障降弓地段前方,分别设准备降下受电弓标(图 3-6-9)、降下受电弓标(图 3-6-10);对于最高运行速度大于 120 km/h 的旅客列车、行邮列车及最高运行速度为 120 km/h 的货物列车、行包列车运行的线路,在降下受电弓标的前方增设特殊降弓标(图 3-6-11)。在降弓地段后方,设升起受电弓标(图 3-6-12)。设置位置如图 3-6-13 所示。

图 3-6-9　“准备降弓”标

图 3-6-10　“降”弓标

图 3-6-11　“T 降”标

图 3-6-12　“升”弓标

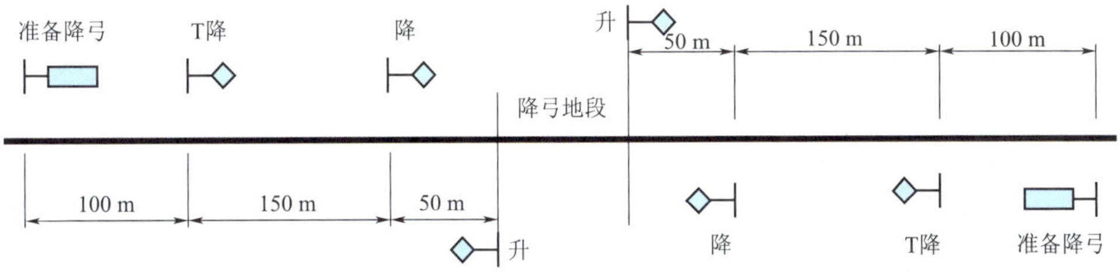

图 3-6-13　故障地段“升”“降”弓标设置位置

3. 制作规格：准备降弓标志牌 400 mm×125 mm，支柱直径 50 mm，长 150 mm ，升、降标志牌 400 mm×400 mm，支柱直径 50 mm，长 180 mm。

4. 制作材质：铝合金（钢）板、钢管、反光油漆；色调：白色底、黑色字、黑色边框。

三、电力机车禁停标

1. 用途：电力机车禁停标设在站场、区间接触网不同供电臂的电分段两端（含锚段关节式电分段和分段绝缘器电分段）或接触网压差较大的电分段两端，电力机车（动车组）在该标志提示的禁停区域内不得停留。

2. 安装位置：电力机车禁停标设置于列车正常运行方向左侧。禁停区小于 150 m 时，禁停区两端各设置 1 个起始（终止）标；禁停区大于或等于 150 m 时，增设 1 个中间提示标，提示标与两端起始（终止）标志牌之间的距离应相等，误差不大于 1 m。设置示意如图 3-6-14 所示。

3. 制作规则：标志牌 500 mm×500 mm，样式如图 3-6-15 所示。

4. 材质要求：铝合金（钢）板、反光油漆；色调：白色底、黑色字、黑色边框。

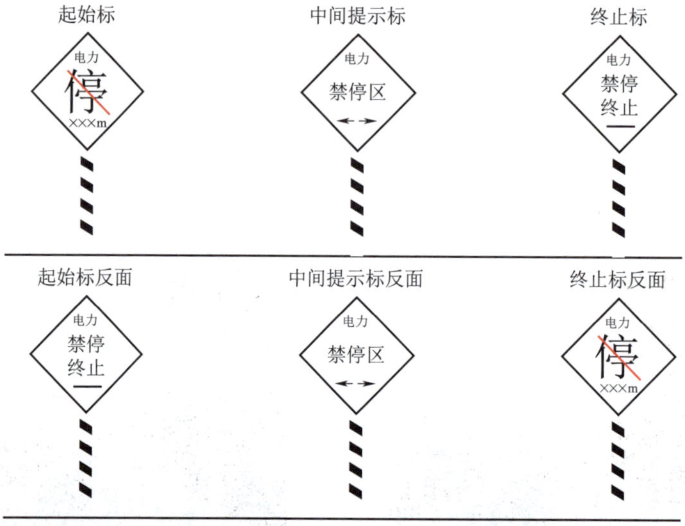

注：(1) 电力机车禁停区小于150 m时，不设中间提示标。
(2) 电力机车禁停区大于或等于150 m时，增设1个中间提示标。

图 3-6-14　电力机车禁停标设置示意

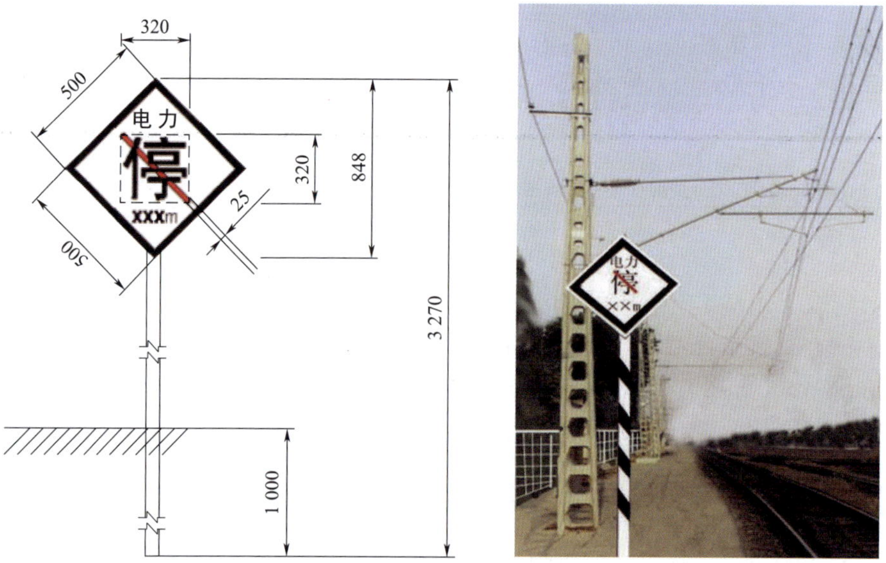

图 3-6-15　电力机车禁停标样式(单位：mm)

四、"接触网终点"标

1. 用途：在站场牵出线、安全线、避难线、装卸线及专用线的接触网终端应设置"接触网终点标"，该标志应设在接触线锚支距受电弓中心线 400 mm 的上方，通常设在终端下锚柱前方第一个支柱悬挂点上，机车受电弓不得越过此标。

2. 安装位置："接触网终点"标应设在接触网终端，其位置下沿应距接触线 250 mm 以上，接触网锚支距受电弓中心线 400 mm 处接触线的上方（图 3-6-16）。

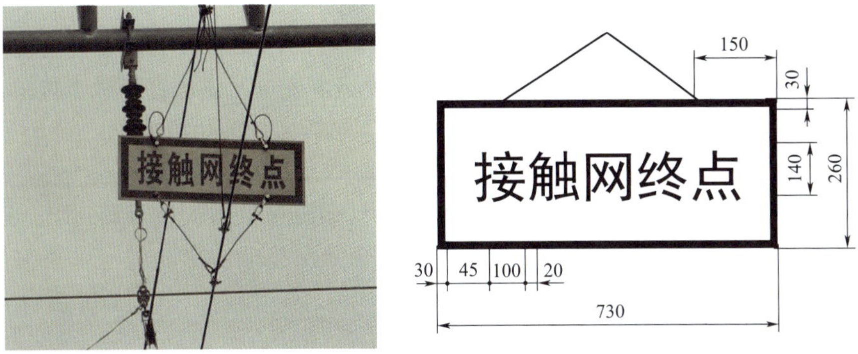

图 3-6-16　接触网终点标(单位:mm)

3. 制作规格:标志牌 260 mm×730 mm。

4. 材质要求:铝合金(钢)板、反光油漆;色调:白色底、黑色字、黑色边框。

五、杆号标志牌

1. 用途:接触网号码印刷在腕臂柱,吸流变压器台、特种支柱及隧道悬挂点等处。号码一律采用白底黑字的阿拉伯数字印刷,并应字迹清楚整齐、端正。号码应按区间或站场分别编号,车站两端锚段关节处支柱应编入车站,编号方向与线路公里标一致。软横跨号码先左右排列。复线区段上行为双号,下行为单号,若号码数位达不到该区间或站场最大数字位时,以“0”补充前面空位,如图 3-6-17 所示。

图 3-6-17　杆号标志牌

2. 安装位置:

(1)编号原则(一般编号)

① 支柱一般按线路公里标方向连续编号,一般为 3～4 位数,例 005、0129。单线区段依次连续编号,双线区段下行线为单数,上行线为双数。不得有重号、漏号及×××-×号出现。

②每个区间、站场(机务段或折返段)均分别编号,隧道吊柱单独编号,车站两端锚段关节处的支柱编入车站。车站同一行别侧截面有两根或多根支柱时,按照从站内向田野侧由小往大标注。

③ 供电线支柱单独编号，均在号码前冠以“G”字样。

④ 供电线编号从牵引变电（开闭）所引出的第一根杆开始编号，支柱按供电臂分开编号，下行供电臂为单数，上行为双数编号。部分新建或改造的变电所供电杆杆号未按单双数分开，而是将馈线号在字母“G”后下标馈线号，如“$G_{211}02$”，同杆架设的也可在“G”后上下各标两个馈线号，如“$G^{214}_{213}26$”。

⑤对供电线、回流线与接触悬挂等同杆架设的，只标识接触网支柱号码；供电线与回流线等同杆架设的，只标识供电线支柱号码；回流线单独悬挂的按顺序从北往南单独编号，均在号码前冠以 “H”字样。

（2）杆号悬挂要求：

①混凝土支柱用螺栓在预留孔内双面安装。

②钢柱、吊柱用肩架在迎对来车方向、田野侧安装，安装高度为离轨面 0～5 m，单牌双面字。

③各类支柱还可采用粘贴式安装，粘贴在钢柱和混凝土支柱预留位置。

3. 材质要求：反光油漆及铝合金板；色调：白底黑字。使用白色反光漆在立柱上适当位置喷涂底色，采用黑色反光漆在底色上喷涂杆号数字；或使用铝合金板做底板，以白色反光漆做底色、黑色反光漆喷涂数字，制作杆号牌。粘贴式号码牌为定制，自带背胶，另配置特制胶水增加黏性。

六、轨面标准线（简称“红线”）参数牌

1. 用途：为保证接触网与线路的相对位置，在接触网支柱的线路侧或隧道一侧的边墙上标出轨面标准线（图 3-6-18、图 3-6-19），并在其上方依次标注设计的线路超高、设计的接触网导线高度，在其下方标注设计的侧面限界，如图 3-6-20 所示。

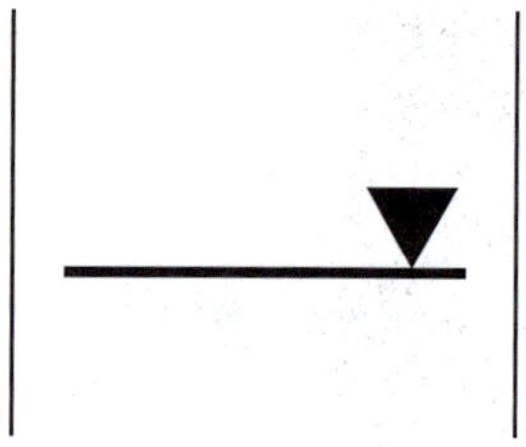

图 3-6-18　轨面标准线直接标注法

图 3-6-19　轨面标准线提升标注法

图 3-6-20　支柱参数标注

2. 标画位置：

（1）隧道内：标画在悬挂点边墙的下方轨面上提 150 mm 处（必要时用灰砂浆抹面），同时在方框外注明上提高度（即：上提 1 500 mm）。

（2）其他标画在站台或支柱内侧面。

3. 标画的尺寸：

（1）混凝土支柱：绘制 200 mm（高）×220 mm 方框，白底黑边，红线位于方框内且中心距

方框上沿 125 mm。黑框宽 5 mm，参数为红色黑体字，字体高 40 mm，参数左边对齐红线，距黑框 10 mm；参数上、下边距黑框 10 mm；第一行与第二行参数间距 10 mm，第二行、第三行距红线 15 mm。具体见“轨面标准线参数牌”，如图 3-6-18、图 3-6-19 所示。

(2)钢柱：南北线路红线位于北侧主角钢上，东西线路位于东侧主角钢上。当实际轨面低于主角钢时应距轨面提高 500 mm 高度，并在相应主角钢侧面标出所提高度(即上提 500 mm)。自红线以上 1 500 mm 处开始向下刷白并顺序涂写有关参数。

七、安全作业区标志牌

1. 用途：为保证装卸线、机车整备线、给水线电气化股道上作业安全，在其上方的接触网上安装有分段绝缘和隔开，可以实现随时小范围停电。在地面上应装设安全作业标志，如图 3-6-21 所示。

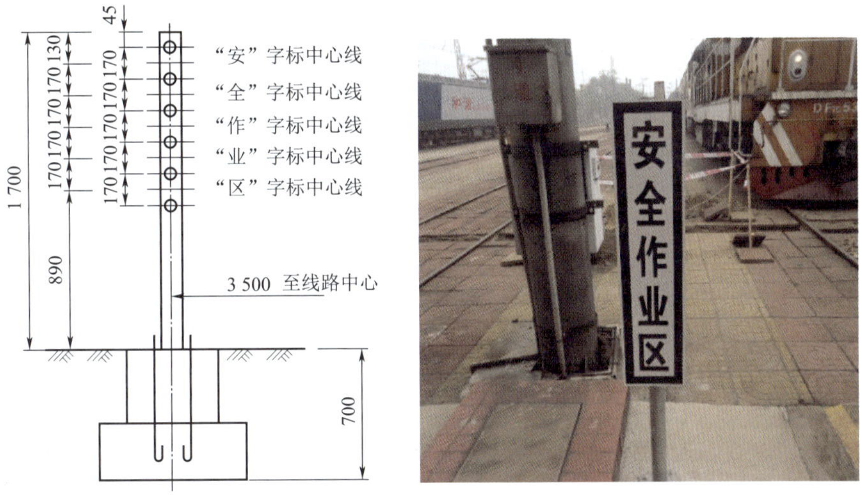

图 3-6-21　安全作业区(单位：mm)

2. 安装位置：分段绝缘器内侧 2 m 处，距线路中心 3.5 m(机车整备线以不侵限为原则)，埋深 0.7 m 以上(有设计则以设计要求为准)，面向无电区侧而立。

3. 制作规格：标志牌 220 mm×940 mm，立柱主杆尺寸为 ϕ102 mm×4 mm。

4. 材质要求：铝合金(钢)板、钢管、反光油漆；色调：白色底、黑色字、黑色边框。

八、“高压危险”标志牌

1. 用途：“高压危险”警告标(图 3-6-22)设于站内和行人较多及安装设备的支柱上，安全挡板或细孔网栅上。

2. 安装位置：

(1)接触网支柱上、安全挡板或防护网栅上均要有“高压危险”标志。

(2)钢柱及安全挡板或细孔网栅上悬挂的“高压危险”牌，尺寸以厂家制作的为准，安装于靠线路的侧面，上沿距轨面(或地面)2.5 m 左右居中安装。

(3)混凝土支柱上的“高压危险”用油漆喷刷，安装高度、牌子尺寸同钢柱。

3. 制作规格：400 mm×300 mm。

图 3-6-22　高压危险牌

4. 材质要求：反光油漆；色调：白色底、黑色字、黑色边框、红色闪电标志。使用白色反光漆在立柱上适当位置喷涂底色，采用黑色反光漆在底色上喷涂杆号数字及边框、红色反光漆在底色上喷涂闪电标志；或使用铝合金板做底板，以白色反光漆做底色、采用黑色反光漆在底色上喷涂文字及边框、红色反光漆在底色上喷涂闪电标志，制作高压危险标志牌。

九、“邻线有电，禁止跨越”标志牌

1. 用途：为保证接触网 V 形天窗作业安全，在接触网上下行分界设备处装设“邻线有电，禁止跨越”标志牌(图 3-6-23)。

2. 安装位置：安装在接触网分段绝缘器或软横跨节点 8 处分段瓷瓶两端。

3. 制作规格：200 mm×300 mm。

4. 材质要求：铝合金板、反光油漆；色调：白色底、黑色字。

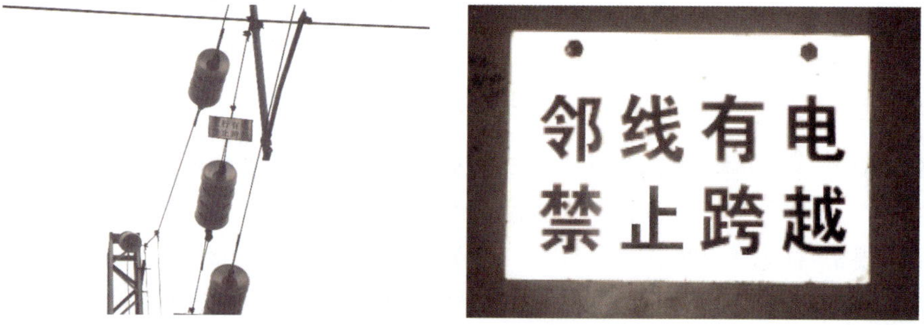

图 3-6-23　“邻线有电”标

十、“V 停禁止攀登”“单一馈线停电，禁止登杆作业”标志牌

1. 用途：为保证接触网 V 形天窗、分相天窗作业安全，在不能利用 V 形天窗进行停电检修作业时，须在垂直天窗内进行，相关设备必须悬挂“V 停禁止攀登”警示牌。在连接不同馈线的分段绝缘器，不同馈线同杆架设的供电杆、接触网支柱，对下行(上行)设备中插入的独立上行(下行) 的设备等存在误触有电设备的处所，采用单侧垂直天窗(如 211 和 212 馈线设备同杆或 213 与 214 馈线设备同杆等上下行封锁公里标一致的其他情况时)可以使该供电杆、接触网支柱同时停电的处所，安装“V 停禁止攀登” 的标志(图 3-6-24)，不同馈线同杆架设的供

电杆、接触网支柱，不能采用单侧垂直天窗可以使该供电杆、接触网支柱同时停电的处所(比如在分相处 211 与 213 馈线设备同杆架设，212 与 214 馈线设备同杆架设等)，安装“单一馈线停电，禁止登杆作业”标志牌(图 3-6-25)。

2. 安装位置：上沿距轨面(或地面)2.5 m 左右居中安装。

3. 制作规格：标志牌 210 mm×300 mm。

4. 材质要求：铝合金板、反光油漆；色调：白色底、黑(红)色字、红色闪电标志、红色边框。

图 3-6-24　“V 停禁止攀登”标

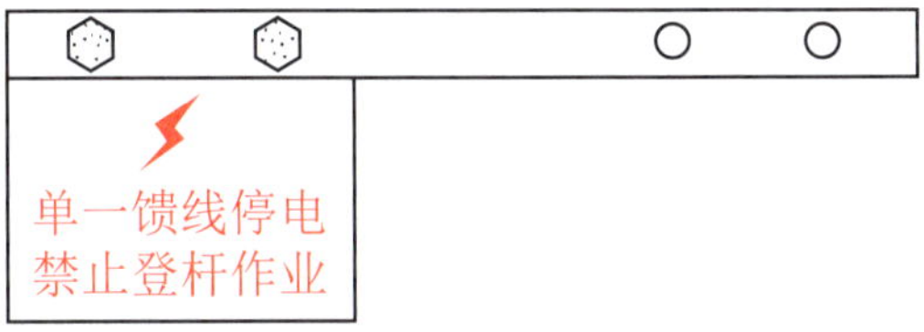

图 3-6-25　“单一馈线停电，禁止登杆作业”标(肩架式)

十一、磁性枕埋设及标识

1. 埋设距离：距离误差 1 m，布置示意如图 3-6-26 所示。

预告信号(G1)距强迫信号(G2)距离为 170 m；强迫信号(G2)距“断”标距离 5 m，距中性区 35 m；恢复信号 1(G3)距“合”标距离为 5 m，距中性区 35 m；恢复信号 2(G4)距恢复信号 1(G3)距离为 170 m。

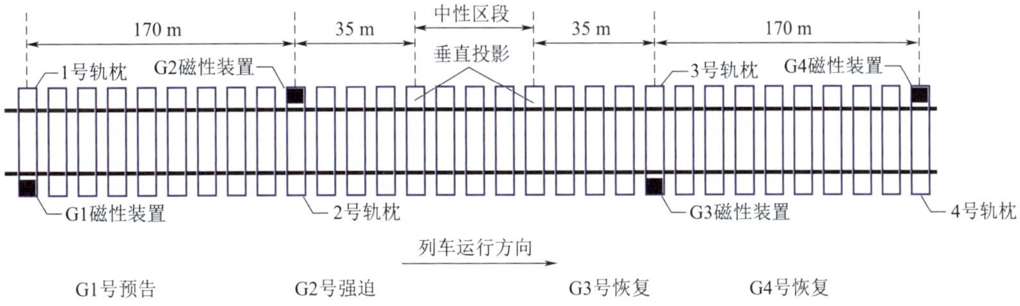

图 3-6-26　磁性装置布置

2. 为了区别其他轨枕，引起相关人员注意，避免特制轨枕被误更换，在特制轨枕正上方中间位置涂刷“磁性枕勿动”标志，并保持标志清晰。“磁性枕勿动”标志标准如图 3-6-27 所示。

(1)标志位于两轨中间轨枕正上方，红框、红色黑体字。

(2)标志边框尺寸 500 mm×160 mm，边框宽 10 mm，位于轨枕上方中间位置，用红色油漆喷涂，线条清晰。

(3)“磁性枕勿动”为红色黑体字，字高 120 mm，字宽 70 mm，字间距 25 mm，字迹清晰。

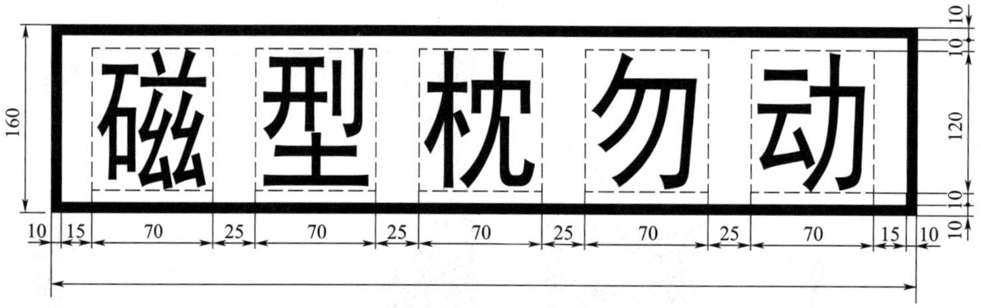

图 3-6-27　磁性枕勿动标志(单位：mm)

本节重点：

掌握各种标志的设置位置。